数字经济译丛

丛书主编 刘世锦

DIGITAL DNA
Disruption and the Challenges for Global Governance

解码
数字经济
全球治理的颠覆与重塑

Peter F. Cowhey　　　［美］彼得·科威　　　◉ 著

Jonathan D. Aronson　［美］乔纳森·阿伦森

王东　马文婷　商迪　　◉ 译

东北财经大学出版社
Dongbei University of Finance & Economics Press
大连

辽宁省版权局著作权合同登记号：图字06-2019-164号

Peter F. Cowhey, Jonathan D. Aronson: Digital DNA: Disruption and the Challenges for Global Governance

图书在版编目（CIP）数据

解码数字经济：全球治理的颠覆与重塑 / （美）彼得·科威（Peter F. Cowhey），（美）乔纳森·阿伦森（Jonathan D. Aronson）著；王东，马文婷，商迪译. —大连：东北财经大学出版社，2024.9. —（数字经济译丛）. —ISBN 978-7-5654-4971-0

Ⅰ.F491

中国国家版本馆 CIP 数据核字第 202488143L 号

东北财经大学出版社出版发行

　　大连市黑石礁尖山街217号　邮政编码　116025

　　网　　址：http://www.dufep.cn

　　读者信箱：dufep @ dufe.edu.cn

大连永盛印业有限公司印刷

幅面尺寸：170mm×240mm　字数：285千字　印张：21.5
2024年9月第1版　　　　　　　　　　2024年9月第1次印刷
责任编辑：刘东威　李　季　孟　鑫　石建华　　责任校对：一　心
封面设计：原　皓　　　　　　　　　　版式设计：原　皓
定价：89.00元

教学支持　售后服务　　联系电话：（0411）84710309
版权所有　侵权必究　　举报电话：（0411）84710523
如有印装质量问题，请联系营销部：（0411）84710711

译者前言

随着新一轮科技革命加速推进，数字经济在全球范围内蓬勃发展，规模持续扩张。数字经济在产业领域应用带来了效率增长和产出增加，已经成为推动全球经济发展和产业变革的新引擎，引发了经济和社会的整体性深刻变革。

数字经济已经成为国际竞争的主赛道。为夺取未来发展和国际竞争的主动权，世界各国特别是主要经济体把数字经济作为实现繁荣和保持竞争力的关键，相继出台了一系列数字化发展战略。例如，美国先后发布了《数字经济议程》《在数字经济中实现增长与创新》《美国国家网络战略》；英国制定了《数字英国》《数字经济战略（2015—2018）》《英国数字战略》；德国出台了《德国ICT战略：数字德国2015》《"工业4.0"战略》《数字议程（2014—2017）》。我国则先后发布了《"十二五"国家战略性新兴产业发展规划》《智能制造发展规划（2016—2020年）》《智能制造"十三五"发展规划》等一系列鼓励数字经济发展的政策规划，并在《中共中央关于制定国民经济和社会发展第十四个五年规划和二〇三五年远景目标的建议》中提出，要发展数字经济，推进数字产业化和产业数字化，推动数字经济和实体经济深度融合，打造具有国际竞争力的数字产业集群，将发展数字经济提升到了国家发展战略和目标的高度。可以观察到，各国都在积极构建数字驱动的经济体系，以争取未来的发展空间和竞争优势。

在数字经济时代，信息技术和生产技术的创新正在创造效益并引发颠覆性变革，深刻地改变着企业和市场的运行方式。如何明智地引导变革创新，把握和应对这种"信息与生产颠覆"带来的机遇与挑战，是当今政策制定者面临的重要议题。在发展条件和战略目标存在显著差异的情况下，各国政策呈现出多样性是不可避免的。然而，由于数字技术在全世界范围内运行，因此需要一个共同的国际基准作为政策基础，以促进这些国家政策的"准融合"。《解码数字经济：全球治理的颠覆与重塑》针对数字技术和数字经济的全球经济治理问题进行了深入研究和探讨。本书的两位作者彼得·科威（Peter Cowhey）和乔纳森·阿伦森（Jonathan Aronson）探讨了信息通信技术和生产技术领域产生的颠覆性变革正以何种方式改变国家创新体系，揭示了数字革命如何改变高科技产业的商业模式，同时也改变了传统的农业、制造业和服务业。本书对快速变化的全球经济中的机遇和挑战进行了深刻剖析，为各国和国际社会在更好地推动数字经济强劲增长的同时，通过数字技术全球治理有效应对随之而来的动荡和风险提供战略支撑。

本书的作者彼得·科威和乔纳森·阿伦森是信息技术和全球治理领域的著名学者。彼得·科威教授是加州大学圣地亚哥分校全球政策与战略学院院长，主要从事传播与技术政策方向的研究。他是未来通信和信息技术市场及政策方面的专家，专长于美国贸易政策、外交政策、互联网和国际企业战略。乔纳森·阿伦森教授是南加州大学 Annenberg 传播与新闻学院国际关系学教授，主要从事全球治理、全球化信息、通信技术、国际传播政策、国际政治经济、国际关系、新媒体等领域的研究。《解码数字经济：全球治理的颠覆与重塑》是两位作者继上一部合著作品《全球信息和通信市场转型：创新的政治经济学》（麻省理工学院出版社，2009 年）之后，在信息与数字技术领域的又一力作，为我们更好地理解在数字经济迅猛发展的时代，社会所面临的政策权衡和实际决策的政治经济学逻辑提供了启示和参考。

　　本书的翻译工作主要是在哈尔滨工业大学（深圳）经济管理学院教授、碳达峰碳中和技术、政策与管理研究中心主任王东，经济管理学院助理教授马文婷以及东北大学秦皇岛分校管理学院讲师商迪的共同努力下完成的。本书的出版得到了东北财经大学出版社的大力支持，感谢出版社编辑们的辛勤工作！特别要感谢李季和所有对本书出版给予无私帮助的专家和朋友们！

　　译者们努力追求"信、达、雅"标准，但由于译者们水平有限，译著中难免出现错误和问题，希望各位读者能够不吝赐教，也更加希望读者能够通过译著有所收获和启发。

译　者

2024 年 5 月

序　言

区域创新集群与全球经济治理

数字技术对世界经济的各个方面都变得愈发重要。这些数字技术就是本书所要探讨的"**数字密码基因**"（digital DNA），它们在信息、通信和生产能力等方面带来了令人眼花缭乱的变化，而这些变化正在改变着世界的运转方式，我们称之为**信息与生产颠覆**（information and production disruption，IPD）。"信息与生产颠覆"正在迅速改变企业活力、市场表现以及实现更强劲经济增长和社会繁荣的潜力。着眼未来的政策制定者正在探寻能够充分发挥这些颠覆性作用的最具潜在价值的政策，但目前还未能确定如何去调和那些看似矛盾的政策挑战。我们将为全球经济治理提供建议，为解决问题奠定新的基础，以应对随着大规模变化而产生的不可避免的混乱问题。尽管目前存在政治上的阻力，但我们展示了贸易政策如何能够成为一个关键平台，使一系列广泛互补的监管和非政府行动能够有效地管理**信息与生产颠覆**。

来自环太平洋地区的学者、政府官员和企业高管坦率地告诉我们，这种颠覆正在发生，但很难把握，因为它涉及的面太广。这种问题的发散性导致很难提炼出治理改革所必需的优先事项。本书将通过厘清**信息与生产颠覆**如何改变国家和全球的创新范式来回应这一挑战。我们之所以选择这个杠杆点，是因为经济学家一致认为创新——我们定义为新知识的商业化——是全球增长和繁荣的核心。我们通过探究**信息与生产颠覆**如何改变区域创新集群的动态，进一步深化我们的研究。

我们将这种新兴的区域范式称为"数字平台集群"（digital platform clusters）。这些集群将数字平台（通常与谷歌和微软这样的信息巨头有关）[1]扩展到规模较小的专业技术公司以及同样重要的传统产业公司。特朗普政府经济议程核心的行业（如汽车和其他重工业市场）能否持续成功，在很大程度上取决于**信息与生产颠覆**在全球范围内的演进。

新的创新模式——"**数字密码基因**"——在很大程度上要依托全球力量。全球互动使信息反馈能够缩短从最初设计到生产之间的周期，并不断完善它们。因此，数字平台集群的前景取决于良好的全球经济治理。其中，治理选择既包括市场准入和竞争等传统问题，也包括如何构建一个涵盖网络安全和数字隐私的可信数字环境。采用正确的方式治理**信息与生产颠覆**对于抓住这种新的创新模式所提供的增长机会至关重要。如果使用了错误的方式，可能会导致未来几十年世界经济增速的放缓。更严重的是，由于公众对数字技术的使用持有怀疑态度，糟糕的治理可能会引发广泛的社会和政治不信任。

我们将解释国家的政策回应是如何与全球经济治理选择相互作用的，以及两者间可能发生的冲突。在一个互联世界中，国家和国际治理选择的共同作用改变了技术和经济变革的方向。因此，我们提出更新全球治理战略，以更好地协调各国偏好的多样性以及在市场治理方面达成全球共识的需要。一本书无法阐释清楚如此大量的必要改变，因此，我们尝试通过一系列"棘手案例"来检验我们的战略，这些案例对于正确管理"**数字密码基因**"至关重要。

这种尝试的催化剂源自对一个失败项目的反思。2009—2010年，科威（作者之一）辞去他在奥巴马政府的高级贸易政策工作职位后，担任Aspen研究所一个雄心勃勃的项目的政策顾问，该项目旨在为世界经济的数字创新制定基本规则。《国际数字经济协议》（International Digital

Economy Agreement，IDEA），拥有一位在技术政策方面具有丰富经验和才华的领导人——美国联邦通信委员会前主席里德·亨特（Reed Hundt）、一支政策经验丰富的专业管理团队（Gary Epstein、Don Abelson 和 Charlie Firestone）、来自各基金会的大量资金以及来自工业界、民间组织和政府的优秀参与者。然而，各方在基本原则方面还未能达成共识。

Aspen 项目陷入僵局有以下几个原因。[2]首先，许多参与者怀疑**信息和通信技术**（ICT）市场的巨大变化将需要对其传统政策偏好进行重大更新。但相比重大反思，他们更喜欢小范围的改进。其次，《国际数字经济协议》在一个综合方案中涵盖了太多的内容。一切都被纳入其中：数字技术和服务贸易、知识产权、网络中立、互联网上的自由和言论权利。当我们试图制定兼顾各方面的方案时，各方面内容的叠加使方案的制订陷入僵局。再次，参与者一直在考量，在没有主要新兴经济体代表的情况下，如何在国际协议方面取得进展？什么构成了该协议能够在全球启动的必要核心？最后，为了弥合分歧，达成折中方案，项目人员提出了超越现状的政策建议，他们建议在管理全球治理方面采用具有重大革新的新方法。最具争议的建议是建立一个**多利益相关方组织**（multistakeholder organizations，MSOs）体系，将政府、行业和民间组织联合起来，共同进行全球数字经济治理决策。我们认为，如果不将关键政策纳入新的条约框架中，它们就不可能具有约束力。因此，我们提出了一个详细的计划，包括**多利益相关方组织**体系之间的分工以及将它们与政府政策联系起来的条约式义务。但是我们的计划使一部分参与者，特别是那些来自奥巴马政府的参与者，怀疑我们是否会在重组互联网治理方面开辟错误的先例。许多政府参与者主要关注的是互联网名称与数字地址分配机构（Internet Corporation for As-signed Names and Numbers，ICANN）"私有化"问题的相关挑战。[3]这一次，我们将表明，如果各国希望在现有条约安排的基础上进一步发展，那么现有的条约安排可以成为支柱。

本书从《国际数字经济协议》经验中汲取了一些教训。我们既要大胆也要务实。因此，这次的研究过程是不同的。我们首先与几个熟悉技术和市场动态变化的同事进行头脑风暴。在此过程中，我们咨询和采访了来自不同国家的政府官员、私营部门和非政府组织的利益相关者，以及我们的学者同行。但是，对于建议部分的责任由我们自己承担。

与互联网一样，**信息与生产颠覆**的未来将受到黑客威胁、网络攻击、全球数据流动限制，以及对数字富人和数字穷人世界出现的担忧等影响。[4] 尽管如此，我们仍然认为最好的方法还是使公共、私人和民间利益相关方共同在**多利益相关方组织**体系内进行务实合作与妥协。**多利益相关方组织**进程本身正在推进，但要使**多利益相关方组织**发挥作用，就需要清楚地了解政府和民间社会各自的作用。我们面临的挑战是要说服利益相关者，让他们相信进步和妥协对世界各地的创新、就业增长和繁荣至关重要。让我们感到鼓舞的是，一些领导人正在敦促采取措施迎接挑战，并为合作解决国际问题迈出了第一步。[5] 我们的研究是对从第一步到最终走向的一种探索。全书分为 4 个部分。

第一部分首先定义"**数字密码基因**"所带来挑战的规模、特征和紧迫性。非政府组织、企业高管和政策官员可以编写大量的备忘录和白皮书，但除非面临的问题极其重要和紧迫，否则无论是政府官员还是企业高管都不会投入稀缺的时间和精力来解决所面临的挑战。

我们认为，**信息与生产颠覆**正在改变社会创新的方式，是全球经济增长的重要驱动力。我们将这种新兴的数字平台集群模式与过去 30 年中占主导地位的创新模式进行比较，后者以硅谷的巨大成功为标志。我们与企业高管的讨论表明，与 2010 年相比，**信息与生产颠覆**的重要性得到了更广泛的认同，并且专业的政府技术官员也很清楚这一点。但是，尽管政治领导人赞赏企业家精神和创新，但他们把更多的时间和精力用在了关于经济增长放缓、创造就业以及全球化和经济不平等之间复杂关系等问题的争论上。[6] 而且，尽管其中一些抱怨值得认真关注和有针对性的政策回应，但它们也转移了人们对制造业和农业等更深层**信息与生产颠覆**动态重要性的关注。除非我们对**信息与生产颠覆**进行正确的全球治理，否则很难创造出促进长期经济进步所需的更好的就业和更高的生产率增长。我们综合了这些变化的核心动力，为**信息与生产颠覆**治理提供更明智的选择。

我们的研究是建立在已有相关研究基础上的，以往的研究针对正在进行的颠覆性变革进行了深入分析，主要集中于个人管理选择、特定的经济后果以及特定的政策问题。[7]但是，我们的侧重点不同。我们寻求以一种综合的方式来治理全球经济，可以应对持续的颠覆、不断变化的政府综合监管、民间社会的参与以及各个方面的贸易政策。[8]第一部分强调了**信息与生产颠覆**的重要性，探讨了**信息与生产颠覆**与数字平台集群出现之间的联系，并提出了治理选择的模式。我们从分析美国和其他国家或地区先进技术创新的主要模式开始进行评估。接下来，我们将研究**信息与生产颠覆**所引发的正在席卷各公司和市场的深刻变化，以及这些变化和几个主要政策争论之间的联系，特别是数字市场竞争和可信数字环境的创建。我们得出的结论是，未来的区域创新和数字平台集群体系的命运，将在很大程度上取决于对全球经济治理的选择。我们特别选取了两家属于不同领域的大公司——孟山都（Monsanto）和高通（Qualcomm）作为重点案例，分析它们如何通过创新应对**信息与生产颠覆**。这两家公司的战略展示了治理和创新政策是如何演变的。

第二部分关注下一个论点。基于个人经验以及全球治理和**多利益相关方组织**相关学术研究，我们制定了治理这些颠覆的战略和设计，它依赖于一系列国际协议的集合以及国家政策的部分趋同。我们重点聚焦在全球治理而不是国家政策层面，因为产业界和民间组织的私人创新是政府决策和规则的必要补充。

要想有效地推动全球治理，就需要制定一项应对21世纪全球谈判不断变化情况下的国际战略。第二部分首先考虑谁必须出席谈判以及为什么要出席。我们看到全球经济实力正在分散，参与者对全球治理的需求也在扩大。虽然更积极地倡导特定的国家经济利益可能会影响到特定国家在全球市场上的特定优势，但如果与新兴国家战略保持某种一致，那么基于**信息与生产颠覆**的全球治理将会更成功。建立这种合作必然会出现讨价还价，因此需要一些核心国家作出承诺。而我们需要先建立一个"信誉俱乐部"，它们拥有足够的影响力，可以通过自己的治理政策选择改变世界市场。随着时间的推移，这个俱乐部可以增加支持者，这有助于形成重要的国际治理创新，最终可能赢得更多人的支持。我们还揭示了为什么技术效率和政治现实要求"民间组织"在全球治理战略中发挥更大的作用。

我们的战略侧重于把志同道合的国家从小团体发展成更大的联盟，因为这可以更快地为新规则创造更大的可信度。但特朗普政府似乎倾向于双边"交易"。这并不是"俱乐部"战略的末日，美国过去曾将双边和多边战略混合运用。但我们敦促要考虑如何利用双边协定作为后续多边谈判的模板。

我们的方法还强调利用国际贸易作为补充监管和非政府活动的平台的优势。尽管最近的政治动态削弱了对贸易政策的政治支持，但我们仍相信，贸易政策是最简单和最坚实的起点。我们针对网络安全的讨论表明，各种形式的跨国监管合作可以取代贸易基础，但最终这种合作将以新的监管语言重新纳入贸易协定的诸多特征。因此，我们特别关注国际贸易，将它作为理解成功所需政策的起点。我们还认为，基于**信息与生产颠覆**的全球贸易和监管政策与创造更好就业机会的经济增长是一致的。

信息与生产颠覆还要求解决两种不同的谈判挑战。第一就是"协调"问题。解决这类问题的办法包括就全球适用的技术标准和国际航空的国家空中交通管制系统兼容达成协议。但协调问题可能会滑向第二种状态，学者们称之为"合作"问题。合作问题是在特朗普政府早期关注的谈判挑战的混战中产生的。在合作的情况下，主要参与者可能会发现，最可行的解决方案是个人角度的次优解。而挑战就在于，即使是次优的解决方案也可能无法达成，因为每个玩家都在追求自己的最佳结果，但这可能导致集体失败。有的参与方也可能不选择将重点放在合作解决问题上。成功应对

"协调"与"合作"挑战的解决方案往往是相互关联的，我们提出了统筹协调与合作机制的战略构想。

要决定如何继续推进，我们首先必须确定全球政策之间的一致性有多大的必要性或在政治上有多大的可能性。诀窍在于采取一种有助于找出最低程度的必要协调的策略。在某些情况下，趋同并不那么重要，比如当欧盟（EU）和美国在政策上步调一致时。更重要的是要消除政策规则的多样性带来的某些风险。在其他情况下，对单一政策进行协调是至关重要的。这取决于相互依赖的性质。为了支持我们的观点，我们对比了提高数字电子商务支付的安全性所需的必要协调水平和保障银行之间的跨境金融支付所需的水平。

此外，在设计战略时，我们一再强调实现权威性国际协议的适当最低基准的重要性。这个基准可以混合"软"规则（要求政府创建特定类型的政策和治理能力）和"硬"规则（命令或禁止特定行为形式）。例如，两种类型的规则在绑定贸易协定中都具有约束力，但硬规则与软规则的正确组合有助于国家治理方法的部分趋同，并仍允许在政策组合中体现国家的多样性。

基准还应该为互补的治理机制铺平道路。我们相信通过适当的步骤，**多利益相关方组织**会以更加灵活、专业的方式将政策框架与实施方案联系起来，从而更好地应对动态的技术环境。[9]**多利益相关方组织**还能更容易地推动政治经济联盟跨越国界，实现各国对其利益更一致的理解。[10]我们的结论是，寻求通过构建一个由相互关联的**多利益相关方组织**组成的体系结构来应对主要问题会适得其反。实践证明，通过许多不同类型的机构进行专门分工和解决问题比基于一个宏大的计划更好。但是，只有政府制定明确的政策基线并让**多利益相关方组织**负起责任，**多利益相关方组织**才能充分发挥作用。利用国际协议使**多利益相关方组织**在国际治理中发挥更大的作用，是**信息与生产颠覆**管理的重要组成部分。

第三部分详细研究了对数字平台集群动态至关重要的三个代表性问

题——云计算、网络安全和隐私。必须对信息与生产颠覆带来的这三个问题进行分析和处理以避免灾难性后果。[11]针对信息与生产颠覆提出的这些全球治理难题,我们测试了首选的治理策略。其他重要的问题仍然存在,但这三个案例研究说明了信息与生产颠覆带来的特殊政策挑战。

第一个案例涉及云计算及其相关服务(信息与生产颠覆的基础性功能)的国际治理。它的重点是国际商业规则,治理内容包括新兴的云计算架构、信息支持服务以及相关的跨国界数据移动问题。巨大的竞争和市场准入问题与全球信息基础设施建设的问题交织在一起。贸易谈判代表已经解决了部分治理挑战,但我们指出在谈判代表就一些正式贸易规则寻求共识的同时,民间组织创新正在改变"现实情况"。我们的结论是,管理云计算和数据流动的规则只有与打造可信的数字环境相关联时才会有效。

第二个案例集中在与网络安全有关的国际问题上。创造一个可信的数字环境需要加强网络安全和数据隐私保护,而不仅仅是一个全面的概念框架。我们利用金融领域的案例来探讨网络安全的国际治理。

第三个案例是关于大数据带来的经济收益与个人隐私保护之间的平衡。我们基于美国和欧盟做法的对比研究了数据隐私问题,并将数据隐私问题作为我们开展分析的一个跳板。这种谈判可以更好地平衡不同形式的监管成本和收益,这是保守派经济分析人士关心的一个关键问题。

网络安全和隐私问题是全球经济治理的"硬骨头",因为直到现在它们还未能被纳入有约束力的国际协议框架之内,而是依靠有关规范期待的共识声明和共同认可的最佳实践。我们认为我们提出的治理策略提供了更高效的国际治理选择。

这三个问题领域是相互联系的。因此,在网络安全和数字隐私方面达成某些国际共识是构建有效云生态系统治理机制的必要条件。同时,我们认为无须大费周章地讨价还价就可以在这些相互关联的问题上取得进展。

第四部分,在结尾章中,我们建议将推动可信数字环境的国际协议链接或嵌套到新的数字经济协议的附件中,以解决部分贸易政策间存在的差异，这些政策旨在应对**信息**与**生产颠覆**对世界市场运作产生的影响。我们认为这种联系是协同的，因为它将加强有关可信数字环境的协议，同时降低隐私和安全规则成为保护主义战略借口的风险。有几种方法可以使这些政策安排锚定在具有约束力的国际协议上，但从概念和实践适用性出发，贸易是其中最简单的方式，因此我们在建议中重点关注它。

美国历史上反贸易主义最激烈的总统竞选已经结束了。在特朗普政府领导下，美国中短期贸易政策和协议与过去的贸易方式大相径庭。在竞选期间，唐纳德·特朗普和希拉里·克林顿都反对批准现行的《跨太平洋伙伴关系协定》（Trans-Pacific Partnership，TPP），并且特朗普在他就职后的第一个周一就兑现了这一竞选承诺。特朗普还主张撕毁《北美自由贸易协定》（North American Free Trade Agreement）。就在本书即将出版之际，在大西洋的另一边，英国于 2016 年 6 月 23 日举行脱欧公投，意大利于 2016 年 12 月 4 日举行宪法公投并最终宣告失败，这两个事件都将削弱欧元的地位，其后果将持续显现。英国退欧冲击、意大利伦齐改革的失败以及埃马纽埃尔·马克龙能否在 2017 年 5 月的法国总统选举中获胜，这些事件的最终后果都还不得而知（译者注：马克龙最终在选举中获胜）。

当前的争议引发了人们对依靠贸易协议来解决关键国际治理选择的担忧。尽管我们相信，从整体上看，贸易协定带给我们很多好处，但我们也认识到这些协定未能达到约定的全部益处，国会也未能为那些贸易受损的国家提供调整机制并进行偿付。用于重新培训和再雇用那些因贸易协定和**信息**与**生产颠覆**而失业的工人的贸易调整援助资金是完全不够的。[12] 此外，《跨太平洋伙伴关系协定》和《跨大西洋贸易与投资伙伴关系协定》（Transatlantic Trade and Investment Partnership，TTIP，是欧洲类似于 TPP 的协定）涉及的范围过于庞大，以至于它们关于**信息**与**生产颠覆**的具体规定被涉及这些协定的其他争议所掩盖。即使假设《跨大西洋贸易与投资伙伴关系协定》会和《跨太平洋伙伴关系协定》一样，屈服于当前的政治压力，但和**信息**与**生产颠覆**相关的条款仍会以一种新的、强化的形式出现。

为准备谈判和达成协议的"成熟"时刻，我们研究制定了一个独立的关于数字经济的贸易协定模板，以表明我们可以做些什么。有经验的谈判者会在必要时作出调整。我们认为贸易模板提供了一个既定原则（如非歧视性）的管理基础，这些原则简化了针对部分问题的特别治理框架的创建问题，如改进云基础设施及数字生态系统服务和商品供应商的市场准入。可能会令许多非贸易政策热衷人士感到惊讶的是，贸易协定还可以加强各国的承诺，建立能够促进数字隐私和安全的治理能力。贸易协定可以为建立包含软规则和硬规则协调一致的国际基准提供所需的原则和规范，包括重要的隐私原则。与此同时，这种谈判过程使我们可以对各种国际治理选择的成本和收益进行更密切的综合审查，而这些对于实现经济增长和保障公民自由之间的适度平衡都很重要。

与许多贸易协定的批评者一样，我们也认为仅依靠传统的贸易协定进行治理将会失败。我们的策略为国家政策的差异性以及广泛依托社会创新提供了充分空间。我们还依托各国监管机构和**多利益相关方组织体系**之间的协作来达成可行的国际治理安排。我们认为，在经济和技术的深刻转型时期，经济治理的基础研究必须强调试验和学习的优点，而这两种方式很难融入传统的治理安排中。但如果贸易协议可以作为一座政治"桥梁"，那么就会有其他方式可以承载国际协定，以达到许多相同的目的。

最后，本书进行的是一个拓展性的思维实验或合理的探索。我们不确定我们观点的每个部分都是正确的。但这个观点的架构阐释了如何将推动**信息与生产颠覆**的"数字密码基因"整合到一个更雄心勃勃的政策发展路线中。希望大家对我们的错误和遗漏进行批评指正，帮助我们更好地完善最终解决方案。我们认为在应对这一挑战方面，我们有了一个比上次更好的"想法"（IDEA，同时双关意指"《国际数字经济协议》"），不过我们也认识到它并不完美。

作者对书中出现的错误、理解偏差负全部责任。我们特别感谢以下人员：Don Abelson，Sam Bozzette，Dan Breznitz，Tai Ming Cheung，Bob

Friedman，David Hytha，Al Pisano，John Richards，Stefan Savage，他们与我们一起进行头脑风暴。也感谢 Manuel Castells，Todd Coleman，Stefan Haggard，Pramod Khargonekar，Nahoi Koo，James Lambright，Noëlle Lenoir，Margaret Levi，Nathalie Marechal，David Michael，Robert Pepper，Camille Saucier，David Victor， Yiru Zhou 等有助益的评论。2014 年，彼得·科威（Peter Cowhey）在巴黎政治学院（Sciences Po）住了一段时间。他学到的许多东西形成了这本书的论点。我们也感谢 Parul Agarwal，Galen Berkowitz，Nahoi Koo，Peter Larson，Mingda Qiu，Nick Sramek 和 Heran Wang 的研究协助。

注释：

1. Nicholas Carr, The Big Switch：Rewiring the World, from Edison to Google（New York：Norton, 2008）.

2. 这些是作者的结论,其他人可能有所不同。《国际数字经济协议》(IDEA)项目的最终报告是 Aspen 研究所，"Project on International Digital Economy Accords, toward a Single Global Digital Economy," April 24, 2012, http://csreports.aspeninstitute.org/documents/IDEA_ Project_Toward_a_Single_Global_Digital_Economy.pdf.

3. https://www.icann.org/en/system/files/files/ iana-stewardship-transition-proposal-10mar16-en.pdf.

4. http://ourinternet.org/report#chapter——preface.

5. 其他一些人也在参与创建全球数字市场。一份由大西洋共同体两位领导人共同主持的报告提出了一个特别有见地的建议, Carl Bildt and William Kennard："Building a Transatlantic Digital Marketplace：Twenty Steps toward 2020," the Lisbon Council, April 4, 2016, http://www. lisboncouncil. net/news-a-events/688-building-a-transatlantic-digital-marketplace-twenty-steps-to-2020. html. 要了解更多的详细内容,请参阅"Bildt and Kennard：Obama and Merkel：A Chance to Make History in Hanover," Atlantic Council, April 23, 2016, http://www.politico.

eu/article/barak-obama-and-angela-merkel-a-chance-to-make-history-in-hannover/.

6. 第2章明确地讨论了**信息与生产颠覆**的方法如何与增长和不平等的辩论相联系。

7. 探测**信息与生产颠覆**的工作包括 Larry Downes and Paul Nunnes, Big Bang Disruption（New York: Portfolio/Penguin, 2014）; Gautam Shroff, The Intelligent Web: Search, Smart Algorithms, and Big Data（New York: Oxford University Press, 2014）; Erik Brynjolfsson and Andrew McAfee, The Second Machine Age: Work, Progress, and Prosperity in a Time of Brilliant Technologies（New York: Norton, 2014）, and Joshua Gans, The Disruption Dilemma,（Cambridge, MA: MIT Press, 2016）.

8. 在 William Cline 的著作中发现了传统贸易分析的优秀范例, Gary Clyde Hufbauer, Marcus Noland, Jeffrey Schott, and others issued by the Peterson Institute on International Economics, http://www.iie.com/. Robert D 发现了一种更全面的治理方法。Atkinson and Stephen J. Ezell, Innovation Economics: The Race for Global Advantage（New Haven, CT: Yale University Press, 2012）.

9. Ian Brown and Christopher T. Marsden, in Regulating Code: Good Governance and Better Regulation in the Information Age（Cambridge, MA: MIT Press, 2014）, provide a complementary line of arguments.

10. 即使是追求利润最大化的跨国公司也会根据国情,或者更准确地说,根据它们制定政策选择的制度渠道来计算它们的利益。Cornelia Woll, The Power of Inaction: Bank Bailouts in Comparison（Ithaca, NY: Cornell University Press, 2014）.

11. 近40年前,针对广义的天气政策的案例被巧妙地阐述了出来。

12. Charles Lindblom, Politics and Markets（New York: Basic Books, 1977）, and Aaron Wildavsky, Speaking Truth to Power: The Art and Craft of Policy Analysis（New York: Little, Brown, 1979）.

目　录

第二部分　在技术不稳定环境中的全球治理

第三部分　在准融合时代创造可信的数字环境

第四部分 结论

第一部分

创新体系及"信息与生产颠覆"的演变

第1章 国家创新体系

世界的创新体系正面临着颠覆性的变革。这一点意义重大，因为创新是保障长期经济增长和人均收入的主要驱动力。[1]虽然个人创新能极大地影响经济和社会，但它们也是国家经济创新体系的产物。本书探讨了由**信息和通信技术**（information and communications technologies，ICT）以及生产技术产生的颠覆性变革是如何改变国家创新体系的，以及这些变化对全球经济治理的影响。我们认为这是世界经济不断变革的"**数字密码基因**"（digital DNA）。

技术颠覆有三大广泛影响。第一个影响是主导特定市场的组织和商业模式的改变。新的赢家和输家的组合为能够影响政策动态的新政治经济联盟铺平了道路。第二个影响是使国家创新系统保持动态变化，以应对不断变化的市场。创新不仅仅是充满激情的个人或雄心勃勃的公司的产物，它也是国民经济中出现的互补功能系统的一部分。这些创新系统会随着时间的推移而演变，并影响社会的发展和运行。第三个影响是需要进行有效管理的潜在收益和互补风险的出现。治理对于规划变革道路非常重要，因为它是管理主要利益相关者面临的创新和颠覆所带来的机会和风险的工具。此外，这种治理方式可以改变被颠覆的创新体系路径。[2]

第1章定义了国家创新体系，讨论了随着时间的推移，不同颠覆将如何改变创新体系，并检验了这些体系对世界经济的影响。第2章和第3章详细阐述了这些颠覆将如何改变市场和治理问题。我们的结论是，这种颠覆将改变传统制造业和服务业市场，以及"高科技"市场。一些专家称这种现象为"第三次工业革命"，但这一说法过于狭隘。**"数字密码基因"**的**"信息与生产颠覆"**将彻底改变国家创新系统的工作方式。

通过对颠覆与治理选择模式之间关系的研究，我们对全球治理选择所面临的挑战和机遇有了更清晰的认识。我们明确了必须解决的问题，以便更新和改进公共政策和治理。政府干预将是必要的，但政策制定者应该从哪里开始，应该冒险到什么程度呢？

我们关于国家创新体系的讨论集中在美国，因为这个自1945年以来在高科技领域处于世界领先地位的国家，它的创新模式影响了其他国家的实践和政策。在过去的70年里，美国至少经历了两种主要的创新模式。为了说明国家创新体系在不同资本主义经济体中有哪些不同，我们还简要比较了美国和韩国的创新体系。韩国经常采用强有力的政府干预来支持出口导向型工业，并且是东亚技术升级和经济快速增长的先驱。因此，韩国的策略与美国形成了鲜明的对比，它代表了许多新兴经济体国家遵循的道路。韩国也是经常被各国政府用来与本国创新体系以及美国创新体系进行对比的代表性国家。

1.1　界定创新和创新体系

经济学家熟知技术创新对经济增长的好处，但需要对创新的动力进行更深入全面的经济分析。[3]按照熊彼特的经典方法，我们将创新定义为新知识的商业化。[4]

我们认为创新是一个系统的产物，在这个系统中，输入、环境和计划输出之间存在相互作用的关系。每一种组织形式都存在绩效权衡。事实上，美国自1945年以来的经验表明，每一种创新体系都包含着权衡取舍，而且很容易受到破坏。因此，随着创新环境的演变和技术可能的变化，创新的组织方式会周期性地发生变化。尽管如此，所有国家的创新体系都有相同的五个组成部分。[5]

（1）**社会网络和动态劳动力市场**：企业家、科学家、工程师和专家以不可预知的方式相互作用，促进思想的产生和传播，同时继续保护关键的知识产权，创新才能蓬勃发展。

（2）**为创新公司降低成本的共享资产**：创新通常利用公司边界之外的互补资产。这些资产包括大学、研究设施和新的社会基础设施，例如宽带，它们可以降低生产和分销的成本。区域技术集群和社会网络常常在创建这种共享资产方面发挥重要作用。[6]

（3）**灵活的商业模式**：许多创新之所以失败，是因为公司没有开发好新的商业模式来抓住它们的核心潜力。例如，iPod的商业模式颠覆了当时流行的观点——内容比硬件更有利可图。

（4）**支持创新的金融模式**：创新需要使创新的想法能够获得资金支持，并使之从概念走向生产和市场，无论它们涉及银行、资本市场还是风险投资。

（5）**适当的政府政策**：适当的政策是必要的，并且可能包括从研发（R&D）到对公司治理中涉及对外贸易和投资政策的支持。[7]

创新有多种形式，不同国家在不同时期擅长不同类型的创新。例如，大多数关于创新的讨论都强调新颖的突破性创新，这些美国技术突破性创新促进了游戏规则的改变，并产生了巨大的经济效益。[8]可以把第一类看作**原创性产品创新**（novel-product innovation）。例如激光和现代网络搜索引擎。第二类涵盖更大的**渐进式创新和工艺创新**（incremental and process innovation）。渐进式创新的例子包括汽车变速器或德国机床工业的持续改进，以及生产过程中的创新。自20世纪80年代以来，设计、生产、精密制造和分销的全球化改变了渐进式创新和工艺创新。第三种创新是**架构式产品创新**（architectural product innovation），其重要性可能会越来越大。1990年，丽贝卡·亨德森（Rebecca Henderson）和金·克拉克（Kim Clark）指出："越来越多的证据表明有许多技术创新显然涉及对现有技术的适度改变，但却产生了相当激烈的竞争后果。"[9]正如iPod所展示的，架构创新的本质是用重要的新方式重新配置已确立的技术能力。多年来，韩国一直专注于渐进式创新和工艺创新，现在已着力转向架构创新。

1.2 变革国家创新体系：美国和韩国经验

为说明创新体系是如何改变的，我们重点关注美国创新体系的演变并将其作为基准。因为几十年来美国一直是高端（原创性产品和架构式产品）创新的领导者。本书中我们主要关注高端创新，但也重视渐进式创新和工艺（或流程、工序、过程）创新的区域集群和国家体系的悠久历史。[10]美国创新体系的变化带来了广泛的影响，因为它们席卷了全球竞争格局。韩国、德国和其他重要创新国家与美国在创新体系的某些重要方面存在差异，但这些国家或显式或隐式地将美国创新体系作为本国进步的标杆。因此，美国的创新体系具有全球性影响。为了强调创新体系的不同之处，我们将说明韩国创新体系的独特之处。[11]

1.2.1 垂直整合企业模式：1945年后的第一波创新浪潮

第二次世界大战以来，美国有两大主导但相互重叠的创新体系蓬勃发展。第一种在很大程度上依赖于垂直整合企业的努力；第二种是现在被称为硅谷模式的创业驱动型创新。

1945年后，美国的研究支出和技术生产主要集中在大型企业内部的产品创新方面，同时也包括渐进式创新和工艺创新。典型情况是，第一波创新企业都是垂直整合的（从生产到最终销售），它们中很多企业都实现了大规模的产品多样化。许多企业同时涉足国防和民用市场。这些企业拥有生产、设计以及基础研究人才，当新的商业化想法出现时，公司可以在内部共享这些人才。对于单个业务部门来说，具有指导生产能力的管理人才代表着一种可用于新产品线的共享资产。这些企业还拥有巨大的资金和人力资本资源。它们内部化了许多用于创新的金融风险管理功能，包括设置用于投资不作快速回报预期的新产品的"耐心资本"（也译作长期资本，patient capital）池。在许多情况下，美国政府的国防和基础设施项目提供了早期种子基金和资源并通过政府采购扩大规模。

这些企业在设计和生产的不同阶段将不同专家群体之间的社交网络内部化。例如，美国电话电报公司（AT&T）的贝尔实验室（Bell Labs）将其设施设计成长形的大厅，有意使研究人员必须步行经过其他实验室，这为交谈和意外合作创造了机会。[12]此外，这些企业利用它们的规模和范围在新业务包中推出大型创新产品。IBM为其开创性的"押注式"IBM系统/360主机所作的租赁安排，与传统的销售模式截然不同。同样，波音公司也认识到，喷气式飞机的全球销售需要公司创建一个非正式的"外援"组织，为其他国家升级机场、空中交通和航空安全系统提供技术支持。这种技术支持帮助波音公司说服了许多国家向波音公司购买飞机。[13]

美国政府的政策在这个时期发挥了重要作用。它们在冷战时期继续进行二战式动员。政府投入大量资金支持企业、大学和国家实验室进行基础研发。[14]围绕国防和相关民用技术的发展，从DARPA（国防部高级研究计划局）到NASA（国家航空航天局）再到卫生部门，提供了大规模的购买力，推动了商业创新。为了填补人力资本缺口，政府还在1945年后招募了德国最优秀的科学人才。此外，大萧条促进了金融市场的监管创新（如公认会计准则），通过提高金融市场的透明度，使大规模资本化变得更易实现、成本更低。

20世纪70年代后，第一波创新模式在美国公司受到日本经济挑战重创后逐渐衰落。日本企业研究了美国的创新模式，并对美国的创新模式进行了重大改进。"丰田模式"体现了日本渐进式工艺创新的精髓。日本企业通过质量提升的创新，降低了生产成本。日本的挑战也波及了微电子和其他新产品领域。日本政府的产业政策进一步加剧了这一挑战，使外国竞争者转入日本国内市场。这一点很重要，因为日本仍处于高速增长的"起飞"阶段，国内价格居高不下，为进入战略市场的企业创造了可观的利润。

作为回应，到20世纪80年代，美国的大企业开始围绕"核心竞争力"进行企业重组，在这方面它们拥有可持续的优势，并可以不断更新成本和产品结构。这些改革减少了产品多样化，使企业削减了对一般研发团队的支持，从而使研究更接近预期商业需求。[15]随着金融市场开始通过关注季度财务回报和投资来"监控"上市公司，这些公司也改变了它们的财务情况。高管薪酬与这些指标密切相关。最终，这种激励机制对企业的长期投资产生了不良影响，因为季度基准的压力往往会引发对长期投资的谨慎。[16]虽然像英特尔这样的高附加值行业的公司利润率较高，表明大规模投资于资本密集型投资获取长期回报仍是可能的，但在这种方法下，该战略面临着更高的准入门槛。

韩国将这种第一波创新模式转化为财阀形式——一种多部门公司的独特变体。[17]韩国自20世纪六七十年代开始快速发展以来，其发展经验是建立在大型综合性集团的基础上的，这些集团最初是韩国经济增长的核心。起初，这些财阀的发展主要是由对实物和人力资本的强劲投资，以及成功的国外技术引进推动的。它们转为精于制造和生产技术的渐进发展。这些集团比它们的美国同行更加多样化，几乎在每个主要产品市场都有业务。财阀利用名义上独立的公司之间的互补性，在研发和其他共享资产上投入大量资金。财阀内部管理人员和工程师的流动支持了创新。资金来自国有银行系统和集团公司之间的金融交易。政府的产业支持政策旨在阻碍外国竞争者进入部分重要行业，其中包括一些特定的壁垒。与美国相比，韩国的政策对大学或政府研究中心的依赖较少。

韩国模式依赖于成功从国外引进技术，并在生产技术上进行小规模的渐进式创新。随着时间的推移，韩国企业掌握了复杂的制造工艺，并在钢铁、造船、汽车、集成电路和其他产品方面开发出了尖端生产技术。最近，韩国的大型消费电子公司从全球软件和硬件出口生产转向具有商业可行性的创新和标准。自1997—1998年亚洲金融危机以来，韩国对外国竞争者大幅开放了市场。[18]

1.2.2　硅谷模式的兴起：第二波浪潮

20世纪80年代以来，美国兴起的第二波创新浪潮是由围绕创业公司和风险投资（venture capital，VC）建立的技术集群系统主导的。一所或多所研究型大学通常是第二波区域集群的锚点。[19]例如，硅谷和波士顿的128号公路主导了信息技术（information technology，IT），西雅图紧随其后位居第三。生物技术创新集中在旧金山、波士顿和圣地亚哥。曾经以东海岸为大本营的通信技术，现在大部分转移到了加州，其中地面网络技术集中在北部，无线网络技术集中在南部。内容头部企业则集中在洛杉矶和纽约。

新企业发展迅速。随着这些新企业成为英特尔、微软、IBM、思科和朗讯等老牌供应商的关键原料供应商，它们的商业模式也随之改变。这些新企业与全球汽车制造商供应链中的许多专业供应商相似。然而，与第一波浪潮的供应商不同的是，这些第二波浪潮的企业很快就在价值链中占据了越来越大的份额，并且常常定义了整个市场的创新前沿。快速扩大新颖、专业的解决方案是创业模式的核心。这通常会引发商业模式上的重大创新，其方式在密歇根和俄亥俄州的机械车间是无法想象的。谷歌对免费搜索的重视，以及后来通过广告盈利的软件，颠覆了微软的模式（此前，微软曾颠覆了垂直整合的IBM业务）。

第二波浪潮的另一个特征是广泛的垂直解体，这一过程最终迫使第一波浪潮的企业进行变革。初创企业非常专业化，这让它们能够通过定义标准并从产品设计和品牌管理中获得回报。管理复杂的国际生产网络（主要是亚洲制造）的专业技能也成为一种核心竞争力。

集群是建立在国家创新体系基础上的。成功的创新集群需要深度的社会和信息网络。在正式和非正式机构的支持下，强大的社会网络对知识和人员的流通以及建立信任至关重要，信任有助于形成集群。[20]此外，集群领导者知道，人才是雄心勃勃的创新产业最重要的资产。在高度专业化的企业中，集群为狭窄的人际网络提供了一种社会制度响应。他们还在制定非正式的规范和正式的法律机制，在保障人员和传播思想的同时，保护重要的知识产权。

锚定大学对于初创公司的基础研发以及员工的培训和网络建设至关重要。这是因为人员流动发生在技术创新模式的背景下，这种模式更多地依赖于科学和工程研究，而不是渐进式的试错过程。[21]然而，知识的流动依赖于非正式的人员网络，同样也依赖于从大学到公司的正式技术转移。在一个集群的各企业中，重要的人员流动可能是两者之一——科学人才或有经验的管理人才。例如，投资者通常会推动离硅谷基地有一定距离的集群雇用有经验的管理人员。否则，风险投资者们会担心，他们将无法像观察附近的初创企业那样，密切观察距离较远的初创企业的投资。这或许可以解释为什么像圣地亚哥这样的集群中，管理者和大型研究型大学的研究人员之间存在很强的互动性。大学是两类稀缺人才的共同聚集地。[22]

第二波浪潮的体系是在共同资产（有些是公有资产，有些是私有资产）的背景下成熟起来的。私营部门的共同资产主要用于生产（通过合同制造商网络）、质量测试和知识创造。有时，如半导体的测量技术，这些资产是工业和政府共同投资的产物。其他资产则依赖于区域共享安排，例如，租用研究型大学的电子显微镜。[23]

新的金融体系是第二波浪潮"**数字密码基因**"的一部分。当学术研究人员还不是企业内部创新体系的一部分时，初创企业通过吸引与所在地区相适应的风险投资者和天使投资者，推广孵化器以及后来的初创训练营来筹集资金，这些项目降低了成本，并确定了潜在投资者。允许和鼓励创新金融工具的新法律和法规对这种模式至关重要。风险投资和纳斯达克（NASDAQ）等市场的创建迅速产生了巨大的经济收益。此外，美国灵活的金融市场组织也产生了重大的金融业务战略创新。从1984年年底开始，高盛将首次公开发行（IPO）的客户定位为大型机构投资者，而不是散户，从而极大地扩大了IPO的规模。[24]

虽然美国政府定期依托风投式的资金来支持中央情报局、电了能源和其他项目，但美国风投体系的核心是在私营部门。这种与政府脱离的做法对该体系的成功至关重要。创新往往来自意料之外的事件，而非通常引导风险规避以及与政府相关的风险投资基金的融资路径的共识。[25]

最后，国家和地方政策都加强了这些区域集群。这些政策资助了基础研发和应用研发，促进了研究人员和工程师的培养。一些重要的变化改变了大学与政府和私营部门的关系。1980年的拜杜法案（Bayh-Dole Act）允许大学、小型企业和非营利机构对联邦资助的研究成果进行商业许可。美国证券交易委员会（Securities and Exchange Commission，SEC）还对养老基金的投资方式进行了修改，允许此类实体与风险投资机构进行投资。[26]在知识产权法方面也有相当多的实验，因为企业寻求在加强知识产权保护的同时，也接受第二波创新者所依赖的知识共享。美国政府还选择了在技术动态市场上使用"轻手"监管。例如，政府在很大程度上避免选择强制性技术标准，并在最初采用了电子商务市场的"绿色领域"观点来将强制性技术标准从传统的监管框架中移除。[27]

值得注意的是，联邦政府的竞争政策举措，特别是20世纪80年代早期拆分AT&T的举措，为新技术进入者打开了许多市场。美国的大陆市场及其主要区域经济集群一直是影响美国政治经济的重要因素。宪法对联邦制的依赖以及美国参议院的特定组成强化了这一点，无论各州人口规模如何，参议院赋予每个州同等的权重。结果，区域竞争加剧了正常的行业纠纷，为推动强有力的竞争政策提供了动力。[28]竞争政策通常寻求加强竞争性进入市场的权利。因此，从20世纪50年代到90年代，一系列与信息通信技术相关的反垄断案例确立了在系统设计中支持"模块化"的政策。这种模块化在主要供应商的系统之间建立了标准化的、易于使用的互连。因此，主要竞争对手的产品被公开披露，且相对容易获得，为新兴技术创业系统提供了关键的政策支持。

随着美国党派政治的加剧，地区锚定和支持联邦措施使得第二波模式在民主党和共和党主导的州都具有政治可行性。[29]这些承诺可以加强创新环境，有助于促进良性循环。例如，"环境"是给国家卫生研究所（National Institute of Health）申请人评分的重要标准。高分可以增强一个地区的竞争力。[30]这种衡量方式鼓励了改善共同研究资产（如电子显微镜共享）的努力，因为它们被输入了国家卫生研究所拨款的评分系统。第二波创新浪潮的出现并没有完全取代第一波浪潮的创新企业，但它们中的大多数都需要进行重组，以应对国内新商业模式的兴起和来自海外（尤其是亚洲）日益激烈的竞争。今天的许多美国公司巨头都是从第二波浪潮开始创业的。构成道琼斯指数的30家公司包括3M、IBM、波音和可口可乐等第一波浪潮的知名企业，雪佛龙和埃克森、美孚等石油巨头，高盛、摩根大通和维萨（Visa）等金融巨头。还包括参与第二波浪潮的公司：苹果、思科、英特尔、微软，以及像家得宝、麦当劳和耐克这些与第一波浪潮中的重组巨头存在某些相同特点的零售公司。

这些巨头中最成功的企业被平台经济模式所吸引。然而，同任何形式的市场组织一样，平台的范围和规模可能会有很大差异。在第二波浪潮中，一些企业成为了专业市场和技术利基市场的强大参与者。它们拥有许多其他玩家使用的专业技术专长。[31]在这种背景下，所有权意味着它们比竞争对手更全面地掌握了核心知识，成功地扩大了全球供应和服务支持，并利用知识产权来巩固自己的地位。在更大的产品空间中，这些技术通常是高度专业化的。高通和思科就是这样的企业。另一类企业成功地创建了通用平台——这是一种技术能力，是形成大量互补产品和市场的基础。通用平台之所以异常稳定，是因为它们具有"黏性"，并且已经渗透到许多不同的市场。[32]这些企业包括20世纪90年代的微软，它们为各种应用的很多关键功能提供了类似于通用技术的东西，比如电力。一旦其他人投资了这个平台，他们就不愿意离开它，因为有大量的互补资产依赖于这个平台。

1.2.3　对标韩国的第二波浪潮

随着第二波浪潮的兴起，韩国企业在获得优势的同时也面临着挑战。[33]在汽车和造船等行业，第一波的财阀形式非常适合继续进行渐进式产品创新并向价值链上游移动，它们在与全球竞争对手的竞争中举步维艰。在其他领域，特别是消费电子产品领域，韩国在渐进式甚至是架构创新方面变得熟练起来，并在亚洲和其他地区发展了自己的生产网络。然而，随着韩国向发达工业国家转型，它依靠投入驱动模式继续增长的能力下降了。韩国在亚太地区的存在为韩国提供了优势，但也带来了挑战，因为它要在不断涌现的地区竞争对手以及美国、日本和欧洲持续推进技术前沿的能力之间寻找出路。正如时任总统朴槿惠（Park Geun-hye）在2014年的创新倡议中所呼吁的"创意经济"所陈述的那样，无论是在服务业还是制造业，持续性增长将愈发依赖持续的创新和创造力，包括供应商、中小企业、新兴企业和最大的财阀。[34]韩国新建立了科学、**信息和通信技术**（ICT）与未来规划部，以促进创意经济发展。[35]

在上述各方面，韩国的创新体系与美国存在哪些相同点和不同点呢？首先，在商业战略方面，财阀形式依然延续，但与第一波尤其是第二波美国公司的发展相比，韩国私人财阀在整个经济活动中所占的份额要大得多。财阀发展了专门的在岸和离岸供应商网络，提高了技能和能力。但到目前为止，韩国中小企业中的初创企业与老牌供应商的强劲创新表现相比一直滞后。加强中小企业创新建设是朴槿惠政府创新战略的重点。

其次，韩国整体商业环境的特征之一是服务业表现疲软。服务业约占韩国国内生产总值的一半，占韩国就业的6%，但除了一些互联网服务外，服务业对整体生产率增长的贡献很小。韩国面临的一个主要挑战是通过增加外国投资和其他方法来刺激形成更有活力的服务业经济。[36]

再次，劳动力不流动是新集群战略未能完全扎根的原因之一。财阀仍在有效地引导着人员的流动。它们可以从中小企业聘用人才，这限制了它们的发展。反向的流动则没有发生。年轻人对失业和工作安全的担忧、与财阀雇佣相关的声望（通常在父母的压力下选择一份有声望的工作），以及群体忠诚限制了人员从大公司流向较小的创业公司。此外，至少从韩国高管的履历中可以看出，韩国劳动力市场尚未重视从创业失败中学到的人力资本效益。这与美国的创业市场形成了鲜明的对比。

最后，在共享资产和相关的集群现象方面，大型和小型私营企业、大学和政府研究机构之间的联系仍然不理想。大学还没有接受促进这种融合的全面改革和试验，包括激励与私营部门联系的组织规范。[37]政府研究机构面临着在基础研究和更商业化指向之间定位的挑战，商业化指向将加深与大公司和小公司的联系。外国公司正在密切关注韩国在大田的基础科学研究所的新试验及在建立区域技术转移中心和科技园区方面的努力，如板桥科技谷（Pangyo Techo Valley）和光京生物谷（Gwanggyo BT Valley）。[38]

在金融危机爆发后，韩国政府发起了政府主导的风险投资试验，并对创业企业进行了大规模的激励，但它的风险投资模式仍然落后。此外，韩国现有的创业生态系统仍然依赖于政府的引导。例如，与大学相比，政府研究机构的比重过高，而初创企业严重依赖财阀的指示。[39]我们在韩国的调研表明，初创企业拥有充足的资本，但在风险回报平衡上存在缺陷。一位知名投资者向我们解释说失败的韩国初创企业的亏损速度与美国初创企业一样快，但成功的韩国初创企业带来的上升空间要小得多，因为韩国企业的国内市场较小，必须与老牌财阀竞争，而且在全球市场上也面临困难。

在政府政策方面有三个突出问题。第一，尽管韩国经常借鉴国外的最佳经验，但每届新政府都会引入一套新的理念。他们对过去的创新工作进行重组，并会创建新的机构，通常包括中央部委。这种不一致性增加了政策持续的不确定性。第二，美国的创新体系建立在去中心化的基础上。当地方行动者和政府积极与其他地区竞争时，新的集群往往会出现。相比之下，在韩国，相对中央集权的政治体制可能会限制地方的主动性。例如，朴槿惠总统的"创意经济计划"要求在预先选定的地区集中规划特色布局，其中一些区域将由财阀协调。第三，韩国的竞争政策侧重于滥用市场支配地位，这实际上符合大多数发达经济体财阀的竞争法，尽管竞争法对竞争原则的解释存在争议。然而，韩国的政策也特别关注非主导企业的"公平行为"。一家初创企业对现有商业模式的颠覆，可能会以一种引发公平呼声的方式撼动既定惯例。

1.3　天堂里的烦恼？

不断地重新审视成功的故事以寻找潜在的弱点是值得的。例如，美国企业家抱怨烦琐的政府法规限制了创新机会。在替代能源等领域，政府政策的转变过于频繁，无法形成一致的商业案例。高科技产业不断抱怨美国落后的中小学教育无法培养出它们需要的熟练劳动力，并对限制它们获得全球人才储备的限制性移民政策感到失望。这些问题很重要，但对于第二波浪潮来说，其他问题可能更为根本。

一个问题是，尽管集群模型有很多优点，但它很难持续地成功复制。在美国的硅谷、波士顿、北卡罗莱纳三角研究中心、西雅图、圣地亚哥和洛杉矶的集群通常是最成功的。奥斯汀、芝加哥和匹兹堡的小型集群也取得了进展，但在集群动力的所有讨论中，像亚特兰大和纽约这样的城市并不是集群模式下的大赢家。[40]这种情况并不仅限于美国。高附加值的创新在大多数国家都有集聚的趋势。[41]为了说明这一点，图1-1描述了**信息和通信技术**（ICT）、生物技术和纳米技术创新热点的集群情况。这些知识密集型产业的许多龙头企业都只出现在少数几个地区，这些地区似乎得到了特别有利于商业创新条件的滋养。

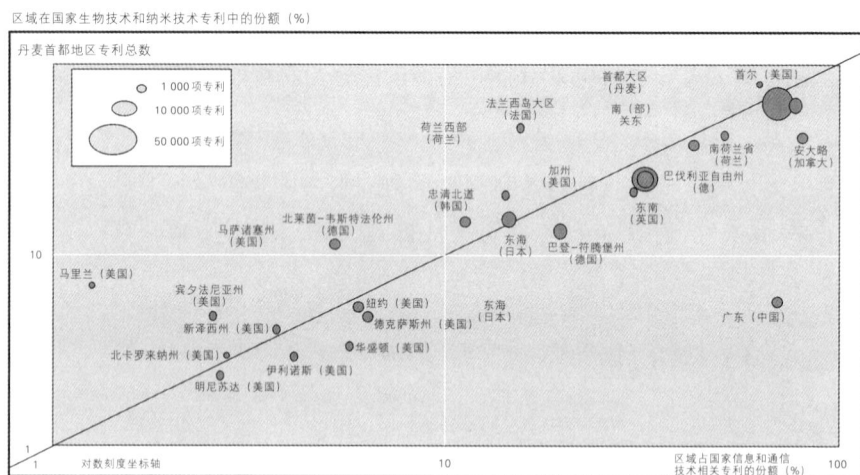

区域在国家生物技术和纳米技术专利中的份额（%）

图1-1 2006—2008年**信息和通信技术**、生物技术和纳米技术创新热点

以专利数据来衡量创新，图1-1显示了集群式创新在主要经济体中是如何保持的。尽管专利授权作为衡量创新的标准存在缺陷，但它们是一致性最强的跨国数据。圆圈的大小表示2006—2008年间这些领域的专利申请数量。X轴代表区域在国家**信息和通信技术**专利中的份额，而Y轴代表区域在国家生物技术和纳米技术专利中的份额。

为什么会演进出这种集群模式？其中一个原因是，第二波浪潮的集群通常会带来高附加价值，它们在技术含量较高的技术市场环境中得到培育，并且倾向于不稳定的商业模式。尽管许多创新努力都以温和的方式结束，但目标始终是原创性产品或主要架构产品的创新。这种集群与专注于汽车和机床等渐进式创新和工艺创新的传统产业集群不同。在这种专业化的环境中，成功是建立在专家密度水平上。例如，在成功的信息、通信技术和生物技术集群中，存在着巨大的人才集群和当地地域流动性。相比之下，亚特兰大地域分散，缺乏便捷的交通工具。另一个原因是，基于其他形式的区域专业知识来发展初创企业成本很高。例如，20世纪90年代的纽约硅巷，拥有非凡的文化、内容和媒体人才，但由于生活费用太高，未能吸引到足够数量的IT工程师。谷歌和其他硅谷的中坚企业现在也面临着这个问题，在湾区房价飙升的情况下，它们正积极采取行动以留住人才。

第二波浪潮在美国面临的挑战是，在激烈的全球化市场（如汽车行业）中，与传统的渐进式集群和工艺集群之间的斗争。出于种种原因，第二波浪潮的模式并没有对这些集群给予过多的支持。[42]面对来自发展中国家的激烈竞争，这些传统的集群活动中有相当一部分被彻底、永久地取代了。[43]这一点很重要，因为随着工资增长滞后以及传统中产阶级的全职工作从大衰退中断断续续地恢复，美国经济面临的一个重要的结构性挑战是，创新能否以及如何能够恢复这些工作岗位的增长。[44]第2章将研究"**信息与生产颠覆（IPD）**"和第二波浪潮的演进版本是否可能更支持对加强老工业集群至关重要的渐进式创新和工艺创新。

第二波浪潮模式的另一个迫在眉睫的问题是，从大多数关键指标来看，联邦政府对重点大学基础研究和培养任务的总体支持似乎在随着时间的推移而下降。[45]大学正在争先恐后地寻找其他收入来源，例如，营利性机构资助的研究所。这将影响创新变革的一种至关重要的"共享资产"。[46]

风险投资（VC）模式本身就存在漏洞。在某些方面，风险投资仍然是健康的。2014年，在全球870亿美元的投资中，风投占521亿美元

（60%，但低于此前8年的70%）。然而，地理焦点是非常狭窄的。前5名中有4个是美国地区：硅谷占主导地位，紧随其后的是纽约、新英格兰和南加州。[47]第二波浪潮的风投有大量资金追逐相对狭窄范围内的机会。之所以会出现这种情况，是因为风险投资模式通过投资于那些在5年内提供100倍或更多潜在经济回报的公司而蓬勃发展。风投会投资大量的公司以寻找少数的赢家。只有少数几个行业能够提供这种潜力，风投的活动通常也就集中在少数几个行业和区域。美国国家风险投资协会的数据显示，2015年美国获得超过25亿美元的风险投资项目的行业分别是软件（236亿美元）、生物技术（74.1亿美元）、消费产品和服务（48亿美元）、媒体和娱乐（47.5亿美元）、IT服务（38.6亿美元）、工业/能源（31.6亿美元）、金融服务（30.5亿美元）和医疗器械及设备（27.3亿美元）。[48]因此，大量的资金正在追逐这些相关行业。这种相对集中的投资组合有时会导致收益下降。在过去的10年里，随着成功投资的数量与不断增长的风险资本池成比例下降，许多风投公司选择了更为保守的投资方式。为了减少损失，它们拒绝在创新的最初阶段投资。[49]如今，它们经常在Kickstarter和其他在线融资平台上跟踪众包活动，以试水并了解市场是否会接受一个新想法。或许更令人不安的是，风投行业仍然是男性主导且地域集中，这可能是因为人们认为有必要对客户公司进行密切的个体监控。[50]

另一方面，从像韩国这样处于上升趋势的国家角度来看，有一个问题是，由风投支持的创业公司的传统融资模式是否足以完全满足它们的需求。[51]找到降低启动成本的方法，以便为国内市场提供更高的利润，这可能是前进的关键一步。

最后，通过全球工程和科学人才的扩散而产生的高附加值专业知识的全球化，对美国在创新方面的领导地位构成了竞争风险。随着时间的推移，美国以外的人才储备逐渐成为企业家并在商业上越来越成熟，这意味着关于美国集群优势的隐含假设将愈来愈受到质疑。竞争加剧至少表明，美国早期的创新以及美国和欧洲产品早期的商业化很可能将面临来自亚洲和世界其他地区的竞争。

注释：

1. Erik Brynjolfsson and Adam Saunders, Wired for Innovation: How Information Technology Is Reshaping the Economy (Cambridge, MA: MIT Press, 2009), 解释了创新能力如何以及为什么对长期相对经济健康和增长很重要。

2. Atkinson and Ezell, Innovation Economics, 2012; Dan Breznitz and John Zysman (eds.), The Third Globalization: Can Wealthy Nations Stay Rich in the Twenty-First Century? (New York: Oxford University Press, 2013).

3. Atkinson and Ezell, Innovation Economics, 2012.

4. 本章借鉴了 Dan Breznitz and Peter Cowhey, "America's Two Systems of Innovation: Innovation for Production in Fostering U.S. Growth," Innovations, 7, no. 3 (Summer 2012): 127-154。关于创新和集群的经济学，请参阅 Gerald Carlino and William R. Kerr, "Agglomeration and Innovation," Research Department, F Reserve Bank of Philadelphia, Working Paper 14-26, August 2014.

5. 该总结借鉴了 Breznitz and Cowhey 的文献综述。关于区域集群的文献主要基于集聚经济学。"马歇尔 ……强调了3个不同的集聚驱动因素——投入产出关系、劳动力市场汇集和知识溢出……随着时间的推移，大量文献拓展了集聚驱动因素的范围，包括当地需求条件、专业机构、区域企业的组织结构和社交网络。"Mercedes Delgado, Michael E. Porter, and Scott Stern, "Defining Clusters of Related Industries," NBER Working Paper 20375, August 2014, http://www.nber.org/papers/w20375.

6. 它们可以集中资源以共同提供能力或发展一个系统来代表它们使用第三方资产。

7. 完整的分析将包括与治理相关的"环境因素"，例如透明度、腐败或法院的独立性，所有这些都会影响市场动态。

8. Mikko Packalen and Jay Bhattacharya, "New Ideas in Invention," National Bureau of Economic Research, Working Paper 20922, January 2012, http://www.nber.org/papers/w20922.

9. "架构创新通常是由组件(尺寸或一些其他的设计辅助参数)的变化触发的，这种变化会与已建立的产品中的其他组件产生新的交互和新的联系。每个组件背后的核心设计理念以及相关的科学和工程知识保持不变。" Rebecca M. Henderson and Kim Clark, "Architectural Innovation: The Reconfiguration of Existing Technologies and the Failure of Established Ffirms," Administrative Science Quarterly, 35, no. 1(March 1990): 9-30, http://links.jstor.org/sici? sici=0001- 8392%28199003% 2935%3A1%3C9%3AAITROE%3E2.0.C O%3B2-U.

10. Steven Klepper, Experimental Capitalism: The Nanoeconomics of American High-Tech Industries (Princeton, NJ: Princeton University Press, 2015), 指出汽车等行业曾经是引发集群的新产品创新。

11. 本书关于韩国的讨论大量借鉴了 Peter F. Cowhey and Stephan Haggard, "The Information and Production Disruption: Implications for Innovation Policy," U.S.-Korea Business Council, 2014, http://www.uskoreacouncil.org/wp-content/up-loads/2014/12/ Innovation_WhitePaper_English_FINAL.pdf.

12. 同样,据 Walter Isaacson 所说,"当史蒂夫·乔布斯(Steve Jobs)为皮克斯(Pixar)设计新总部时,他沉迷于中庭的构造方法,甚至浴室的位置,以便促成人之间的偶然碰面"http:// www.entrepreneur.com/article/238433.

13. 多年来,美国进出口银行将大部分贷款担保提供给了飞机和航空电子行业。Export-Import Bank of the United States, 2014 Annual Report, accessed January 21, 2015, http://www. exim. gov/sites/default/files/reports/annual/ EXIM-2014-AR.pdf.

14. Beth-Anne Scheulke-Leech, "Volatility of Federal Funding of Energy R&D," Energy Policy, 67 (April 2014): 943-950. Also David Hart, Forged Consensus: Science, Technology and Economic Policy the United States, 1921-1953 (Princeton, NJ: Princeton University Press, 1998).

15. 部门内部的"寻租"行为导致第一波浪潮企业内部资本市场的共享资产通常运作效率低下。参阅 David S. Scharfstein and Jeremy C. Stein, "The Dark Side of Internal Capital Markets: Division Rent-Seeking and Inefficient Investment," Journal of Finance, 55, no. 6 (December 2000): 2537 2564. 关于集中式研发实验室的弱点,参阅 Josh Lerner, The Architecture of Innovation (Boston: Harvard Business Review Press, 2012).

16. John R. Graham, Campbell R. Harvey, and Shiva Rajgopal, "The Economic Implications of Corporate Financial Reporting," Journal of Accounting and Economics, 40, nos. 1-3 (2005): 3-73.

17. 韩国财阀与日本的多部门公司"株式会社(keiretsus)"相似,但也有很大不同。株式会社是由企业组成的非正式商业团体,具有相互关联的商业股权和关系。成员公司交叉投资彼此的股份。与财阀不同的是,株式会社通常是围绕一个核心银行组织起来,这有助于它们免受收购企图和股价波动的影响,因此它们可以专注于长期规划和创新。

18. 美国汽车业界对韩国市场的不满等争议依然存在。2011年的美韩贸易协定在一定程度上缓解了这些紧张局势。参阅 International Trade Administration, "The U.S.-Korea Trade Agreement: Opportunities for the U.S. Automotive Sector," April 2011, accessed January 22, 2015, http://www. trade. gov/mas/ian/ build/groups/public/@tg_ian/documents/webcontent/tg_ian_002590.pdf.

19. Mary Lindenstein Walshok and Abraham J. Shragge, Invention and Reinvention: The Evolution of San Diego's Innovation Economy (Palo Alto, CA: Stanford University Press, 2013).

20. 关于硅谷集群为何占据主导地位的经典分析强调,加州公司扁平的创业结构中出现了更强大的社交网络。参阅 AnnaLee Saxenian, Regional Advantage: Culture and Competition in Silicon Valley and Route 128 (Cambridge, MA: Harvard University Press, 1994)。关于集群和研究型大学,参阅 Martin Kenney and David C. Mowery (eds.), Public Universities and Regional Growth: Insights from the University of California (Palo Alto, CA: Stanford University Press, 2014).

21. Kenney and Mowery, Public Universities, 2014.

22. Steven Casper 发现,旧金山的生物技术集群更依赖于科学网络,而圣地亚哥的生物技术集群更依赖于管理网络。它们均依托重点高校和重点研究机构开展基础研究。风投公司非均衡地投资附近的公司,因为们想保持广泛的个人监控。圣地亚哥的本地风投体系很薄弱,因此硅谷基金青睐那些由经验丰富的高管组织的公司。Steve Casper, "The University of California and the Evolution of the Biotechnology Industry in San Diego and the San Francisco Bay Area," in Kenney and Mowery, pp. 66-96; Lerner on local bias of VCs, p. 68.

23. 关于测量技术,参见 Atkinson and Ezell, Innovation Economics, 2012, p. 147.

24. 以2013年美元计算,1980年美国首次公开发行(IPO)总额为13亿美元,但2013年达到 1 500 亿美元。Leslie Picker, "Meet the Father of the Modern IPO," Bloomberg Business Weekly, May 15, 2014. Lerner, pp. 65-75.有关早期风险投资融资的内部人士的描述,参阅 William H. Janeway, Doing Capitalism in the Innovation Economy (Cambridge: Cambridge University Press, 2012), pp. 81-84。要更多地了解硅谷历史,请参阅 Arun Rao, A History of Silicon Valley, 2nd ed. (Palo Alto, CA: Omniware Group, Kindle eBooks, 2013).

25. DARPA是军方通过政府合同将研发基金和天使投资相结合的产物,它总能取得传奇般的成功是因为 DARPA 的使命是创造与军方相关的长期能力。这推动了后来互联网的诞生。DARPA 的议程不会排挤私人风险投资领域。

26. Luis A. Aguilar, "Evaluating Pension Fund Investments through the Lens of Good Corporate Governance," June 27, 2014, http://www.sec.gov/News/ Speech/ Detail/Speech/1370542193403#.VMG1By7F-7U.

27. Peter F. Cowhey and Jonathan D. Aronson, Transforming Global Information and Communications Markets (Cambridge, MA: MIT Press, 2009).

28. Cowhey and Aronson, Transforming Global Information, 2009.

29. Jonathan Sallet, Ed Paisley, and Justin Masterman, The Geography of Innovation: The Federal Government and the Growth of Regional Innovation Clusters (Washington, D.C.: Science Progress, 2009).

30. 我们感谢 Sam Bozzette 对这一内容的观察。

31. Wesley M. Cohen, Richard R. Nelson, and John P. Walsh, "Protecting Their Intellectual Assets: Appropriability Conditions and Why U.S. Manufacturing Firms Patent (or Not)," NBER Working Paper 7552, February 2000, notes that these ICT technologies are complementary assets that are suited for cooperative arrangements among specialists, http://www.nber.org/papers/w7552.

32. 第 2 章更全面地讨论了平台的经济逻辑。简单地说,一个技术平台使生态系统内技术互补以及用户访问更容易。一个例子说明了小众平台和普通平台的区别。虽然现在受到了挑战,但思科长期占据路由器市场的主导地位。有一段时间,它在组装相机和视频会议等产品时,曾考虑过自己的网络软件生态系统是否能成为一种"秘方",强有力地嵌入到自己的所有产品中,并成为一个对所有相关市场具有吸引力的平台。这种情况没有发生,部分原因是互联网协议和终端的操作系统挤掉了中间件的重要性。Howard A. Shelanski, "Information, Innovation, and Competition Policy for the Internet," University of Pennsylvania Law Review, 161 (2012): 1664-1706, provides a sophisticated survey of platform economics. Also see Martin Kenney and John Zysman, "The Rise of the Platform Economy," Issues in Science and Technology, 32, no. 3 (Spring 2016), http://issues.org/32-3/ the-rise-of-the- platform-economy/.

33. 我们感谢 Nahoi Koo 对这部分的建议。

34. Asia-Pacific Global Research Group, "Korea's 'Creative Economy'—6 Strategies," February 12, 2014, http://asiapacificglobal.com/2014/02/south-koreas-creative-economy-primer-6- strategies/.

35. http://english.msip.go.kr/english/msipContents/contents.do? mld=Mjc5. 朴槿惠总统在2017年3月被弹劾,因此她的倡议可能会被重新审视。

36. 这尤其令人震惊,因为美国和韩国的人均数据使用量大致相当——2014年每月大约有65千兆字节的数据。欧盟(以及德国)的平均水平不到美国人均水平的1/3。如果忽略消费视频的使用,差距会缩小,但德国的使用仍然不到美国的一半。如今,约20%的韩国经济主要基于互联网的内容、信息通信技术和金融。物联网可能会打开其余80%的市场。但韩国仍然落后。Paul Hofheinz and Michael Mandel, "Bridging the Data Gap," Progressive Policy Institute, No. 15, 2014, http://www. progressivepolicy. org/wp-content/uploads/2014/04/ LISBON_ COUNCIL_PPI_Bridging_the_Data_Gap.pdf.

37. 在美国的第二波浪潮中,政府研究机构由技术转让办公室领导,这些办公室后来扩展到其他模式,包括授予发明者一些权利,同时保留一些大学所有权(所谓的"自由代理"模式)。

38. Yeon Choul-Woong, "The 'Next Pangyo Techno Valley' Gateway for Global Companies," Korea IT Times, December 15, 2015, http://www.koreaittimes. com/story/ 56546/% E2%80%9Cnext-pangyo-techno-valley% E2%80%9D-gateway-global-companies.

39. 2015年,美国的风险投资总额为588亿美元,超过了其他所有国家的总和。http://nvca. org/pressreleases/58-8-billion-in-venture-capital-invested-across-u-s-in-2015-according-to-the-moneytree- report-2/. 然而,两国与移动相关的专利占总专利的比例从2000年的4%上升到2013年的20%,这令人震惊。

40. Breznitz and Cowhey, "America's Two Systems," 2012. 最近,纽约终于成功地吸引了大量的科技风投基金,北卡罗来纳州失去了一些吸引力,而亚特兰大还没有吸引到很多风投基金。Richard Florida, "The Global Cities Where Tech Venture Capital Is Concentrated," The Atlantic, January 26, 2016, http://www.theatlantic.com/ technology/archive/2016/01/global-startup-cities-venture-capital/ 429255/.

41. Richard Florida, "The World's Leading Startup Cities" (2015), identifies seven of the top twenty startup locations as American. Silicon Valley remains number one. http://www. citylab. com/tech/2015/07/the-worlds-leading-startup-cities/ 399623/? utm_source=nl__link1_ 072715.

42. Susan Helper, Timothy Krueger, and Howard Wial, Locating American Manu-facturing: Trends in the Geography of Production (Washington, D.C.: Brook-ings Institution, 2012).

43. Autor, Dorn, and Hanson; Daron Acemoglu, David Autor, David Dorn, Gordon

H. Hanson, and Brendan Price, "Return of the Solow Paradox? IT, Productivity and Employment in U.S. Manufacturing," *American Economic Review*, Papers and Proceedings, 104, no. 5 (2014): 394–399.

44. "Briefing: The Future of Jobs," *The Economist*, January 18, 2014, pp. 24–28, notes, "Previous technological innovation has always delivered more long-run employment, not less. But things can change."

45. 对国会来说,资助可能导致疾病新疗法的医学研究比资助基础研究更有吸引力。2016年国家卫生研究院预算(323.1亿美元)是2016年国家科学基金会预算(74.6亿美元)的4倍多。https://nexus. od. nih. gov/all/2016/01/27/nih-budget-highlights-for-2016/ and http://www.sciencemag.org/news/2015/12/updated-budget-agreement-boosts-us-science.

46. The benchmark statement is Committee on Science, Engineering, and Public Policy, Rising above the Gathering Storm (Washington, D.C.: National Academies Press, 2007).

47. 2014年对风险投资最有吸引力的5个国家分别是中国(155亿美元)、欧洲(106亿美元)、印度(52亿美元)、以色列(19亿美元)和加拿大(14亿美元)。Peter Vanham, "Top Countries for Total Venture Capital Invested," World Economic Forum, July 28, 2015, https://www. weforum. org/agenda/2015/07/which-countries-have-the-most-venture-capital- investments/.美国在线(AOL)创始人史蒂夫·凯斯(Steve Case)指出,2014年,75%的风险投资资金流向了3个州(加州、马萨诸塞州和纽约州),而《财富》500强企业中有3/4的公司位于其他47个州。Steve Case, "Get Ready, the Internet Is about to Change Again. Here's How," The Washington Post, May 30, 2015.

48. Quandl, National Venture Capital Association Data, "Venture Capital Investments by Industry," January 28, 2016, https://www.quandl.com/data/NVCA/VENTURE_3_10-Venture-Capital-Investments-By-Industry.

49. Robert E. Litan and Carl J. Schramm, Better Capitalism: Renewing the Entrepreneurial Strength of the American Economy (New Haven, CT: Yale University Press, 2012).

50. Ethan Mollick, "It's Not Just the Experts: Crowds Can Pick a Winner, Too," 2014, http:// knowledge.wharton.upenn.edu/article/just-experts-crowds-can-pick-winner/.

51. 韩国在研发方面投资巨大,但在风险投资方面仍然落后,尽管它正在努力追赶。韩国风险投资协会(Korea Venture Capital Association Korea)计算得出,从2014年到2015年,服务业的风险投资大幅增加。"2014年风险资本的新投资达到了1.639万亿韩元,比2013年(约15亿美元)增长了18.4%"。

Korea Venture Capital Association,"Korean Venture Capital Statistics 2014,"Yearbook 2015 KVCA.这将使它的排名高于注释47中引用的数字。

第2章　信息与生产颠覆：数字平台集群系统？

　　美国的第二波创新体系正在被颠覆，类似变化正在全球范围内出现。其原因在于，数字技术迅速扩大了经济转型的范围。创意（包含在知识产权中）、网络信息（软件）、大数据的收集和分析以及服务在许多产品（包括传统的制造业产品和其他商品）附加值中所占的份额都在快速增长。[1]新型生产技术正在增强这种变化的影响。这种颠覆产业和区域创新集群组织方式的数字化现象就是"**数字密码基因**"（digital DNA）。这场正在进行的、影响深远的变革赋予了"全球本土化"概念特殊的含义，即本地与全球之间的关系。**数字密码基因**具有实践意义，它可以推动本土创新集群的组织模式发生变化，而其数字驱动因素在本质上是全球性的。因此，**数字密码基因**的影响取决于更新后的全球治理框架能否在解决日益增多的公共利益问题的同时，实现经济效益的最大化。在后续分析中，我们将**数字密码基因**分为信息颠覆和生产颠覆两个相互关联的方面。首先，随着"低价革命"、模块化和无处不在的宽带对创新模式的改变，商业产品的信息价值大幅增加，这种变化也同样发生在传统产品市场。其次，新一代数字化生产技术正在改变着全球商品和服务的生产体系。

　　第1章指出，第一波创新浪潮的模式和实践要素在第二波创新浪潮中依然很重要。同样，第二波创新浪潮也将继续成为未来创新生态系统的重要组成部分。这里，我们关注的是由"数字平台集群（digital platform clusters）"推动的新兴的第三波创新浪潮的影响。数字平台不仅仅是纯粹的数字服务。**信息与生产颠覆**（IPD）已经深刻地重塑了增值主张，甚至传统商品也开始采用类似纯数字商品的商业模式和创新动力。

数字平台集群的出现以及**信息与生产颠覆**对经济机会组合的持续影响也引发了新的运营风险。由于这些风险改变了不同类型商业模式"结构"的优势，有关市场组织方面的重大试验和创新将会出现。[2]商业和社会中将会出现许多市场组织和治理方面的创新，[3]也会带来相应的挑战，我们希望通过公共政策的创新来应对这些挑战。这些政府、企业和社会的交集是我们讨论"经济治理（economic governance）"的重点。

本章和下一章将分析支撑数字平台集群形成的因素，并探讨它们的后果。本章将分析**数字密码基因**所带来的变化趋势。我们可能会在很多细节上出现错误，但只要我们的方向基本正确，那么有关重要的治理优先级的参数就会变得更加清晰。[4]考虑到数字技术对文娱公司的影响，克里斯·安德森（Chris Anderson）敏锐地预见到，数字化颠覆将导致 CD 市场衰落，而云技术将彻底改变音乐下载市场和电影产业。例如，音乐电子商务减少了音乐公司和歌手的部分传统收入，导致音乐的供应方式（单曲多于专辑）和交付方式（包括流媒体服务）发生了一系列快速的变化。但是，专业音乐家市场的"长尾"并没有预想的那么活跃。[5]

导致特定技术路径不确定性的另一个根本原因是治理响应发生了演变，从而改变了技术颠覆的轨迹。当我们参观位于巴黎郊外的伦吉斯国际市场（Rungis International Market）时，我们深刻地感受到了这一点。伦吉斯国际市场是世界上最大的生鲜食品批发市场（拥有约 1.2 万名员工，年营业额超过 70 亿欧元）。[6]令人吃惊的是，在庞大的伦吉斯鱼类批发市场，交易仍然以纸币付款为主。而当我们走到肉类批发市场时，发现那里的交易则完全是电子化的。为什么会出现这样的差异呢？答案在于"疯牛病"事件的影响，该事件推动了健康报告规定的出台，要求对动物从饲养到最终零售的每一个环节进行追踪。其具体操作方案是对所有肉类使用电子射频识别（RFID）追踪标签。一旦该系统实现了电子化，金融交易系统也会很快随之实现电子化。[7]

虽然无法进行精确预测，但我们可以解释创新体系为何会不断发生变化，并大致说明其可能带来的经济治理挑战。在真正的全球化情境下，基层创新集群将对新兴的全球经济治理模式非常敏感，治理将出现在社会和政府政策正式出台前的零散试验中。一些治理工作将会失败，但是理解其基本方向和原则可以更好地引导治理企业家去识别和处理优先事项。

为了确立这些方向和原则，我们首先描述**信息与生产颠覆**宏观层面的经济背景，并探究若干个可能影响其经济轨迹的不确定性因素。然后，我们再分析IPD。它可以帮助我们预测数字平台集群，使我们能勾勒出其对经济治理的一些影响。第3章提供了两个研究案例，以更深入地探究IPD的动态，并总结出由此产生的相应治理方针。

2.1　更大的经济动力和问题

在探讨不断演进的创新体系之前，我们需要说明我们的分析中存在的三个局限。

首先，生产率是经济增长和收入水平提高的根本驱动力，而创新对于提高生产率至关重要。[8]关于创新对经济增长的推动作用当前到底是在增强还是在减弱的争论仍在继续。[9]我们的分析无法解决这种争论。我们仅仅描述了**信息与生产颠覆**是如何改变我们的创新方式的。无论创新的总体水平如何，我们认为创新方式和主要市场反应方式的变化对经济治理都是至关重要的。

其次，如今技术人才、创业经验和国家（或地区）财富的分布比30年前更为分散，跨境数据流动的价值可能堪比全球商品贸易的价值。[10]随着市场需求中心的转移，经济合作与发展组织（Organization for Economic Co-operation and Development，OECD）成员的初创企业能够而且应该比其他国家（或地区）的企业更快地掌握全球化。[11]此外，非经合组织（non-OECD）成员能力的提高意味着，这些国家（或地区）的企业现在可以作为出口商更快地向价值链上游移动，进入以富裕国家（或地区）为依托的全球供应链。因此，由于发展结果愈加不稳定，评估颠覆将如何改变每个国家（或地区）系统的命运变得更加困难。

最后，**信息与生产颠覆**对就业的影响仍存在很大的不确定性。在信息技术（IT）的推动下，不断变化的生产技术似乎为那些寻求美国制造业就业繁荣的热情推动者带来了希望。然而，**信息与生产颠覆**将在大国力量多变的世界中发挥作用，其中国家政策将影响其结构和后果。[12]美国安全能源成本的下降可能会进一步降低美国的制造成本。这些因素可能使"就近采购（near sourcing）"变得更具成本竞争力，从而推动美国本土制造业的发展，同时可以获得供货提前期缩短以及库存量要求降低所带来的附加利益。但是，如何选择生产地点还取决于中国、越南等国家的劳动力成本，以及从这些国家到其产业贸易伙伴的运输成本等因素。[13]随着"任务贸易"使所有产品和服务的附加值受制于更灵活、更专业化的投入，**信息与生产颠覆**的作用正在突显。[14]

即使美国的制造业企业数量大幅增加，也将只能减缓制造业工作岗位的流失，保留下来的大部分是技能要求和报酬更高的工作岗位。与此同时，人们对机器人将取代许多装配线工人的恐慌正在加剧。一个悬而未决的问题是，相关专业服务岗位的数量会增加还是减少。[15]自动化和新的外包形式可能会促进或阻碍新的"手艺经济（craft economy）"的出现，这种经济以新颖的方式将定制服务和产品结合起来，从而促进就业。[16]如果能够调整社会福利政策，使其能够更好地在有更多工人精诚合作的经济环境中发挥作用（例如，Uber的合同服务任务），那么劳动力市场的变化更有可能带来生产力的提高。[17]尼尔·斯蒂芬森（Neal Stephenson）在有关信息时代的开创性末日小说《雪崩》（Snow Crash）中，假想了一个分层化的美国，它只在软件和比萨外卖方面表现突出，而比萨在其分销体系中也是一个信息密集型产业。[18]

即使存在这些局限，一些重大事件也正在重塑全球经济的格局。水牛春田合唱团（Buffalo Springfield）的一首经典摇滚歌曲中唱道："这里发生了一些事情，到底是什么还不清楚"。这些变化的后果是所有关注经济治理的人都应该高度关注的重点。[19]

2.2 信息与生产颠覆

信息与生产颠覆（IPD）推动了已建立的创新体系的瓦解。我们将探讨构成IPD的基本要素，以更深入地了解数字平台集群的发展方向。

2.2.1 信息颠覆

信息颠覆有5个驱动因素。

第一个驱动因素是"低价革命"提高了信息的价值。

因为网络化的信息技术几乎无处不在，而且即使与2000年相比，其成本也是极其低廉的。[20]

云计算和无处不在的网络宽带（尤其是移动宽带）至关重要。尽管根据摩尔定律（Moore's law），半导体可能实现惊人的性能提升，但其他形式的信息技术改进已经开始占据上风。[21]

第二个驱动因素是物联网（Internet of Things）的兴起。

物联网的兴起促进了信息价值的提升。物联网是由观测系统（如传感器）、网络信息、大数据分析以及融入信息技术功能的终端构成的相互关联的系统，系统中终端的数量将不断增加，并远超电脑和智能手机的数量。

无人机虽然还没有得到普遍认可，但其发展正在为定制化传感和观测系统提供一个廉价的通用平台，同时这些系统可以与环境监测和自然资源管理以及基础设施维护等新型分析应用程序相连接。

第三个驱动因素是大数据的快速增长。

机器学习（机器自行改进分析算法）的爆炸式发展及其在人工智能程序元素支持下转化而成的应用程序，加速了大数据的增长。[22]

第四个驱动因素是"模块化"（标准化、易于使用）信息技术接口的不断发展。

这些接口促进了数字构建块（digital building blocks）的"混合搭配（mix and match）"以及信息的增值传播。[23]

第五个驱动因素是开源软件代码的普及。

初创企业可以将这些代码整合到自己的信息技术创新中，从而降低成本，加快创新速度。[24]

例如，据估计，在2000年至2012年间，**信息和通信技术（ICT）**的启动成本（硬件、软件和人员）下降了70%~80%，使得应用替代模型可以更容易地筹集和组织资本。[25]

技术使低价革命成为可能，但治理也发挥了重要作用。对ICT模块化的重视得益于美国的一系列竞争政策，从要求AT&T和IBM开放其系统的早期反垄断案，到竞争对手的互补产品（如智能手机和软件）的相关法案，再到1990年里程碑式的微软反垄断案。

政策制定者坚持将模块化接口纳入正在进行的系统设计中。

2012年，美国联邦贸易委员会（Federal Trade Commission）要求谷歌开放其广告应用程序界面，以方便消费者切换到其竞争对手的广告平台。

美国联邦贸易委员会还裁定，英特尔（Intel）芯片的设计不可以阻止用户选择具有竞争力的图形处理芯片。[26]模块化代表了一种策略设计选择，即使用竞争政策通过提高互通性来增加市场进入和选择。值得注意的是，政府并没有强制规定具体的技术或技术标准，以使竞争性进入更容易。因为这些规定会限制存在竞争关系的技术设计之间的竞争，从长远来看会阻碍创新。

IPD 对数字服务的直接影响是显而易见的。搜索引擎、在线广告、社交网络以及苹果、谷歌等平台的应用程序商店的兴起都是巨大的变化。

上游基础和应用研究的增长同样重要。例如，生物科学领域正在发生的变化，是由于"定量和系统生物学（quantitative and systems biology）"将生物过程的大数据分析与物理学、工程学等交叉领域的理论进行了融合。每一所重点大学都在竞相创造新工具，这些工具源自观察和计算能力的提高，几乎涵盖了学术的各个方面。这些学术上的变化又将为企业提供解决问题的框架。例如，机器学习和可视化技术的进步正在推动"情境机器人（contextual robotics）"研究领域的建立，其目标是让机器人能够在高度非结构化的环境中工作，完成灾难响应等任务。

信息颠覆降低了小企业的进入壁垒，因为它们可以根据商业机会扩展信息技术资源的规模。[27]例如，生物制药初创公司 FerroKin 利用信息技术大幅削减了管理费用，并通过重要数据的快速流通加快了研究进程。Skype 和其他工具的使用帮助新创企业降低了对办公空间的需求，同时方便企业灵活地使用承包商，企业甚至可以使用承包商处理高技能要求的核心任务。

英国科学园区协会（United Kingdom Science Park Association）发现，其园区内的公司平均只有不到 50 名员工。虽然它们仍然以集群的形式聚集在一起，但这些集群的规模更小，因为它们更多地依赖网络形式来"催化、沟通、协作和创建业务"[28]。出于同样的原因，这些公司比早期的初创公司更容易实现全球化。

例如，拥有 130 万人口的爱沙尼亚，由于其雄心勃勃的国家信息基础设施建设部署，培育了人才库，因此成为全球信息技术领域的翘楚。Skype 和 Kazaa（早期的文件共享网络）等开创性的创新企业及网络安全企业都起源于爱沙尼亚，但随后它们以低成本建立了专业合作伙伴全球网络，并逐渐发展壮大。[29]

来自以色列、韩国、爱沙尼亚的初创公司与美国加利福尼亚州的公司的合并正变得越来越普遍。[30]许多引人注目的无线医疗设备和服务初创公司的总部都设在欧洲或者美国的加利福尼亚州。

这个过程随着每次"下一个大事件"（Next Big Thing）的出现周而复始。由于大数据、云计算、机器学习等各类创新的兴起，很多人猜测语音技术可能会成为"下一个大事件"。[31]

2.2.2 生产颠覆

生产颠覆补充了信息颠覆，且其驱动因素与数字技术存在一些重叠。生产颠覆的主要驱动因素包括增材制造（通常被称为3D打印）、机器人技术以及与传感器结合的新型"智能"材料。总的来说，这些变化有时被描述为"先进制造"，它将改变产品开发的速度和成本以及规模经济。[32]例如，德国和中国已经启动了锚定这些能力进行创新的重大项目。[33]

现在，3D打印机以及其他新的生产工具正在改变专业产品的动态。制作新产品原型以及生产短生产周期的特殊订单变得很普遍，并正在成为常规操作。

其中，引人注目的例子有：美国国家航空航天局（NASA）能够通过电子邮件将扳手发送到国际空间站，这是利用3D打印机实现的。[34]还有一家丹麦公司一次性打印出了一座长为14.9米（49英尺）的桥，而不是先打印出各个部件，再进行组装。[35]3D打印机还被用于生产生物产品，包括人工肝脏原型等。[36]此外，增材制造正在迅速改进，使其可以定制化生产传统制造产品的零部件。[37]田纳西州的一家初创鞋企Feetz，自2016年开始销售定制鞋履。顾客们将自己的脚放在一张白纸上拍三张照片，Feetz便可以据此生成脚的3D模型。顾客们只需再添加一些简单的生物特征数据（如身高和体重），选择鞋子的类型和颜色，然后再按下购买按钮就可以完成定制过程。定制的鞋子会用3D打印机打印出来，然后配送给买家。[38]

增材制造并不局限于小规模生产。通用电气（GE）使用增材制造技术为波音737等小型飞机的新系列引擎生产喷嘴。通用电气采用这种制造方式是因为先进制造可以将多个组件组合成一个整体制造件（"部件一体化（parts consolidation）"）。传统的制造技术需要生产多个零件再组装成喷嘴；而3D打印机可以将喷嘴作为一个单一零件生产出来，从而节省了材料和人力成本。3D打印机的作用应进一步扩大，因为涉及激光的技术进步将允许3D打印机使用更多的金属氧化物。[39]

随着机器人变得更小、更便宜、更智能、更灵活，机器人技术日益提高了大规模经济[40]颠覆性生产的可能性，也提高了更小"批量"操作的可能性。[41]机器人辅助的微创手术也在逐渐普及。未来，可能医生（或技术人员）会辅助机器人进行手术，而不是机器人辅助医生进行手术。[42]此外，机器人技术正在发展成为一个平台，在这个平台上，来自独立公司的多种专业化应用程序和机械手将可以由同一台机器人进行操作。

另一个改变生产的创新是为实现产品设计目标而出现的新材料的合成，包括全新类型的合成材料，如生物工程丝等。[43]

"智能材料"，如用于制动器和传感器的压电复合材料，已经成为在碰撞中激活汽车安全气囊的传感器的基础材料。[44]许多新材料将承载联网监测传感器以报告制造过程中的缺陷。最终，"打印"的传感器将对敏感产品具备更强的观察和监测能力，比如鲜肉的"智能"包装。[45]

类似地，自我调节（"稳态（homeostatic）"）的纳米材料和纳米机器人可能有能力调节血液中的葡萄糖或二氧化碳水平。[46]

"表皮电子学"的发展采用了附着在皮肤上的"文身"，这些文身承载着网络传感器，既能收集医疗数据，又能利用数字系统建立全新的专业用户界面。为了利用这些可能性，传统的电子公司和医疗设备公司都在这个领域进行了投资。[47]

生产创新也在改变商业科学的创新过程，其有时类似于合同制造系统。例如，Emerald Therapeutics 和 Transcriptic 使用联网机器人操作实验室测试设备，并将其与自己的软件操作系统进行集成。这使得它们能够低成本、快速且高精度地为新的生物制药公司提供复杂的实验室测试。这些实验室可以设计和监控使用网络界面的实验，从而降低生物制药启动所需的高端设备和实验室人员的数量。[48]下一步，它们将从实验室走向生产最终产品。

IPD 的影响正在催生跨越高科技与传统商品和服务之间的鸿沟的数字平台集群。[49]接下来，我们将列出这些集群的特征。

2.3 数字平台集群的动态

在 IPD 带来的创新的推动下，数字平台集群开始出现。平台提供了"消费者和许多不同应用程序之间的门户，远超构成平台本身的特定产品或服务"。[50]

这些平台的基础是数字工具（如软件操作系统）和为不同的客户、受众和相关产品供应商提供的通用功能，这些客户、受众和相关产品供应商的复杂性和复制成本各不相同。这些工具可以不断更新，因为它们是数字密集型的，并且依赖于用户反馈和其他信息驱动，这些都是信息颠覆的一部分。"商店"就是这样一种工具。它作为一个数字交易设施，需要复杂的数字基础设施，这是在重大实验的基础上发展起来的。[51]该"商店"为组织专业信息应用程序和实体商品的全球市场开辟了新途径，例如，德国钢铁产品的全球贸易平台。生产工具是数字信息阵列的补充，例如，无处不在的"共享设施孵化器"是由生产车间（创客空间）创建的。创客空间提供了 3D 打印机、甚至机器人技术的基础设施，这些都为企业家提供了全新"设计区"，供他们试验各种 IPD 能力。培训课程和企业"孵化器"通常是研讨会的一部分。

这些新兴的集群有六大主要动力。

第一，与第二波创新浪潮的集群相比，数字平台集群更依赖于ICT及服务，同时面向更广泛的市场。简而言之，ICT使许多传统生产任务实现了自动化和网络化组织。例如，MinuteKEY公司是首家创建可复制钥匙的自助服务站（kiosk）的公司。传统上，大多数钥匙是在五金店中使用人+机器组合进行配制的。MinuteKEY添加了更智能的ICT组件及机器人，取代了人，将钥匙制作变为自助式服务。MinuteKEY的智能系统将钥匙制作失败率从正常的10%~15%降低到0.4%，并且网络诊断允许kiosk远程解决大多数客户的问题。它最新的组件是用于支付的自动信用卡系统。2014—2015年，MinuteKEY的收入增长了约1/3，达到3 500万美元。[52]

第二，随着用户数量的增加以及配套共同供应商"生态系统"的扩大，数字平台的网络经济使得技术变得更有价值。正如苹果的成功所证明的，随着更多的合作供应商提供互补产品，这个平台及其主打产品的价值也变得越来越高（大多数平台从未占据市场主导地位；本书第三部分考察了有关支配地位的政策问题）。

数字平台的附带好处是，它们还提高了"用户交互"的重要性，包括用户共同发明。产品供应商和用户之间持续的网络互动使得产品/商业模式的不断再造成为可能，这是数字驱动创新的一个重要特别之处。共同发明对初创企业的影响是惊人的。

越来越多的初创企业，特别是消费品领域的初创企业，用实验和探索模式取代了传统的开发和营销模式。[53]从一开始，它们就利用IT平台与潜在用户互动，最终与实际用户互动，以完善产品设计和营销。[54]越来越多的市场巨头也将共同发明作为其发展的核心问题。[55]

总之，这些变化允许更大程度地根据特定消费者群体的偏好定制产品，并根据成本效益改进产品规格，同时可实现大规模生产。然而，正如本书第三部分所解释的，不适当的隐私和网络安全政策可能会削弱这种动力。

第三，即使是制成品也开始依赖具有网络效应的ICT及服务来维持市场份额，并彻底重新定义或创造新的终端市场。[56]这是吉列（Gillette）惯用策略的一个变种——吉列靠销售剃须刀片（而不是剃须刀）赚钱。[57]本着这种精神，一家为大型商业建筑提供气温控制设备的供应商与IBM合作，创建实时传感器和数据分析系统，以优化建筑物内安装设备的功能。通用电气正在大力投资其工业物联网的Predix平台。通用电气认为，传感器和大数据分析将使其能够预测设备基础设施的问题，从而创造提供降低维护成本、优化资本资产使用服务的市场。[58]

值得注意的是，平台战略不仅对大型公司开放，也对小型专业公司开放。

生物技术设备就是一个例子。一家知名精密医疗设备生产商的负责人和一家西海岸生物技术领域的风险投资家都表示，自2000年以来，随着网络信息对竞争力的影响越来越大，商业周期不断缩短，资助者愈发热衷于更新网络信息功能。这引起了人们对"引爆（tipping）"的担忧，因为有关产品功能的信息会在社交媒体上迅速传播。这种情况首先出现在基因测序系统中（如高端领先者Illumina公司），并正在扩展到其他医疗技术。例如，遗传学和大数据分析的结合可能会引入诊断平台，这些平台可能会呈现像软件业那样的"引爆"动态。详细的测量和大数据分析为研究个体生物群落提供了新的方法，并提出了新的治疗方案。此外，用户正在利用生物医学设备平台设计他们自己的诊断和干预解决方案，类似于处方药物的"非专利"使用。[59]

软件和硬件的交叉融合对销售摄像头系统的Dropcam公司来说也至关重要。

最初，它的创始人计划提供价格低廉的家庭安全保障服务。此后，Dropcam成为几乎无处不在的家用和办公室监控设备领域的领导者。2013年1月，Dropcam的联合创始人Greg Duffy声称，从Dropcam上传的视频数据比从YouTube上传的还要多。[60]

Dropcam是基于一个软件应用程序建立的，该应用程序被拼接到嵌入数码摄像头芯片的标准化软件中。该系统使用廉价的虚拟网络模拟运行进行完善，而无须使用专用芯片进行应用程序调试。Dropcam随后将这些摄像头转售给一家有云存储能力的监控系统公司。

随着Dropcam的发展，它降低了产品成本和售价，并通过自产摄像头，加速进军大众市场。这都是因为3D成型技术让设计变得更快、更便宜。Dropcam的创始人估计，该系统从开始到成型的开发成本只有几年前所需成本的1/10。在未来，不断发展的生产技术和成熟的集群政策可能会再次导致其生产战略的调整。

Dropcam更宝贵的经验是硬件的制造促进了软件解决方案的开发。Dropcam的优势在于其软件占据了大部分价值。[61]用户交互的重要性与日俱增，服务作为创新的基石发挥着重要作用。Dropcam现在使用数据分析来优化视觉识别，以向用户发送特定的、集中的、自动的活动提醒。

2014年6月，谷歌Nest实验室（Nest Labs）宣布将收购Dropcam，这成为软件因素重要性的有力证明（Nest Labs就是利用信息技术改变传统市场的典范）。[62]此次收购使谷歌成为恒温器、安防系统、烟雾及火灾报警市场的领跑者，并成为快速增长的"住宅物联网市场"的主力军。[63]

竞争对手担心，谷歌对Nest Labs/ Dropcam提供的家庭生活和小型办公室活动的海量数据的控制可能转化为巨大的竞争优势，而这种担忧仍在不断蔓延。但是，请记住，颠覆不会自动持续下去。Alphabet（谷歌企业的继任控股公司）在管理Nest时也面临着挑战。[64]

复杂的实体商品与分析技术的结合也促进了曾经规模较小的新市场（比如医疗监测市场）的扩张。例如，X2提供了一种新型的生物医学诊断技术系统来监测脑震荡和头部损伤，这些损伤主要发生在足球和其他接触性运动中。X2为用户提供可靠的、长期的数据流，每台监控设备收费120美元，同时对每个用户收取每月1美元的维护费用。[65]X2的长期优势在于其为风险管理提供了数据监测和预测建模服务。

"共享经济（sharing economy）"的崛起重新定义了市场逻辑。其最新的形式是"零工经济"（gig economy），其特点是劳动者作为短期工作的"独立承包商（independent contractors）"。[66] 与经济模式相关的共享发生在"个人能够借用或租赁他人拥有的资产"的时候。当某项资产的价格较高，且该资产一直没有得到充分利用时，最有可能采用共享经济模式。[67] 信息技术开启了创建这些业务及其商业模式的能力。下一节我们将继续讨论共享经济的内容。

第四，从产品中获得的信息可以产生附带的收入流和分析学习，因为公司依赖于"非竞争性的数据使用"。[68] 信息一旦被使用，就可以无限重复利用。[69] 搜索引擎跟踪用户的总体使用情况以定位和拍卖广告，并将这些广告呈现为个人搜索结果的一部分。作为初级消费品的一部分，收集的大数据可以被灵活地重复使用，以改进产品和流程（或者像谷歌的 Nest 一样，生成关于消费者行为的信息，从而更好地定位在线广告）。大数据还可以衍生出其他产品，或者出售给想要将其与其他数据结合起来的第三方。这促使企业，甚至那些只提供专业产品的企业，开始重视对平台工具的投资。例如，一家公司试图帮助购买商业保险的中小企业实现"去中介化"并投入了大量资金，使其客户——大型保险公司或中小企业——能够轻松地分析其债务和成本模式的数据，以帮助它们重新调整其商业战略。

第五，IPD 激发了各种金融试验，这些试验为在更广泛的应用领域中进行创新融资创造了新的金融选择。风险投融资模式的演变加剧了这一发展。正如一位资深的风险投资家向我们描述的那样，3~5 年的回报时间框架现在完全主导了主要公司。除了极少数的情况外，风险投资家们（VCs）现在都尽量避免进行风险过高的投资。

风险投资家们现在看重的是一个互补的生态系统，这个生态系统是由非常早期的投资者建立的，即所谓的"天使投资"。天使投资的范围从埃隆·马斯克（Elon Musk）和杰夫·贝索斯（Jeff Bezos）等人对新太空发射系统的"亿万富翁赌注"，到更常见的几十万美元到数百万美元的小额资金，这些资金来自富裕的投资者，他们愿意承担风险更高、但回报也更高的投资，并将其作为个人或家庭财富管理投资组合的一部分。[70]（其中部分资金是通过专业投资机构提供的，比如为MinuteKEY提供资金的投资公司）风险投资家很乐意为已经获得成功的早期投资者支付溢价，因为风险因素更低，上市时间更短。

风险投资市场的变化意味着，风险投资和众多初创企业看到了补充金融机制的必要性。为了说明资金分布的情况，表2-1比较了美国和中国在天使投资、风险资本投资和股权众筹这三个较新类别上的风险投资金额。令人惊讶的是，风险资本投资和天使投资之间的差距比预期的要小。而另外一种选择——股权众筹，是IPD的直接产物。它仍处于新创阶段，但正在迅速发展。

表2-1 2014年创新基金比较

创新基金	美国	中国
天使投资	241亿美元	6.4亿~45亿美元
风险资本投资	493亿美元	155亿美元
股权众筹	8.7亿美元	3.844亿元人民币（5 840万美元）

资料来源：Peter Larson and Mingda Qiu，"Innovation Funding in the US and China，" Memo to Experts Group on Innovation，Strategic and Economic Dialogue，February 2016.（可与Peter Cowhey联系获取）新罕布什尔大学风险投资研究中心对美国天使投资进行了研究。"The Angel Investor Market in 2014：A Market Correction in Deal Size，" https：//paulcollege. unh.edu/sites/paulcollege.unh.edu/files/ webform/2014%20Analysis%20Report.pdf.

众筹需要降低网络和交易成本。众筹项目的融资不像传统风险投资那样有地域偏见，但在2015年之前，还没有融资规模超过百万美元的项目出现。[71]众筹加之在线试验的增长以及"早期用户"的共同发明等特点，为早期阶段的资本和市场品牌建设提供了一种新的选择。早期的成功带来了后续的股权投资。Moov就是一个例子，它是一种结合了传感器和人工智能来指导使用者进行运动的健身设备。在早期，Moov依靠众筹和预售活动来收集用户的反馈，建立起品牌知名度。随后，该公司又向榕树资本（Banyan Capital）寻求A轮融资。[72]

第六，数字平台集群促进了集群规模和地理焦点的变化。先进技术人才的核心地理集群可能会持续存在，因为创新的商业化涉及押注于人。集群在更大的人才库中蓬勃发展，通常会通过简历之外的非正式方式来衡量应聘者的声誉，这对知识的商业化至关重要。[73]然而，随着IPD平台动态变得更容易获得，它们推动了更多的市场（包括通常与ICT不相关的传统市场）的发展。因此，与第二波浪潮相比，平台集群模式将产生更多专业化的创新集群，而第二次浪潮主要围绕ICT及生物技术展开。

此外，专业化集群将更多地依赖本地和全球网络动态。传统产业将在IPD支持的数字平台集群中进行重组。技术注入型集群可以围绕"工艺"知识建立起来。[74]它们可以建立在虚拟ICT平台上，比如云及其服务生态系统，或者专业批量生产上。

例如，20世纪90年代组约硅巷（Silicon Alley）就因此而广受赞誉，尽管组约在内容创造方面实力强大，但它从来都不是ICT领域的明星。今天，组约正在成为一个重要的应用程序内容创新中心，因为不再需要那些位于曼哈顿的配备了大型设备、宽阔的租赁空间、大量工程师的ICT平台。建立在金融交易领域ICT新方法上的金融科技也在组约大量涌现，这些初创公司和巨头都采用了ICT支持的商业模式。[75]

值得注意的是，新生产技术对ICT的补充完善，为依靠渐进式创新和工艺创新（incremental and process innovation）的传统集群开辟了发展途径。正如我们在第3章中所展示的，像农民这样的传统知识专家正在重组为全球信息服务提供商。同样，德国的弗劳恩霍夫研究所（Fraunhoefer Institute）主张将"工业4.0"作为德国制造业中小企业转型升级的基本方式。[76]

2.4 颠覆中的协同效应

由 IPD 支持的单个产品或纯数字产品（如 Facebook）是一个重要的议题。但是，数字平台集群将如何影响大型资本密集型产业呢？[77]我们通过考察两个行业来探讨这个问题，在这两个行业中，过去的资本投资及其人力组织系统导致很难出现根本性变革。在汽车和电力行业，数字平台的创新正在迫使企业重塑战略和结构。尽管大型资本密集型行业存在惯性，但这些行业的商业模式和技术基础都在发生显著变化。

2.4.1 汽车产业的转型

一位与业界有着深厚联系的著名计算机科学家在参观了特斯拉（Tesla）的运营后告诉我们，"他们的思维和组织方式更像一家计算机公司"。我们向世界上最大、最具创新力的汽车零部件供应商之一的某家公司的高管提到了计算机科学家的这句评论。他们完全同意，特斯拉是一家真正与众不同的汽车公司。[78]

是什么让特斯拉与众不同呢？是信息技术驱动着特斯拉的设计和生产过程。特斯拉认为汽车制造是一个系统问题，所以他们是唯一一家围绕电池设计汽车的电动汽车公司，而不仅仅是把电池当作一个笨拙的部件塞进传统汽车中。[79]特斯拉还采用了一种先进的汽车系统模块化方法，使关键部件的双重使用变得更加简单。特斯拉计划在其汽车电池技术的基础上推出家用储能装置，通过每晚存储能源，提高太阳能电池的实用性。[80]此外，特斯拉还充分掌握了信息技术驱动性能的方式，从头开始设计整个软件系统，从而大大简化了汽车许多关键功能的远程更新问题。

有关信息技术对生产影响的一项测试是这样的：特斯拉在设计和生产过程中使用了新的计算机辅助设计系统和最新一代的机器人。这种方法大大缩短了从建立模型概念到进行商业生产的时间。从设计产品到投入市场的周期，特斯拉比之前的最佳情况缩短了1/3的时间。在一个资本密集型行业，时间就是金钱。

特斯拉预计，在2年内，其生产效率将进一步大幅提高。[81]特斯拉还创造了一种用户体验，并赢得了狂热的拥护者，至少在它处理一起涉及自动驾驶系统的致命车祸时出现失误之前是这样。[82]此外，特斯拉还暗示，它将进一步重新定义其创新的商业模式，与松下（Panasonic）合资成立一家大型电池工厂，松下的产品可以用于特斯拉汽车，也可以用作其可再生能源系统的储能设备。正如一位投行高管所述，特斯拉正在将汽车转变为一个全新定义的电力能源系统概念中的又一个设备。这些策略是否能推动特斯拉取得长期成功尚不确定，但这些事例表明，即使是最传统的工业流程和组织也能发生重大转变。

特斯拉展示了IPD对传统制造系统及其产品的影响。随着IPD的兴起和数字平台集群的出现，一个更大的变化正在发生：一场重构汽车使用及其商业模式的革命。

2004年，由计算机系统控制的自动驾驶汽车在美国国防高级研究计划局（DARPA）进行了第一次道路测试，并最终宣告失败。

2012年，谷歌成功测试了一辆采用大数据分析、具备大型计算能力和复杂传感器系统控制的自动驾驶汽车。

2015年，配备了信息技术制动和转向辅助功能的"半自动汽车"已广泛普及。汽车正变得越来越"智能"。2014年，一辆豪华汽车背后有3亿行软件代码支撑，而一架喷气式战斗机只有800万行软件代码支撑。[83]现在，汽车中增加的信息价值是其最昂贵的投入。[84]

根据法律和基础设施投资（如与汽车互动的道路传感器）的情况来看，全自动驾驶汽车可能会在21世纪20年代问世。

从本质上讲，汽车融合了信息技术、机器人和交通工具这些要素。机器人元素包括精密的传感器、车内和周围车辆的内部网络，以及在需要快速反应时引导汽车的决策程序。

2015年，汽车的互联性将以优步（Uber）和来福车（Lyft）等为代表的共享经济带入了交通运输业，引发了它们商业应用模式的革命。除了利用信息技术来协调司机和车辆，这些服务还依托GPS来指导司机和在线评级系统剔除不合格的司机和乘客，并支持网络支付。大型汽车制造商的商业模式正在发生重大变革。例如，通用汽车（General Motors）和丰田汽车（Toyota）的投资似乎就是对共享经济革命兴起、无人驾驶汽车出现以及人工智能需求的直接反应。[85]即使在私家车领域，汽车制造商的商业模式也将随着汽车的发展而演变成个人交通系统，在这个系统中，司机和乘客都将被视为通勤者。[86]

汽车行业的故事表明，与数字平台相关的商业模式存在更广泛的紧张关系。许多投资者都希望利用IPD来分解不断扩张的行业的价值主张。优步（Uber）、爱彼迎（Airbnb）代表着的共享经济是这一运动最突出的象征。[87]但共享经济只是故事的一部分。[88]正如一位著名的投资者告诉我们的那样，IPD中的因素允许企业对传统行业的特定流程（及其附加值）进行革命性改革，然后将它们转变为资本需求远低于传统模式的高增长公司。快速增长、"低资本"投资模式、丰厚的利润以及与传统方法相比明显的业绩优势，造就了高估值模式。因此，如果将谷歌在汽车行业的故事视为一项调查来审视IPD是否能够重新定位和刺激汽车的技术功能，使其成为一项脱离汽车公司及其传统供应商控制的业务，这个故事将具有更重要的意义。[89]正如第6章所指出的，欧洲和其他创新体系的捍卫者们正在反击，这些创新体系与采用资本密集型战略的传统产业更紧密地结合在一起。他们希望利用IPD来振兴老工业，而不是颠覆它们。

此外，就汽车而言，隐私和安全策略将决定如何重用和组合信息。除了转售大数据带来的直接利润外，"大数据"的许多好处还来自以人们从前无法想象的方式对其进行使用的尝验。IPD蚕食着传统的市场和部门差异。然而，许多监管规定限制了数据的流通，限制了那些想要通过"低资本"战略分得一部分增值的企业进行更深层次的创新。我们认为，就像政府对模块化政策的选择一样，问题不在于治理监督是否有作用，而在于应该采取何种形式。本书第三部分将探讨这些紧张关系的政治经济学解释及其对数字平台的影响。

2.4.2 能源网

电力能源系统的转型为数字平台动态不可预测的转变提供了另一个视角。尽管奥巴马政府支持的太阳能公司Solyndra的破产让人记忆犹新，但奥巴马政府的能源投资在降低可再生能源成本方面确实取得了不错的效果。然而，它们遗漏了2008年后改变美国能源格局的最大供给侧发展——水力压裂技术的应用范围扩大和美国页岩油产量的激增。同样，精明的私人投资者有时也会犯错，就像那些对于新的商业模式能否成功判断失误而在替代能源领域损失巨额资金的风险投资公司。这些公司的失误有助于解释生产和信息技术在推动变革中的相互作用。

当风投行业接受清洁能源，特别是替代能源时，它们确信这将产生重大的网络效应和巨大的规模经济。投资者认为，他们将获得高额回报，该行业的动态将类似于软件或半导体行业。[90]

此外，他们错误地认为光伏技术十分复杂，以致竞争对手无法利用其市场创造的规模经济来攫取明显优势。相反，许多替代能源领域的发展类似于传统的高端制造业。替代能源的发展需要投入大量资金来实现太阳能电池产量的逐步提高，或者需要价格高昂的基础设施部署（例如，建立私人无线网络来连接用于建筑智能管理的传感器）。风险投资者很快就失去了信心，并从那些需要花费太多精力才能产生普通利润回报的项目中撤出了他们的投资。[91]

在基于可持续技术优势的生产技术产生更大的成本突破之前，风险投资者将以极其谨慎的态度进入这一领域，而比尔·盖茨等"亿万富翁天使"仍在进行一些更大的投机押注。

尽管如此，探索过程仍在继续，新一代的商业模式将重点放在由改进的传感器（包括提供个人用户实时信息的"智能电表"）支持的网络软件和数据所提供的机会上。这些模型寻求高投资回报的项目，比如高峰负荷电力管理，其中很大一部分城市高峰负荷来自大型建筑和空调，新的解决方案使用基于网络的软件和大数据分析来大幅削减高峰负荷的成本。这些系统还用公共移动运营商的网络替代私人无线网络，以降低资本成本并缩短交货时间。

与传感器的成本和性能改进一样，摩尔定律遵循并使用大数据分析来负载管理计划。有了更丰富的经验，这些创新可以通过具有竞争力的价格进行"逐个电路（circuit by circuit）"的负载引导。我们还预计，在信息颠覆中，观察点和控制点越微观，控制分析就越有价值。[92]

可以预见的是，在IPD中，机遇和风险将促进对电网商业模式重组和创新体系更深层次的试验。"微电网（microgrid）"吸引了对试验系统的更多投资，特别是可以提供公共和微电网协同操作的软件平台。[93]微电网没有在集中的发电和配电网络中寻求更大的规模经济，而是利用信息技术实现发电和配电的专业"岛（island）"。这些岛由联网的信息技术系统集中管理，为大学校园、制造业企业、军事基地和其他专门的大型电力用户服务。太阳能和其他分布式能源可以更有效地用于目标微电网。这些能源由当地的能源储存系统支持，并通过优化的网络进行分配，实现比长距离传输更少的能源损失。该系统可能较少受到大规模电网故障的影响，因为在局部故障发生时，可以由电网进行备份。"封闭电网（closed grid）"还允许对系统进行更多的信息密集监控，从而实现更高水平的网络安全。同任何创新一样，微电网也可能会出现问题，或者随着那些能够带来更高利润的高峰负荷客户从费率基础中消失，它们可能会导致公共电网出现经济危机。无论哪种情况，它们都显示了IPD是如何实现对经济中的"战略"和"结构"进行重大试验的。

2.5　信息与生产颠覆的六个要点

总而言之，我们简要回顾了IPD的六个主要后果，它们是探究第二部分和第三部分讨论的治理机会和挑战的基础。

（1）**数字的普遍性和多样性**：模块化、生产和信息输入的融合意味着将会有更多的市场像信息技术市场一样运作。更复杂的劳动分工和价值划分将会出现，而不仅仅是少数占主导地位的数字解决方案。

（2）**市场颠覆**：新服务和新生产技术使传统商品与信息融合，甚至会颠覆传统市场。

（3）**进入门槛的降低**：新技术降低了许多创新形式的成本，使市场进入变得更加容易。新技术还会带来打破传统市场界限的混合创新商业模式。众多赢家（winners）和输家（losers）将会围绕新的商业模式组织起来。

（4）**新的区域平台集群**：覆盖更多样化的行业、专业知识和地点的新型区域初创集群将蓬勃发展。集群可以更小，并专注于工艺知识。IPD将在技术市场中发挥最显著的作用，它可以使传统的产品和服务集群恢复活力或创造新的集群。随着IPD在各行业的延伸，高科技和其他行业之间的差别将会逐渐缩小。

（5）**全球生产潜力**：IPD将改变交互式用户体验，大数据分析将需要更多地利用全球经验和反馈。即使是规模较小的公司也可以利用遍布全球的专业人才网络集群。

（6）**新的治理解决方案**：IPD的特征要求对经济政策背后的众多假设进行重新思考，包括税收和关税政策。同时，还需要更多涉及公共和私人安排的共享治理以及对政策试验和学习的重视，以促进在网络安全和数字隐私等问题上的创新。

注释：

1. 参考 Andrew McAfee and Erik Brynjolfsson, "Big Data: The Management Revolution," Harvard Business Review, 90, no. 10 (October 2012): 60-66, 68; 以及 Arvind Subramanian and Martin Kessler, "The Hyperglobalization of Trade and Its Future," Peterson Institute for International Economics, Working Paper Series, WP 13-6 (July 2013), https://piie.com/publications/wp/wp13-6.pdf.

2. 我们的观点直接取自阿尔弗雷德·钱德勒(Alfred Chandler)的经典著作《战略与结构：美国工商企业成长的若干篇章》，该著作展示了早期的通信和运输创新如何提高了有效服务美国大陆市场的可能性，从而激励了促使垂直整合、多部门公司崛起的试验，这些公司成为第一波创新浪潮的支柱。Alfred D. Chandler Jr., The Visible Hand: The Managerial Revolution in American Business (Cambridge, MA: Belknap Press of Harvard University Press, 1977). 奥利弗·威廉姆森在《资本主义经济制度》(New York: Simon & Schuster, 1985)一书中为这些问题提供了一个更广泛的理论框架。

3. 例如，伦敦劳埃德商船协会(Lloyd's of London)的成立加速了全球贸易和航运业的崛起。

4. 比尔·盖茨在其著作《未来之路》(New York: Viking, 1997)的第一版中，未能预见到互联网的变革意义。

5. 巨星市场依然存在，尽管利润率和市场份额有所下降。类似地，Netflix和流媒体视频(以及盗版)大幅削减了电影公司DVD的销售利润。然而，好莱坞坚持改变其产品结构和发行周期，以更多地迎合全球市场，弥补DVD收入的损失。Lynda Obst, Sleepless in Hollywood: Tales from the New Abnormal in the Movie Business (New York: Simon & Schuster, 2014).

6. Boy de Nijs, "Rungis: World's largest wholesale market for fresh food," May 31, 2016, Hortidaily, http://www.hortidaily.com/article/26574/Rungis-Worlds-largest-wholesale-market-for- fresh-food.

7. 即使是纸币付款的情况下，射频识别标签也使肉类的销售审计变得更容易。

8. 随着经济增长理论的发展，它更加强调创新的影响。David Warsh, Knowledge and the Wealth of Nations: A Story of Economy Discovery (New York: Norton, 2006).

9. Brynjolfsson 和 McAfee 对创新率持乐观态度，戈登和考恩则与之相反。Tyler Cowen, The Great Stagnation: How America Ate All the Low-Hanging Fruit of Modern History, Got Sick, and Will (Eventually) Feel Better (Boston: Dutton, 2011), pamphlet; Robert J. Gordon, The Rise and Fall of American Growth: The U.S. Standard of Living since the Civil War, The Princeton Economic History of the Western World (Princeton, NJ: Princeton University Press, 2016).

10. McKinsey Global Institute, Digital Globalization: The New Era of Global Flows (2016).

11. 可以预见的是，政策制定者现在更加关注小企业在贸易政策中的作用。Peter F. Cowhey, "Crafting Trade Strategy in the Great Recession: The Obama Administration and the Changing Political Economy of the United States," in Miles Kahler and David Lake (eds.), Politics in New Hard Times: The Great Recession in Comparative Perspectives (Ithaca, NY: Cornell University Press, 2013).

12. Anne Wren (ed.), The Political Economy of the Service Transition (New York: Oxford University Press, 2013).

13. 2014 年 11 月，有制造业背景的韩国投资者告诉我们，中国劳动力价格的上涨正使得韩国制造商将工厂投资转移到越南。

14. Rainer Lanz, Sébastien Miroudot, and Hildegunn K. Nordås, "Trade in Tasks," OECD Trade Policy Working Papers, No. 117, 2011, http://dx.doi.org/10.1787/5kg6v2hkvmmw-en.

15. Acemoglu, Autor, Dorn, Hanson, and Price, "Return of the Solow Paradox?" 2014.

16. 参阅 Martin Ford, Rise of the Robots: Technology and the Threat of a Jobless Future (New York: Basic Books, 2015); Alec Ross, The Industries of the Future (New York: Simon & Schuster, 2016); "The Third Great Wave," The Economist, Special Report, October 4, 2014.

17. 一个富有想象力的建议是 Seth D. Harris and Alan B. Krueger, "A Proposal for Modernizing Labor Laws for the Twenty First Century: The 'Independent Worker'" The Hamilton Project, Discussion Paper 2015-10, December 2015, http://www. hamiltonproject. org/assets/files/modernizing_labor_laws_for_twenty_first_ century_work_krueger_harris.pdf. 该报告估计，目前美国总就业人数中有 0.4% 采用了这种安排。

18. Neal Stephenson, Snow Crash (New York: Bantam Spectra Book, 1992). 2014 年，达美乐利用其卓越的 IT 技术超越了竞争对手。它甚至把"比萨"从名称中去掉了

（由"达美乐比萨"改为"达美乐"）。"Domino's Becomes a Tech Company That Happens to Make Pizza," All Things Considered, NPR, November 4, 2014, http://www.npr.org/blogs/alltechconsidered/ 2014/11/04/359829824/dominos-becomes-a-tech-company-that-happens-to-make-pizza.

19. Martin Hirt 和 Paul Willmott 于 2014 年 5 月在《麦肯锡季刊》发表的《数字时代竞争的战略原则》一文中也有类似的分析。

20. 100 万个晶体管（计算能力的衡量标准）的成本在 1990 年是 527 美元，在 2002 年是 1 美元，在 2012 年是 0.05 美元。存储 1G 数据的成本从 1992 年的 569 美元下降到 2002 年的 1 美元，然后又下降到 2012 年的 0.02 美元。每秒传输 1 000 兆比特的带宽成本从 1999 年的 1 245 美元，下降到 2009 年的 100 美元，再下降到 2013 年的 16 美元。Mary Meeker, Internet Trends in 2014, Kleiner, Perkins, Caufield, Byers at http://www.kpcb.com/internet-trends. Cowhey 和 Aronson 在《Transforming Global Information》一书中强调了模块化的重要性，呼应了 Rich Klitgaard 将其称为"低价革命"的说法。类似的分析参见：John Hagel, J. S. Brown, T. Samaloya, and M. Lui, "From Exponential Technologies to Exponential Innovation," Deloitte Edge Center, 2013.

21. "More from Moore," The Economist, Technology Quarterly, September 5, 2015, p.9, http://www.economist.com/news/technology-quarterly/21662644-chipmaking-moores-law-may-be-running-out-steam-chip-costs-will-continue.

22. 机器学习是强大的，但存在一贯的大肆宣传新功能的情况。数学家们指出，机器学习的许多预期好处依赖于发明远远超过标准统计测试的新数据分析。人工智能专家指出，机器学习不是自主人工智能的一种形式。Oren Etzioni, "Deep Learning Isn't a Dangerous Magic Genie. It's Just Math," Wired, June 15, 2016, http://www.wired.com/2016/06/deep-learning-isnt-dangerous-magic-genie-just-math/; Darryl K. Taft, "OneThird of Big Data Developers Use Machine Learning: Study," eWeek, July 6, 2016, http://www.eweek.com/developer/one-third-of-big-data-developers-use-machine-learning-study.html.

23. 模块化是我们行业采访中反复出现的主题。"容器（containers）"是将复杂的软件代码打包成可以在不同服务应用程序中插入和取出的构建块的最新比喻。Quentin Hardy, "A Small Software Company Sees a Future in Containers of Code," New York Times, January 13, 2015, p. B2.

24. Kal Raustiala and Christopher Sprigman, The Knockoff Economy: How Imitation Sparks Innovation (New York: Oxford University Press, 2012), pp.

185-191.

25. Karen A. Frenkel, "Crowdsourced in the U.S.A.," Bloomberg Business Week, June 29, 2012, http://www. bloomberg. com/bw/articles/2012-06-29/ crowdsourced-in-the-u-dot-s-dot-a-dot.

26. 关于模块化的历史,参阅 Cowhey and Aronson, Transforming Global Information, 2009. 有关谷歌和英特尔操作的详细信息,请参阅 Shelanski。

27. James McQuivey, Digital Disruption: Unleashing the Next Wave of Innovation (Amazon Publishing, 2013).

28. 参见 2013 年 9 月 12 日,在中关村论坛上,英国科技园协会主席 David Hardman 的演讲和讨论。

29. Interviews, Estonia, October 2014. "How Did Estonia Become a Leader in Technology?," The Economist, July 30, 2013, http://www. economist. com/ blogs/economist-explains/2013/07/ economist-explains-21.

30. 全世界成功的科技创业公司都在投资美国的科技创业公司。小米、京东、腾讯和阿里巴巴等公司投资了 Misfit(可穿戴和家庭科技 IT)、Snapchat(即时通信)、Riot Games(大型多人游戏)和 Lyft(IT 交通服务)等美国初创公司。Financial Times, December 3, 2014, p. 19.

31. 参阅"Voice from Caveman to the Next Big Thing," nternetcentral, https:www. ic. co. uk/news-and-events/voice-from-caveman-to-the-next-big-thing/; "Is Voice the Next Big Thing for the Internet?," NXP Software, http://www.nxp-software. com/blog/hypervoice-smartphones-big-thing-2/; Benedict Evans, "Voice Is the Next Big Thing in Mobile," October 1, 2014, http://ben-evans. com/benedictevans/2014/10/1/voice-is-the-next-big-thing-in-mobile.

32. Olivier L. de Weck and Darci Reed, "Trends in Advanced Manufacturing Technology Innovation," in Richard M. Locke and Rachel L. Wilhausen (eds.), Production in the Innovation Economy (Cambridge, MA: MIT Press, 2014), pp. 235-262.

33. 同上。

34. Janet Fang, "NASA Just Emailed a Wrench to the International Space Station," December 19, 2014, accessed December 24, 2014, http://www. iflscience. com/space/how-nasa- emailed-wrench-space.

35. "A Bridge to the Future," The Economist Technology Quarterly, September 5, 2015, http://www. economist. com/news/technology-quarterly/21662647-civil-engineering-3d- printing-technologies-are-being-adapted-use.

36. Janet Fang, "3D Printed Device Detoxifies Blood Like a Liver," May 17, 2014, accessed January 26, 2015, http://www.iflscience.com/health-and-medicine/3d-printed-device-detoxifies-blood-liver.

37. 这种情况也发生在家庭层面。2016年8月,亚马逊将Cube 3D家用打印机的售价降到230美元。惠普宣布它打算在所有水平的生产能力上接受挑战。参阅HP Unveils Future of 3D Printing and Immersive Computing as Part of Blended Reality Vision," press release, October 29, 2014, http://additivemanufacturing.com/2014/10/30/hp-unveils-future-of-3d-printing-and-immersive-computing-as-part-ofblended-reality-vision/.

38. 参阅 feetz.com & J.D.Harrison, "SxSW Start-up Snapshot: Shoes Built by iPhones and 3D Printers,"The Washington Post,March 16,2015,https://www.washingtonpost.com/news/on-small-business/wp/2015/03/16/sxsw-start-up-snapshot-shoes-built-by-iphones-and-3d-printers/? utm_term=.9e6092239 0c9.

39. 我们感谢大卫·迈克尔的见解。在DARPA的倡议下,参阅 http://3dprint.com/69674/ DARPA -3d-printing/.

40. 例如,特斯拉(Tesla)的机器人利用IT技术进行多任务处理,这是其他制造商无法比拟的。Seeking Alpha, Technology Talker, "Tesla's Highly Scalable Model," posted October 28, 2014, http://seekingalpha.com/article/2604485-teslas-highly-scalable-model.

41. Ross, Chapter 1; "A Third Industrial Revolution," The Economist, April 21, 2012, Special Supplement, pp. 1–20; Brynjolfsson and McAfee; Jeremy Rifkin, The Zero Marginal Cost Society (New York: Palgrave Macmillan Trade, 2014).

42. 例如,直觉外科公司(Intuitive Surgical)生产的微创达·芬奇手术系统(da Vinci Surgical System),网址为 http://www.intuitivesurgical.com/。然而,购买系统和更换部件仍然非常昂贵。

43. De Weck and Reed, p. 254. Brad Stone, "A Bay Area Startup Spins Lab-Grown Silk," Bloomberg Technology, June 3, 2015, http://www.bloomberg.com/news/articles/2015-06-03/ a-bay-area-startup-spins-lab-grown-silk.

44. 汽车制造商相信,智能材料和信息系统的结合很快将使汽车能够动态适应不断变化的条件,如阳光、热量、速度和风。

45. 感谢Al Pisano允许我们引用这个例子。

46. 开发纳米机器人系统以支持可能改变光刻技术的纳米制造。参阅 http://www.

nanowerk.com/spotlight/spotid=37884.php, posted October 28, 2014.

47. 例如,参阅一篇关于将 Todd Coleman 的研究商业化的报道。http:// www.slash-gear.com/whats–inside–motorolas–digital–tattoo–31284412/.

48. Bloomberg Business Week, "This Lab for Hire," July 7–13, 2014, http://emer-aldtherapeu– tics. org/; http://www. mysanantonio. com/technology/article/Outsourcing–scientific–tests–aids– biotech–startups–5657832.php.

49. Lee G. Branstetter, Matej Drev, and Namho Kwon, "Get with the Program: Software Driven Innovation in Traditional Manufacturing," NBER Working Paper 21752, November 2015, http://www.nber.org/papers/w21752.

50. 这个定义来自 Shelanski 对平台竞争政策的宝贵回顾。对平台经济学的处理集中在纯数字服务。请参阅 Parker, Geoffrey G., Marshall W. Van Alstyne, and Sangeet Paul Choudary, Platform Revolution: How Networked Markets Are Transforming the Economy—And How to Make Them Work (New York: Norton, 2016).

51. Brad Stone, The Everything Store: Jeff Bezos and the Age of Amazon (Boston: Little, Brown, 2013).

52. MinuteKEY 承诺为消费者节省时间。他们的商标口号是"充分利用每一分钟"。accessed November 8, 2014, http://minutekey.com/. 请也参阅 "Small to Big Minute Key," Bloomberg Business Week, April 23, 2015, p. 48, accessed May 3, 2015, http://www. bloomberg.com/news/articles/2015–04–23/small–to–big–minute–key–unlocks–growth.

53. Ashish Arora, Wesley M. Cohen 和 John P. Walsh 的调查结果,呼应了我们的观点,即企业正变得越来越依赖开放的共同发明。Ashish Arora, Wesley M. Cohen, and John P. Walsh, "The Acquisition and Commercialization of Invention in American Manufacturing: Incidence and Impact," NBER Working Paper 20264, June 2014.

54. Parker et al., Platform Revolution; Steve Blank and Bob Dorf, The Startup Owner's Manual: The Step–By–Step Guide for Building a Great Company (Berks County, PA: K&S Ranch Press, 2012).

55. Eric von Hippel, Democratizing Innovation (Cambridge, MA: MIT Press, 2005). 在个案分析的基础上,分析的收益可能很小。然而,当它们结合在一起时,可以产生显著的收益,这在整个供应链管理生态系统中得到了证明。Schumpeter, "Little Things That Mean a Lot," The Economist, July 19, 2014, p. 60. On digital technology and supply chains, see Financial Times, Special Report,

"The Connected Business," October 22, 2014.

56. Breznitz and Zysman (eds.), The Third Globalization, deftly analyze ICT en-abled services.

57. McAfee 和 Brynjolfsson 将这种效应称为数字技术的"重组创新"特性。Mark Muro, "The Wrong Lesson Companies Learn from Silicon Valley," The Wall Street Journal blog, May 13, 2015, http://blogs.wsj.com/experts/2015/05/13/the-wrong-lesson- companies-learn-from-silicon-valley/.

58. IBM 预见到数据分析的巨大优势,但却难以建立起与大型计算机相关的软件、服务和存储业务相媲美的高利润商业模式。大型计算机为 IBM 贡献了 25% 的公司收入和 40% 以上的利润。Robert X. Cringley, The Decline and Fall of IBM—End of an American Icon? (London: Mobi, Kindle edition, 2014); Steve Lohr, "Weak Results at IBM as Its Strategy Shifts," New York Times, October 21, 2014, p. B1.

59. 参阅 Larry Smarr, "Quantifying Your Body," Biotechnology Journal, 7, no. 8 (August 2012): 980-991; Eric Topol, The Patient Will See You Now (New York: Basic Books, 2015).

60. http://techcrunch. com/2013/01/10/dropcam-now-processing-more-uploaded-video-than- youtube-says-ceo-greg-duffy/, accessed December 24, 2014.

61. Daniela Hernandez, "Software Is Still King. Hardware Is Just Along for the Ride, " Wired, July 8, 2013, http://www. wired. com/business/2013/07/software-is-still-king-hardware-is-just- coming-along-for-the-ride/? cid=co9596544.

62. Nest 实验室重新设计了恒温器控制系统(传统上这是一种机电技术),并通过精密的重新设计集成了易于使用的 ICT 控制系统。http://www.nest.com/about/ (accessed December 18, 2015).2014 年初,谷歌宣布将以 32 亿美元收购 Nest。Rolfe Winkler and Daisuke Wakabayashi, "Google to Buy Nest Labs for $3.2 Billion," The Wall Street Journal, January 13, 2014.

63. "Why Did Nest Labs Buy Dropcam?"Forbes, July 1, 2014, accessed December 11, 2014, http://www.forbes.com/sites/quora/2014/07/01/why-did-nest-labs-buy-dropcam/; Steven Levy, "Nest Gives the Lowly Smoke Detector a Brain—And a Voice." Wired, October 18, 2013, http://www.wired.com/2013/10/nest-smoke-detector/; Steven Levy, "Where There's Smoke, " Wired, November 2013, pp. 164-169.

64. Nest 的突破比谷歌希望的要慢,2016 年年中,Nest 的联合创始人 Tony Fadell 辞去了 Nest"智能家居部门"负责人的职位。参阅 http://www.forbes.com/sites/ quora/2014/07/01/why-did-nest-labs-buy-dropcam/. Richard Waters, "Nest Chief Executive Exits as 'Smart Home' Division Loses Steam," Financial Times, June 3, 2016, http://www.ft.com/ intl/cms/s/0/87605e7e-29ca-11e6- 8ba3-cdd781d02d89. html#axzz4BVL7yLjG. Mark Bergen, "Dropcam founder: Selling to Nest and Google Was a 'Mistake'," Recode, March 29, 2016, http://www. recode. net/2016/3/29/11587344/dropcam-duffy-nest-google- mistake.

65. Liz Gannes, "Wearable Sensors Could Be an Antidote to Football's Concussion Problem," All Things D, November 25, 2013, http://allthingsd.com/20131125/ wearable-sensors-could-be-an- antidote-to-footballs-concussion-problem/.

66. "A study by Intuit predicted that by 2020, 40% of American workers would be independent contractors, " http://whatis. techtarget. com/definition/gig- economy; Eric Morath, "Gig Economy Attracts Many Workers, Few Full Time Jobs," The Wall Street Journal, February 18, 2016, http://blogs.wsj.com/eco- nomics/2016/02/18/gig-economy-attracts-many-workers-few- full-time- jobs/; Amy Cortese, "A New Wrinkle in the Gig Economy: Workers Get Most of the Money," New York Times, July 21, 2016, http://www.nytimes.com/ 2016/07/21/business/small- business/a-new-wrinkle-in-the-gig-economy- workers-get-most-of-the-money.html? _r=0.

67. 这个定义来自 Investopedia, http://www.investopedia.com/terms/s/sharing- economy.asp. Rachel Botsman and Roo Rogers, What's Mine Is Yours: The Rise of Collaborative Consumption (New York: Harper Collins, 2010); Farhad Manjoo, "Tipping Pointin Transit, BITS," New York Times, June 11, 2015, p. F1. 也请参阅 http://www.economist.com/news/technology-quarterly/21572914- collaborative-consumption-technology-makes-it-easier-people-rent-items.

68. Viktor Mayer-Schönberger and Kenneth Cukier, Big Data: A Revolution That Will Transform How We Live, Work, and Think (Boston: Houghton, Mifflin Harcourt, 2013).

69. 无论是公共政策(如隐私保护)还是企业战略都可能限制重用。

70. 2016 年年初,我们了解到一家低调的核聚变初创公司在能源领域获得了高额的高风险投资。关于风险投资动态,参阅 Lerner, p. 68。

71. Ethan Mollick, "The Dynamics of Crowdfunding: Determinants of Success and Failure," Journal of Business Venturing, 29, no. 1 (2014): 1-16. Block chain

technology may further lower the cost and increase the network effects of crowdsourced models.

72. http://www. crowdfundinsider. com/2014/10/53384-crowdfunded-fitness-device-moov- raises-3-million-funding-banyan-capital/.

73. 当一个研究界的名宿离开一个集群时,它对集群基础研究的影响并不会因为网络关系的低成本而降低。但是,这种转变减少了研究人员的想法在集群未来商业投资中出现的数量,这可能是因为商业化决策依赖于将研究人员和投资者更紧密地联系在一起的信任因素。Pierre Azoulay, Joshua Graff-Zivin, and Bhaven Sampat, "The Diffusion of Scientific Knowledge across Time and Space: Evidence from Professional Transitions for the Superstars of Medicine," in Josh Lerner and Scott Stern (eds.), The Rate and Direction of Inventive Activity: A New Agenda (Cambridge, MA: National Bureau of Economic Research, April 2012).

74. 我们认为,"创新产业"超越了以高固定成本为特征的初始研究,同时其资本成本通常以较低的边际成本分散在大量产出上。Atkinson 和 Ezell 认为,这些企业的边际成本通常低于平均成本。我们更关心的是 IPD 是如何改变传统的、技术密集度较低的行业行为的。

75. Steven Rosenbush and Steven Norton, "Goldman Turns to Software Containers," The Wall Street Journal, February 25, 2016, p. C3.

76. Deutsch Bank Research, Industrie 4.0: Huge Potential for Value Creation Waiting to Be Tapped, May 24, 2014, http://www. dbresearch. com/PROD/DBR_INTERNET_EN-PROD/ PROD0000000000335628. pdf; The Economist, "Does Deutschland Do Digital?" November 21, 2015, pp. 59-61.

77. 对于"重(heavy)"制造过程的显著差异,请参阅 Timothy Sturgeon and Richard Florida, "Globalization, Deverticalization and Employment in the Motor Vehicle Industry," Chap. 3, in Martin Kenney and Richard Florida (eds.), Locating Global Advantage: Industry Dynamics in the International Economy (Palo Alto, CA: Stanford University Press, 2004).

78. 2014 年 4 月和 10 月我们分别在加利福尼亚州和巴黎与其中一位作者进行了讨论。更正式的说法,请参阅 John Hagel 等人的讨论。

79. "UCSD-Tsinghua University Innovation Metrics Survey Project: Electric Vehicles" (University of California Institute on Global Conflict and Cooperation, July 2014). Executive summary, https://igcc. ucsd. edu/_files/tech-innovation-security/EV-survey-summary. pdf. This document contains only the U. S. results.

80. Nick Stockton, "How Tesla's Batteries Will Power Your Home," Wired, May 1, 2015, http://www.wired.com/2015/05/teslas-batteries-will-power-home/. 但特斯拉收购其电池供应商太阳城(Solar City)的提议让投资者变得谨慎起来。Fred Lambert, "Tesla (TSLA) Target Price Cut 26% by Adam Jonas from Morgan Stanley Following Solar City Deal," Electrek, June 23, 2016, http://electrek.co/2016/06/23/tesla-tsla-adam-jonas-morgan-stanley- rating-solarcity-scty/.

81. 特斯拉的承诺还涉及两只援助之手,一是来自奥巴马政府能源计划的一大笔赠款,二是特斯拉以低价收购并重组的通用-丰田 NUMMI 工厂的意外关闭。请参阅 Ashlee Vance, Elon Musk, Tesla, SpaceX, and the Quest for a Fantastic Future (New York: HarperCollins, 2015). On predicted efficiencies, see Elon Musk, "Master Plan, Part Deux," July 20, 2016, https://www.tesla.com/blog/master-plan-part-deux.

82. Bill Vlasic and Neal Boudette, "As U.S. Investigates Fatal Tesla Crash, Company Defends Autopilot System," New York Times, July 12, 2016, http://www.nytimes.com/2016/07/13/busi-ness/tesla-autopilot-fatal-crash-investigation.html.

83. 这一估计来自美国软件公司 Rogue Wave。Andy Sharman, "Automakers Spy Hazards Ahead," Financial Times, special report on "The Future of the Car," November 21, 2014. 关于谷歌,参阅 Brynjolfsson 和 McAfee 的报道,http://www.ft.com/intl/reports/ future-car.

84. 汽车 IT 系统仍然不是高度"模块化"的。每个主要的汽车制造商都有自己版本的 IT 架构。供应商正在促进接口更多的模块化。到目前为止,福特是最愿意开放其 IT 平台进行联合发明的公司。

85. James Vincent, "Toyota's $1 Billion AI Company Will Develop Self-Driving Cars and Robot Helpers," The Verge, November 15, 2016, http://www.theverge.com/2015/11/6/9680128/toyota- ai-research-one-billion-funding. Mark Bergen and Johana Bhuiyan, "GM Spent over $1 Billion on Self-Driving Startup to Keep Up with Google, Apple," March 11, 2016, http://www.re-code.net/2016/3/11/11586894/gm-spent-over-1-billion-on-self-driving-startup-cruise-the-largest-y; Mike Ramsey, "Car Makers Hunger for Self-Driving Tech," The Wall Street Journal, March 24, 2016, http://www.wsj.com/articles/car-makers-hunger-for-self-driving-tech-1458811804.

86. 可以预见的是,随着收入和牌照价值的大幅下降,出租车公司正在监管领域发起反击。

87. 共享经济也说明了创新在地理上的分散。例如,为车主提供的汽车性能诊断可能会因为"Fitbits for cars"的兴起而发生变化。Fitbits for cars 是一种廉价的系统,用于监控汽车系统的维护和微调驾驶性能,以提高行驶里程。一家泰国公司从众筹平台 Indiegogo 上筹集了 6 万美元。这个数额超出了它的需要。该系统与汽车的诊断系统相连,并向车主的智能手机发送指导信息。Angus MacKenzie, "Drivebot Provides Real-Time Monitoring of Vehicle Health," gizmag, October 27, 2014, accessed October 28, 2014, http://www. gizmag. com/drivebot-vehicle-monitoring/34447/.

88. "The Rise of the Sharing Economy," The Economist, March 9, 2016, http://www.economist. com/news/leaders/21573104-internet-everything-hire-rise-sharing-economy.

89. 参阅 Michel Sanderson 首席执行官 Fiat Chrysler 的评论, A Car Chief's Gloomy View of the Valley," Financial Times, January 17, 2016, p. 7.。

90. 我们感谢 Michael Kleeman 和 James Lambright 为我们连接这些点。

91. Dan Breznitz 在 2014 年 5 月 27 日《哈佛商业评论》上的一篇文章《为什么德国在创新方面领先美国》(https://hbr.org/2014/05/whygermany-dominates-the-u-s-in-innovation/)中指出,缺乏这种看似合理的金融机制来"碾压"创新是美国创新体系的一个弱点。

92. Opower 是一家颠覆性的软件服务公司,成立于 2007 年,向三大洲的公用事业公司销售基于云的软件,提供行为节能解决方案。它为客户提供个性化的能源使用信息,并推荐节约能源的方法。平均而言,收到此信息的 5 000 多万户家庭减少了约 2.5% 的能源使用量,http://www.opower.com/.

93. 例如,参阅环境保护基金的 Michael Panfils 的博客讨论。http://blogs.edf.org/energyexchange/2014/05/22/resiliency-distributed-generation-and- microgrids-can-keep-lights-on-during-the-next-storm/.

第3章 两个案例和政策启示

第二波创新浪潮给第一波浪潮的冠军企业带来了压力。许多巨头或消失了，或影响力出现了显著削弱。其他公司则适应了新的创新方式，并取得了成功。IPD也是如此。现有的市场领导者需要作出改变，这些公司的选择可以动态显现出其作用。本章重点介绍两家不同行业的公司——孟山都（Monsanto）和高通（Qualcomm），来解释这些创新颠覆和它们带来的管理启示。

孟山都的例子显示了IPD如何改变了农场的管理。这种可能性对数据的管理和控制有着巨大的影响。市场机遇正吸引着新的进入者，这表明了一个以工艺为基础的新集群的出现。IPD还激发了大数据治理方面的实验，就企业战略而言，孟山都的故事展示了一个企业如何采用联合企业的方法来组织颠覆。

高通的例子表明，第二波创新浪潮的赢家如何去适应下一代创新。具体地说，我们研究了高通如何参与无线健康领域的集群，以开发其核心竞争力的新用途。高通的实验说明了生态系统战略和联合企业战略之间的区别，并展示了全球"平台经济学"的发展逻辑。

通过将孟山都和高通的案例进行比较，我们就可以看出IPD对现有企业的影响和驱动能力，这对治理有重大影响。然而，从这两个案例中得出的见解并不能转化为对任何特定实验的商业成功的预测。

在分析了这两个案例之后，我们深入研究了第一部分分析中产生的具体治理问题，并提出了未来几十年的政策议程和"设计哲学"，从而为解决治理挑战所需的策略提供信息。

3.1 孟山都：颠覆传统市场和治理创新

数字密码基因正在改变传统的信息密集型商业模式。孟山都的案例表明了技术颠覆如何为农业市场这个世界上最古老的市场打开了创新的新空间。

孟山都（Monsanto）是第一波农业创新的领军企业，但在种子（包括转基因种子）和除草剂技术领域却陷入困境。尽管孟山都的净销售额从2014年的峰值158.6亿美元下降到2016年的135亿美元，同时其种子和基因组学部门的销售额从2014年的103.5亿美元下降到2016年的92.3亿美元，但孟山都在全球农业综合企业排行榜上仍遥遥领先于杜邦。[1]

近年来孟山都公司发展迅猛，一方面是因为其为不断扩张的玉米种植提供投入种子，而种植这些玉米是为了满足对以玉米为基础原料的乙醇和其他生物燃料需求的激增；另一方面，大型新兴市场中大宗商品的旺盛需求推动了价格的提升。随着以乙醇为基础的生物燃料逐渐失去吸引力，以及全球商品市场增长速度放缓，孟山都和其他农业巨头开始认真思考通过多元化来维持增长。孟山都通过开发"综合农业系统研究平台"来进行试验。

它的第一步行动是在2012年中期收购了一家名为"精密种植"（Precision Planting）的公司，这家公司将数据分析（一项名为"FieldScripts"的服务）和一种连接在拖拉机后面的新型种子播种机结合起来，以指导最佳种植（通过控制田里种子的间距和深度）。[2]孟山都公司承诺在两年内将产量提高5%，并最终将玉米产量提高了25%。[3]

2013 年年底，孟山都还斥资 9.32 亿美元收购了气候公司（Climate Corporation），这是一家成立于 2006 年的大数据公司，可以提供天气监测并预测农作物产量。气候公司立足于将分析重点缩小到单一农场层面以提高大数据分析的能力，从而大幅降低成本、带来革命性变革。

孟山都预计，其新的子公司将改进新产品的前瞻性规划，并为农业数据服务创造 200 亿美元的互补市场潜力。[4]

气候公司使用遥感技术和大数据模型为农民提供损失保险，以防天气超出预测参数导致按照其建议种植的作物产量低于预期。更重要的是，它允许农民使用在线软件服务来优化产量和减少投入（主要是化肥投入）。

孟山都的案例说明了移动宽带服务是如何为传统细分市场增加新功能，并显著改变商业模式的。它还演示了硬件（精确种植设备）和服务（FieldScripts 以及 Climate Corporation 的田间传感器数据）如何在新的集成模型中交叉融合。目前的一揽子增值措施是否会对农民具有吸引力仍不确定，[5]但是微观层面上的密集数据收集和分析，以及产品和能力的结合（如种植者和保险包）支持了我们对 IPD 的预期。

前一章指出 IPD 会吸引新类型的进入者和集群。值得注意的是，其他依赖当地知识的专业供应商正在涌现。当地的专业知识使艾奥瓦州的得梅因等城市成为信息密集型农业新应用集群青睐的地点。[6]

个性化的个人数据或商业农场数据对这些模型的成功至关重要，但这也触及了传统上的隐私权问题。需要建立机制来协商制定信息服务公司及其第三方客户使用数据的条款。人们担心孟山都会将农民的私人专业知识（他们的信息）转售给他人，利用其为农民提供服务的数据，通过购买低产农场向后整合到农业中去，甚至以可能伤害农民的方式在商品市场上进行投机。

可以预见的是，在管理大数据风险方面拥有竞争优势的新型创业公司出现了。像种植者信息服务合作社（Grower Information Services Cooperative）这样的进入者将代表农民进行谈判。大数据服务和新的专业服务供应商，如 Geoys（由大型农民合作社 Land O'Lakes 所有）强调它们的利益与农民的利益是一致的。

此外，一家快速发展的初创公司——FarmLogs，提供服务使得农民可以监控他们种植的作物的表现，截至 2016 年年底，该公司的服务覆盖了美国约 20% 的农作物种植面积。[7]

这些创业公司为农民提供了管理新型共享生产资产信息服务风险的选择。因为 IT 的颠覆性变化，这些创业公司更容易创建起来。然而其提供的新型服务也带来了新的治理问题。

治理可以由政府机构、私人协议或非营利部门来阐明或实施。例如，美国主要的私营农场组织美国农业局（American Farm Bureau）就起草了一份行为准则（"农场数据的隐私和安全原则"），其宣称，"农民拥有其农业经营中产生的信息"，[8]除非达成约定，相关公司不得使用或向第三方提供这些信息。

这些原则还明确界定了农民行为信息的披露和共享范围（例如关于他们使用杀虫剂的信息），这与传统的隐私规则非常接近。这些原则还为农民确立了"检索个人数据"的权利，以便他们在其他系统中使用这些数据。最后，这些原则限制了技术提供商将数据用于商品投机等行为。虽然孟山都、约翰迪尔（John Deere）、杜邦和陶氏等公司的合同尚未纳入这些条款，但它们已原则上同意采用这种方式。

孟山都公司并不是唯一一家探索 IPD 开辟空间的公司。[9] 2000 年，AGCO（爱科）联合收割机的价格约为 65 000 美元。到 2014 年，由于增加了计算机和信息技术，该联合收割机的成本高达 50 万美元。[10]拖拉机和农业设备巨头约翰迪尔在向农民提供信息和建议方面也采取了类似的做法。它的 SeedStar 移动设备可以让农民监控一切田间的活动；它的 SageInsights 提供了一个云计算平台来整合管理农业数据，并与孟山都的气候公司分部合作，根据天气和作物数据为农民提供最佳种植选择的咨询。[11]在一项相关的研发中，数据分析正在被应用于管理牛的繁殖。[12]农业学校正在招聘

"精准农业"方面的专家。这些专家对技术使用的讨论强调，如果利用农业专家的工艺知识，IPD的正式分析可以更有效。这种方法经常被新成立的合作社或以农业社区为中心的初创企业所采用。[13]

总而言之，孟山都案例说明了IPD的五个特征：

1. 新的、高度网络化的信息正在应用于传统行业。

2. 商品（拖拉机和专业种植机）和服务（数据分析）的供应正在日益趋同。

3. 新的进入者和新的专业化集群正不断涌现。

4. 新的风险正在激增，尤其是与隐私和大数据使用相关的风险。

5. 新的公共和私人实体正在出现以帮助管理这些风险。

这个案例也说明了孟山都是如何通过创建和使用联合企业结构战略性地接近IPD的。孟山都首席技术官Robert Fraley称，孟山都现在是"建立在数据科学和服务（而不仅仅是化学品、种子和通用特性）的基础上的"。[14]

2015年3月，德国时任总理安格拉·默克尔（Angela Merkel）宣布，计划到2018年为所有德国人（包括生活在农村社区的人）提供50Mbps的宽带连接，其目的是促进数字农业实现长足进步。欧洲第一大农业机械制造商——CLAAS，全球领先的企业应用软件提供商——SAP都表示：希望可以利用世界一流的宽带技术。[15]锦上添花的是，德国大型企业集团拜耳宣布以660亿美元收购孟山都以巩固其在农业市场的实力。[16]

3.2 高通：大型技术公司和新集群的增长

科技巨头在IPD领域将面临诸多挑战。这些公司寻求在其核心技术能力范围内实现价值的持续增长，同时将其与新的非常规需求结合起来。高通在无线健康领域的活动就采取了这种模式。高通的案例也显示了国际创新如何在IPD中发挥作用。

从发展背景来看，高通在2014年是一家高利润的技术公司，主导了快速增长的全球市场的核心技术（无线系统的无线电芯片）。2016年，其净利润从2014年的79.7亿美元暴跌至48.9亿美元。然而，其技术领先地位仍然显著，并通过高水平的研发支出（占总收入的18%以上）得到加强。

高通依然面临很多挑战：

第一，与许多竞争对手相比，即使经过了多年的快速增长，高通也只达到中等规模。2016年该公司的年收入为235.5亿美元，低于2014年的近265亿美元。[17]第二，虽然它的芯片设计和销售利润率很高，但它最大的利润来自其广泛的专利组合的授权许可。第三，这项技术对许多制造商至关重要，以至于它们经常向本国竞争主管部门投诉许可条款。不管法律依据如何，这些投诉在韩国和其他重要市场给高通带来了巨大的政治压力，迫使其修改经营条款。第四，有些国家正在大力补贴市场上的进入者，这至少会挑战高通芯片产品的低端市场，从而对高通的利润和规模经济造成压力。2015年7月，欧盟加入并对高通展开了两次反垄断调查。韩国也对高通提起了竞争投诉。[18]

高通仍主导着手机（包括智能手机）的核心无线芯片技术，但在2015年和2016年，由于失去了部分智能手机（特别是三星最高端的产品系列）的芯片植入业务，高通的增长速度开始放缓。更重要的是，智能手机市场的发展在其全球增长周期中已进入成熟阶段并逐渐放缓，这是所有供应商都面临的一个问题。持有大量股票的投资者抱怨高通费用过高导致回报速度缓慢，并敦促高通剥离利润较低的芯片部门，但管理层在研究后最终拒绝了这一要求。

抛开短期因素不谈，高通必须不断应对无线信息技术的快速发展。为在5G系统中有效利用频谱，未来将出现更快的移动数据流及更大的容量，竞争对手正在大力投资该领域，以削弱高通在移动系统关键知识产权方面的主导地位。此外，无线能力将催生一系列新的应用，并将产生移动和固定无线能力的复杂架构，以最低的成本和最高的可靠性实现无缝交互。与此同时，移动设备市场的主要厂商继续要求在更小的一组芯片中，将更多的数据处理与无线电能力集成起来。其目的是降低成本和复杂性，同时改善关键电池电量的管理。这推动了高通将无线电集成到移动设备的微处理器芯片中，并由此展开了与英特尔和其他公司的竞争（不出所料，英特尔（Intel）也推出了雄心勃勃的计划，想在无线通信芯片领域分得一杯羹）。此后，高通也明显加大了对人工智能和机器学习解决方案的投资力度，这些解决方案可以由本地设备执行，以减轻延迟（信号响应的延迟）问题和完全依赖云指导所造成的安全风险。[19]

作为智能手机和其他终端设备核心技术的主要供应商，高通努力与其核心技术的庞大新兴潜在用户群保持联系。物联网是 IPD 的一种表现形式，它意味着与日常设备（如家用电器、汽车和专门的高新技术应用程序）建立大规模的无线和移动连接。[20] 这比高通的传统客户群——电信运营商、网络设备供应商和智能手机生产商的范围更大。正如第 2 章所指出的，IPD 造成了新需求频繁爆发的前景，这将改变对技术投入的偏好。例如，当便携式计算机有效地扼杀了阴极射线管显示技术系统时，这种情况就会发生。乔舒亚·甘斯（Joshua Gans）对创新颠覆的研究指出，企业可能意识到在这种情况下需要颠覆自己的业务，但发现重组的挑战比同意牺牲领先产品的盈利能力更困难。[21] 对高通而言，坚持与无线技术新用户保持一致，对其保持该领域的领导地位至关重要。

新的无线需求要求高通通过积极收购拥有相关无线电技术（例如先进的 Wi-Fi 和蓝牙芯片）的公司。高通需要满足不断变化的市场需求，并建立自己的营销专长、微调商业模式以适应新的客户群。[22] 此外，高通有强烈的动机成为互补技术方面的专家，这些技术很可能与硬件和软件解决方案无缝集成到一个单片芯片中。随着终端空间向无线健康、自动驾驶汽车和机器人设备转移，系统制造商在芯片组中寻求强大的可视化和机器学习能力。[23]芯片制造商的目标是提供一个平台，该平台允许根据功能定制但必须建立在共同的核心能力的基础上，使其提供解决方案的速度更快、成本更低。

在注意到它两次进军新市场之前，我们提出一个忠告。像所有的大公司一样，高通无法应对许多新的利基市场，这些市场对小公司来说是有利可图的，但对于大公司来说太小了，无法组织和管理（一位分析师认为，对于一家市值300亿美元的公司来说，潜在市场的最小规模应该超过10亿美元）。因此，在IPD中，许多微型市场将会爆炸式增长，但更大的参与者不会主导它们。

在短期内实现多元化的途径之一是通过并购进入一个迅速成为ICT密集型的大市场，比如汽车市场。2016年10月高通宣布计划以380亿美元收购欧洲领先的汽车芯片供应商——NXP半导体。它的目标是通过注入高通技术，在车辆新的ICT功能中获得更大的份额。[24]这次合并将使高通的员工人数增加一倍多。

对于高通和其他专业公司来说，在短期内实现多元化的另一个途径是直接刺激早期的创新进入者，以补充它们的商业战略。无线健康是一个基于IPD支持的新技术生态系统和区域集群的潜在大规模新兴市场。IPD将ICT和医疗技术的元素与从保险到医院网络的一系列服务系统相结合，使得这些技术变得可行。

无线—生命科学联盟（Wireless-Life Sciences Alliance，WLSA）代表了新兴技术领域的愿景。它的目标是重新定义传统医疗保健的商业模式和市场边界："WLSA设想未来医疗和保健是连接在一起的，以消费者为中心，在所有供应商之间实现无缝的分布和集成，而不受地点限制。数字和无线技术实现了这一愿景。它将是对医学、科学、技术、工程和大数据分析的整合，将带来更好的身体健康状况和更具成本效益的医疗保健成果。"[25]

该联盟与全球学术研究人员、美国国立卫生研究院（National Institutes of Health）、美国食品和药物管理局（U.S. Food and Drug Administration）等政府机构以及包括大众消费市场、大型制药公司、保险公司、医疗保健系统公司、电信运营商、专业信息和生物技术设备在内的各类公司进行合作。该组织正在努力建立一个全球性和区域性的技术集群。它的总部位于圣地亚哥，因为这里汇聚了以高通为中心的无线技术社区和领先的生物技术集群。[26]

WLSA 的目标是让人员和专业知识能够在以往交流极少的技术领域（如 ICT 及医疗技术与服务领域）实现流动。因此，它努力整合新技术集群的主要架构。共享设施的研究和试验已经开始实施。例如，位于圣地亚哥的加里和玛丽西部卫生研究所（the Gary and Mary West Health Institute）主要探索无线信息网络支持的健康解决方案，并寻求"重新设计一个更连续、更灵敏、具有'自动化、连接和协调'性能的医疗保健交付模式，一种专门为处于健康风险中和患有慢性疾病的个人而量身定制的模式。"[27]该研究所还设有科技初创企业孵化器，由 West family 投资基金投资，这表明 IPD 的金融模式正在发生变化。被选中的公司必须符合基金和研究所的使命。

集群中的相互作用也有助于企业创造与新市场相关的商业模式。高通投资的活动追踪器 Fitbit 是该领域的早期赢家。它将消费电子产品和运动装备结合在一起，这使得它可以平移到该领域。Fitbit 和该领域的其他公司在逐步微调产品功能时，会敏锐地观察用户的行为和偏好。因此，这款设备早期在设计和功能上的差异化被卓越的营销能力所增强。此外，我们的访谈显示，长期持续优势可能是建立在对从用户那里收集到的大量匿名数据的深度分析基础上的。这些用户常依靠供应商的云进行数据存储，以保存锻炼记录、个人性能配置文件等。这些应用程序提供的反馈性能程序是用户体验中的重要组成部分。它们提供优越的分析，循序渐进地引导个人走向更好的身体健康状态。因此，在不使用受监管的医疗设备的情况下，将出现基于电子设备驱动数据分析的重大创新，但最终会通过诸如内置在"智能"运动服中的联网传感器等实现突破。

另一种策略是利用正规的政府法规或被广泛采纳的行业标准（如国际标准化组织（ISO）质量标准）进入受管制的领域。这种方法对一些公司来说更安全，因为这样能使它们不受大众消费公司的支配，而且进入壁垒可能使利润更容易得以维持。

高通生命（Qualcomm Life）瞄准了一个具有这些特点的领域。该公司在官网宣称，其使命是为经济合作与发展组织（OECD）和发展中市场的数亿患有慢性疾病的客户提供应对方案，使他们"可以即刻受益于无线家庭监控解决方案……可以受益于现有医疗设备的手机终端"。[28] 它的风险投资集中在监测和分析系统，包括新的功能（如生育监测），价格低廉的关键无线健康监测技术（如心脏设备），以及与大量病人监测系统相联系的软件分析系统。该公司预计，更好地组织和整合医院的病人监测和分析空间将产生回报。[29]

许多复杂的功能还需要更复杂的可视化系统，特别是在医院外使用时，设备需要足够智能，从而可以在某些预定义条件下自主行动。这种复杂程度将使这些终端有别于大众消费市场的产品。

战略在一定程度上取决于对监管和质量控制挑战的回应。最终，这些挑战将成为关于治理讨论的一部分。当我们与广泛的参与者（包括资深的政府官员）交谈时，谈话往往会回到治理如何在不严重阻碍创新的情况下确保安全和保障（包括数据保护）的问题上。许多挑战来自能力的新颖性。例如，植入人体的无线控制医疗设备收集数据并提供反馈。随着越来越多的医疗设备被更频繁地植入，网络安全问题将变得越来越重要。

无线健康集群培育的能力可以创建一个新的IPD产生的客户群，为高通及其子公司高通生命等寻求健康解决方案。高通可能会扮演天使投资人的角色——进行较少的投资，以加速那些对传统风投来说太过新颖的项目。这种做法正在各大科技公司中推广。这些大科技公司逐渐演变成天使投资者和风险投资者的混合体。此外，公司正在尝试使用奖金来刺激全新的发明。例如，高通为一款无线医疗诊断设备颁发了"X奖"（仿照《星际迷航》（Star Trek）传说中的"医用三录仪（medical tricorder）"），其目的是为新的创新群体生态系统提供支持，从而为高通芯片技术带来新的市场需求。[30]

高通也在将这一战略推广到全球。例如，高通在向 Pulsus Technologies 投资 400 万美元后，于 2010 年 10 月在韩国成立了高通风险投资公司（Qualcomm Ventures），并迅速在韩国确立了重要的风险投资地位。[31]风投设立的 Qprize 有助于在韩国建立高通品牌小型风险投资社区。

高通韩国研究所的成立进一步加强了其品牌，该研究所旨在通过发展创新（特别是与无线健康有关的创新）来利用韩国的科研能力。该公司改进了智能手机的麦克风，使其具备类似人类的听觉功能，同时改进了手机的摄像头，使其具备类似人类的视觉功能。两者都可以获得更多综合医疗保健解决方案的许可。

高通所做的努力说明了网络信息和医疗设备的新兴技术融合的范围。然而，如果高通或其他公司为这些最初的努力定义了融资市场就会出现逆向选择问题，因为这种偏好会影响进入者和技术的类型而不是允许高通对各种不同的试验进行取样。因此，成功的数字平台集群需要足够的资金多样性来避免这种偏差效应。

另一项战略是为具有中等规模产品市场的专业公司创建一个支持创新环境的基础设施。高通生命（Qualcomm Life）的基础设施包括一个中间软件包，可以把针对不同无线操作平台（Apple、Android 或者 Windows）构建的应用程序转换为支持它们所需的 ICT 基础设施。它还包括一个无线"中心"，用于交换移动应用程序收集和请求的数据，以及一个云存储系统用于存储符合健康隐私规则的数据。它的"模块化"设计使基于几乎任何操作系统或无线电设备的不同无线健康应用程序均可以实现即插即用。

高通软件包使无线健康应用程序提供商可以免于为他们的设备和（或）软件应用程序创建一个"后端"。此外，高通为其用户维护了一个

"目录"和"路线图"系统。由于无线电频谱和其他设计细节因国家（地区）而异，高通提供了面向全球新市场的无线应用解决方案。公司可以在标准制定社区中查阅每个移动操作系统的路线图，以了解在不参与标准流程的情况下必须设计什么。[32]对高通来说一个核心问题是，这些设备的复杂性是否足以证明它们是因国家（地区）差异而不是因为功能更少的廉价芯片而导致的（一套60美元的芯片对一套5美元的芯片）。

高通还投资了一些技术，这些技术可能会改变无线健康领域面临的关键挑战，比如网络安全。例如，2014年10月高通与通用电气（GE）和 Andreessen Horowitz 联手投资 Bracket Computing。该公司的客户包括黑石集团、美国国防部和 DirecTV 公司。用户（如病人）的医疗保健系统使用其加密软件来保护高通或其他公司提供的公共云中的数据。该软件简化了云数据应用程序的管理并创建了一个允许跨多个云基础设施（包括亚马逊和谷歌的云基础设施）运营的层。[33]

现在总结一下这些尝试的两个特点。首先，与传统的企业集团方式不同，高通可以扩大其无线电技术和移动设备高效计算能力等领域的核心优势，而无须转向业务模式迅速变化的新技术。高通希望，像智能化这样的互补式新功能可以提高其芯片对客户的使用价值。其次，建立在大量信息技术基础上的市场，如无线医疗市场，其主要特征是任何单一产品的真正价值取决于整个解决方案集。[34]经济学家会说，这符合"双边平台"的逻辑。[35]例如，个人电脑的价值取决于打印机的价值。因此，集群参与者关心集成方法，因为它们增加了双向平台的累积价值。这些动态也为无线医疗市场带来了可能性。

主流解决方案的价值和持久力部分取决于双边平台的稳定性。廉价革命和模块化的**数字密码基因**会削弱已有创新者的优势。例如，2014年流行的蓝牙低功耗无线电标准简化了无线电连接的工程路线图，从而减少了高通集线器在大众消费应用中的一些优势。此外，宽带无线网络的稳定增长降低了承接无线应用网络服务公司的合同价格。

一位行业规划师估计，从2011年到2015年年初美国在主要无线网络上传输1兆字节数据的成本从80美元降至1美元。[36]康体佳健康联盟（Continua Health Alliance）发布了一套新的无线健康标准，通过亚马逊云，该标准使小型消费电子公司能够快速、低成本地推出符合健康行业标准的新应用程序。[37]小型专业团队在速度和成本方面的优势表明，像高通这样的公司的真正优势在于它们与保险公司、医院和其他大型供应商合作开发专门的解决方案，这些供应商对安全性、可靠性和系统集成的要求更高。

综上所述，高通案例说明了IPD如何促进了一种新技术集群的出现，这种新技术集群是新型混合创新增长的例证。它还强调了治理计算和公司战略之间的相互作用，如企业集团或双向平台的选择。IPD还表明，无论是小型新进入者还是大型技术巨头都具有潜在的竞争优势。这两个案例都依赖一种不同于传统企业集团战略的增长模式，同时反映了数字平台经济的动态。

3.3 治理问题

现在人们普遍认为互联网和数字革命改变了"一切"。我们对这一概括进行了分解，以便对**数字密码基因**对大小公司的影响进行更细致的分析。我们认为，在引入数字集群平台后区域创新集群的总体逻辑会发生变化。这些变化将引发治理改革的功能性需求，并促使在现实政治经济中产生改善治理的举措。由于数字动态在全球范围内蓬勃发展，全球经济治理的重要问题正成为人们关注的焦点。

治理问题的清单很长。接下来我们将对IPD如何改变政策制定者的选择方式提出建议。我们的目标是确定一组首要原则和问题，这些原则和问题可能会为在**数字密码基因**驱动的世界中进行全球经济治理创新提供帮助。我们强调三个问题，并将在第三部分的案例研究中再次讨论这些问题。我们的目标是确定全球安排的锚点，以帮助全球集群进行富有成效的创新。

3.3.1　构建可信任的数字环境

平台模型的一些要素依赖于有争议信息的使用。例如，"用户共同发明"可以推动持续的学习和创新，这是有成效的，但这可能会涉及用户的个人数据，用户担心会有陌生人无限制地访问这些数据。同样，"实验与发现"创新模式依赖于持续的市场反馈，即使在新产品的最初设计阶段也是如此。然而，信息的模块化和非竞争性可能使获得用户同意访问这些数据变得困难。因此，需要新方法有针对性地获得选择性同意。同样，网络安全也是数字平台集群日益关注的问题，因为它会使整个数字增值组件处于风险之中。

第7章和第8章将解释为什么不受监管的市场会使得网络安全和数字隐私产生令人不满意的结果，这两个因素是建立可信的数字环境所必需的。然而，严格而烦琐的监管可能会不恰当地锁定数据，创新可能会受到影响。正如第6章和第8章所解释的，政府对数据流动的限制可能会严格封锁国家边界，行业法规可能会限制数据流通，以确保被认为是充分的隐私保护。这两种方法都会限制创新。第8章会讨论到灵活方法的关键要素是存在的，但进一步的进展需要一个更强有力的全球框架。

市场创新（包括市场治理创新）将会出现。全球经济治理面临的一个重大挑战是如何构建一个可信的数字环境。各国政府授予了环球银行金融电信协会（Society for Worldwide Interbank Financial Telecommunications，SWIFT）新的监督权，以确保数字化的国际金融流动，这是可信的，因为该组织对各大央行的合作审查负责。[38]另一项市场治理创新是个人数据的市场交换，它可以解决共同发明引起的个人数据问题。[39]第6章和第8章讨论了云上的隐私挑战。包括国际贸易规则在内的市场监管可以纳入这种治理创新，因为有证据表明贸易可以加速创新。[40]

一个相关的公共政策是欧盟努力保持个人用户数据模块化。这种方法已经嵌入到欧盟的"互操作性"指令中。

如果用户购买并安装了某个应用程序（也许是一个跟踪他的锻炼数据的应用程序），他是否有可强制执行的权利，可以轻松地将数据转移到另一个应用程序？[41]

3.3.2 全球经济治理实践：挑战以及贸易议程

我们关注对创新至关重要的全球经济治理实践。必须跨国家、跨部门解决妨碍重大投入重组的障碍（知识产权不是我们的主要关注点，但我们将关注市场中的治理创新如何影响进行知识产权投入的组织）。

许多支持数字平台集群的治理变革都将是局部的而不是全球性的。全球经济治理实践应该支持对数字化创新的主要投入进行重组。

例如，不断变化的生产技术体系将推动对共享培训、制造和测试设施的需求，从而降低许多行业中制成品规模化生产的成本。试验先进生产设备新技术的孵化器正在激增。为此，2014 年 10 月奥巴马政府提出一项计划，让小型制造商可以更容易获得国家实验室的某些设备并为这些技术的新技能培训项目提供资金。[42]

第 6 章将讨论云如何促进创新体系的市场化转型；这是一种"战略与结构"创新。先进技术引发的变化正在使得处理和存储信息成为创新者的一种"基础设施"（infrastructure）。与监管云相关的公共政策问题越来越多，因为它仍然笼罩在对竞争政策和可信数字环境的担忧之中。

模块化是 IPD 的主要驱动力，但全球经济治理可能会阻碍模块化。例如，政府试图控制信息系统的安全技术以防止曝光。

IPD 的一个可能影响是，作为治理基础的市场差异正在模糊化。随着 3D 打印的普及，制成品和服务之间的界限变得模糊。这可能会在国际贸易规则下产生重大变化。类似地，随着市场对模块化和产品附加值不断增长的影响进行试验，需要灵活的试验方法来选择治理规则。

过时的贸易和监管规则不应任意地决定服务和商品的结合方式，或者为客户提供的解决方案是作为数字服务还是作为体现数字代码的商品。我们希望有更多的市场像信息技术协议中获得特殊自由化待遇的 IT 市场一样。为解决高科技市场（例如无线医疗系统所涉及的设备）需要而设计的特殊协议的范围应该得到扩大。[43]

IPD 的相关潜在影响是，将出现更多基于传统工艺知识的新技术集群。

商业秘密将比专利更重要。随着依赖商业秘密的集群中的中小企业走向全球，应该对当前全球法规和规则的适当性进行更多的审查。一个很好的起点是解决国际贸易规则（源自乌拉圭回合《与贸易有关的知识保护协定》（TRIPs 协定））中关于如何处理商业秘密的漏洞。[44]例如，跨太平洋伙伴关系批准了"充分和有效地保护工业品外观设计"。[45]

随着全球联网集群（尤其是那些新近受到平台经济推动的集群）的扩散，应该允许较小的企业（中小企业）进行跨国合并和合作。

这已经提上了各国政府的议程——自 20 世纪 90 年代以来，简化海关和边境手续的贸易政策倡议不断被提出。

但是，当前的全球行动更侧重于分担风险和无形资源，因此经济治理必须有助于促进涉及中小企业的外国直接投资。那些给小企业造成过度负担的做法和政策必须加以修正。

3.3.3　提供市场准入，促进良好行为

数字经济协议要解决的市场准入议题至少涉及表 3-1 中呈现的 13 个方面（要素），本书最后一章对这些方面（要素）进行了更详细的讨论。

表3-1　　　　　数字经济协议要解决的13个市场准入议题

议题	目标
1. 扩展跨太平洋伙伴关系的国内服务监管框架，将服务和数字经济商品包括在内	促进透明的规则制定、公司之间的非歧视以及政策中的技术中立
2. 扩展"IT协议"以覆盖创新密集型行业	降低所有创新密集型行业的关税
3. 为跨越商品和服务界限的产品寻求自由化	放开对严重依赖 IT 的商品的准入限制；应用更加自由化的规则
4. 利用"一揽子解决方案"放宽对商品和服务的混合的准入限制	在农业和全球定位系统等领域达成交易
5. 增加视听内容非线性分布和供给	解决视听内容变形带来的挑战
6. 明确与贸易相关的互操作性义务	使数据在服务之间可移植；监管机构应寻求"贸易限制最少"和非歧视性法规
7. 明确私营公司为公共利益或竞争目的提供数据的义务	应对大数据兴起带来的棘手问题
8. 加强对工艺知识的知识产权保护	确定新的知识产权定义，尤其是商业秘密的定义，以应对新的创新集群
9. 使用国际标准进行加密，并确认合格的数据控制器使用加密的权利	合理化加密并帮助数据控制者获得信任
10. 可以自由地将基础设施定位在供应商希望的任何地方	允许使用位于其他国家的大型全球云中心
11. 客户通过公共电信网络使用域外服务供应商的自由	允许使用域外公共电信网络
12. 客户可以通过公共电信网络使用域外服务供应商	尊重服务的技术中立性，在尊重中立性的前提下促进互操作性
13. 制定投资便利化措施和贸易便利化措施，惠及中小企业	除便利出口外，还应使中小企业在外国子公司或合资企业的投资更加便利

注：IT，信息技术；SMEs，中小企业。

回顾IPD对数字化市场的影响，IPD打破了传统的市场边界并以新的方式混合了技术能力的要素，形成了全新的商业模式。随着许多传统市场变得更加具有技术密集性，商品和服务之间的差别可能会变得模糊。因此，这些要素是一个强有力的贸易议程所需要的，但可能不会出现在当前的贸易谈判中。

这13个要素是不完整的，需要进一步厘清。贸易规则可以在任何市场创新的治理整体解决方案中集中发挥重要作用。多方利益相关者组织应该在解决新的治理难题中扮演重要角色。

本书第三部分更深入地探讨了这些问题，为我们在最后一章中提出的治理建议奠定了基础。

3.4 总结：全球经济治理的设计理念

到目前为止，我们已确定了一系列对提升数字平台集群服务公共利益潜力至关重要的问题。这种分析植根于我们的信念，即IPD中出现的资产治理应该围绕一套基本的设计原则构建。

随着技术的快速革新，我们必须认识到未来是不确定的。短期的补救措施可能会阻碍更多长期收益的获取，但如果寄希望于问题能够自行解决，那么将只会导致失败。因此，尽管在不断动荡的政治环境中很难实现，但在治理方面需要试验与灵活性的结合。在第5章中，我们将阐释最有前途的方法是识别"互补性和权威性"的优点（见第9章对"FACE"的讨论）。互补性意味着来自市场和（或）社会并通常由其运作的治理创新对于IPD的有效运作必不可少。治理不仅仅需要政府的政策。权威具有双重含义，在可能的范围内最好将治理安排的详细设计委托给多利益相关者组织的专家组。而这些专家组所寻求的基本准则以及对其绩效的问责都取决于政府当局。全球经济治理可能是一种政策和社会安排的混合体系，但最终的责任在于政府。

注释：

1. 孟山都的财政年度是从每年的9月到次年8月。参见：https://www.statista.com/statistics/276270/net-sales-and-net-income-of-monsanto-since-2008. 以 及 https://www. statista. com/statistics/276279/monsanto-seed-and-genomics-segment-net-sales/.

2. 作为一笔复杂交易的一部分，孟山都于2015年11月将其旗下的精密种植公司（Precision Planting）转售给了约翰迪尔（John Deere）。Michal Lev-Ram, "John Deere, Modern Farmer," Fortune, December 1, 2015, pp. 67 and 70.该文讨论了约翰迪尔为了使用移动设备管理田地，与孟山都合作对新软件进行了投资和开发，"（约翰迪尔）开放其与孟山都气候公司部门之间的数据链接，使得孟山都可以根据天气和作物数据向农民提供建议"，这为孟山都提供了更多的个人数据。

3. 另一预测认为可以节省15%~30%的成本。"Considerations for Adopting & Implementing Precision Ag Technologies, " Precision Agriculture Series, October 2010, http://www. AlabamaPrecisionAgOnline.com.

4. Bruce Upbin, "Monsanto Buys Climate Corp for $930 Million," Forbes, October 2, 2013, http://www.forbes.com/sites/bruceupbin/2013/10/02/monsanto-buys-climate-corp-for-930- million/#174c18155ae1. IBM 也介入了气象预测业务领域。 Richard Waters, "IBM's Acquisition of Weather Co Is a Test for the Big Data Economy," Financial Times, October 30, 2015, p. 14.包括高管激励在内，收购的总成本为11亿美元。

5. BluePac Partners 对 Precision Corp 给农民带来的价值提出了尖锐的批评。其批评了 Precision Corp 技术的局限性，包括严重依赖公共数据库。 BluePac Partners, "Monsanto： Engineering EPS Growth, " October 13, 2014, Seeking Alpha, http://seekingalpha. com/article/2556425-monsanto-engineering-eps-growth.

6. 服务于全球市场的专业公司正在世界各地的农业中心地区兴起，如澳大利亚的 AgDNA公司。参见：https://agdna.wordpress.com.又如，新型服务和应用中心——得梅因（Des Moines），参见：ohn Eligon, "Tech Start-Ups Find a Home on the Prairie," New York Times, November 22, 2012, p. A1.

7. Louisa Burwood-Taylor, "FarmLogs Raises $22m Series C as CEO Vows Never

to Exit to Agribusiness," Agfund News, January 11, 2017. https://agfundernews. com/farmlogs-raises-22m-series-c-with-naspers-as-ceo-vows-never-to- sell-to-agribusiness.html.

8. 参阅 e American Farm Bureau, "Data Privacy," accessed March 2014 and the fi- nal principles issued November 13, 2014, http://www.fb.org/index.php? action =issues. bigdata. 关于孟山都的战略，参阅 http://seekingalpha. com/article/ 1729352-monsanto-now-the-big-data-buzz-hit- the-agriculture-industry, accessed October 4, 2013; Daniel Shea, "What Are They Doing at Monsanto?" Bloomberg Business Week, June 2014, p. 52; Schumpeter, "Digital Disruption on the Farm," The Economist, May 23, 2014, p. 64.

9. 某些技术(比如制造智能衬衫的技术)可能会改变另一个传统行业——纺织业。加州 大学圣地亚哥分校的 ATTACH(自动冷却和加热的自适应纺织品技术)项目开发了可 以自动加热或冷却的面料,该面料可以潜在地节省穿戴者的空调费用。参阅:http:// www. engineering. com/DesignerEdge/DesignerEdgeArticles/ArticleID/10216/ Engineers-Receive-26M-to-Develop-Smart-Clothes. aspx, accessed June 7, 2015.

10. Quentin Hardy, "Working the Land and the Data," The New York Times, No- vember 30, 2014.

11. Lev-Ram, "John Deere," 2015.

12. 参阅 "Connected Wearables Are Changing the Dairy Industry," http://theinsti- tute. ieee. org/technology-topics/life-sciences/connected-cattle-wearables- are-changing-the-dairy-industry; "Stock Answers," The Economist, June 11, 2016, p. 15. "Factory Fresh," The Economist, Technology Quarterly, The Future of Agriculture, June 9, 2016. 该文介绍了如何使用传感器来监控牲畜繁殖 计划、健康水平和整体情况。他们还在开发极其精确的基因改造能力,以通过改变 特定基因序列使牲畜对特定疾病具有抵抗力,例如,使猪对非洲猪瘟具有类似于疣 猪的抵抗力。http://www.economist.com/technology-quarterly/2016-06-09/ factory-fresh.

13. Laurie Bedford, "Dancing with Data," Successful Farming, March 2013; Jess Lowenberg-DeBoer, "The Precision Agriculture Revolution—Making the Mod- ern Farmer," Foreign Affairs 5, no. 3 (May/June 2015): 105–112.

14. P. J. Huffstutter and Carey Gillam, "Exclusive: Pivoting after Failed Syngenta Bid, Monsanto to Build Big Data Business," Reuters, September 24, 2015, http://uk. reuters. com/article/2015/ 09/24/uk-monsanto-big-data-exclusive-

idUKKCN0RO0B420150924.

15. 在收到农民的详细信息后,SAP 的原型数字农业应用程序会向农民推荐其可以接受的时间和行动方案,该方案可以根据天气和其他条件的变化进行实时更改。农民可以选择接受部分或全部的建议。高速的宽带网络几乎可以消除数据堵塞,同时可以根据德国数据保护条例保护数据隐私。SAP 还没有推出数字农业产品,但它正在向这个方向发展。以上论述来自 Peter Sayer, "German Industry Is Poised to Exploit Rural Broadband," PCWorld, March 15, 2015, http://www.pcworld.com/article/2897092/german-industry-is-poised-to-exploit-rural-broadband.html.

16. 这笔交易需要获得反垄断部门的批准才能进行。Christopher Alessi, "Bayer CEO Defends Planned Acquisition of Monsanto," The Wall Street Journal, October 26, 2016, http://www.wsj.com/articles/bayer-boosted-by-recently-launched-drugs-1477466756.

17. http://www.marketwatch.com/investing/stock/qcom/financials.

18. Mark Scott, "EU Opens Antitrust Investigations into Qualcomm," New York Times, July 16, 2015, http://www.nytimes.com/2015/07/17/business/international/qualcomm-antitrust-investigation-eu.html?_r=0&mtrref=undefined & gwh=C0EC00D64BADC22FC0CC2C528 A7F2FE3&gwt=pay. Diana Goovaerts, "Qualcomm Facing $879M Anti-Trust Fine in S. Korea," Wirelessweek.com, posted July 18, 2016.

19. "Qualcomm: Taking Artificial Intelligence to a New Level," Seeking Alpha, May 16, 2016, http://seekingalpha.com/article/3975394-qualcomm-taking-artificial-intelligence-new-level.

20. 例如,2015 年 5 月底,高通技术公司和戴姆勒公司宣布合作开发互联网汽车,包括车载无线充电系统。两家公司最终计划生产零排放的智能互联网汽车。Monica Alieven, "Qualcomm Teams Up with Daimler on Connected Car," Fierce Wireless, May 25, 2015, accessed May 26, 2015, http://www.fiercewireless.com/tech/story/qualcomm-teams-daimler-connected-car/2015-05-25.

21. Joshua Gans, The Disruption Dilemma, 2016.

22. 截至 2015 年年中,高通已经收购了无线通讯公司 Atheros 公司、kanos 公司以及汽车信息娱乐系统等物联网市场的领导者——CSR 公司。

23. 基于 2014 年和 2015 年对行业专家的采访。

24. Samantha Masunaga and Mike Freeman, "Qualcomm prepares for a future beyond smart-phones with $38-billion purchase of NXP Semiconductors," Los Angeles Times, October 27, 2016, http://www.latimes.com/business/technol-

ogy/la-fi-tn-qualcomm-nxp-20161027-story.html.

25. 参阅 http://wirelesslifesciences.org/who-we-are/mission/, accessed October 29, 2014.

26. For example, Sentrian, a startup based in the United Kingdom and Southern California, combines biosensors with the use of a hybrid of physician insight and machine learning to generate "disease deterioration models" to inform patient management options with the goal of radically reducing hospitalization. Its London medical research base (drawing on the UK National Health System records) is combined with biomedical device expertise in California. 例如，在英国和美国加利福尼亚州都设立了总部的初创公司 Sentrian 将生物传感器与医生的洞察力和机器学习相结合，形成"疾病恶化模型"，为患者提供信息，其目标是大幅减少住院治疗。该公司将其伦敦医学研究基地（利用英国国家卫生系统的记录）和加利福尼亚州的研究基地的生物医学设备专业技术结合在一起。参阅 http://www.sentrian.com.

27. http://www. westhealth. org/institute/our-priorities/automated-connected-care, accessed October 29, 2014.

28. http://www.qualcommlife.com/company-overview.

29. 高通生命（Qualcomm Life）和美国最大的电子病历提供商之一塞纳（Cerner）于 2015 年 4 月宣布了合作伙伴关系（http://www.cerner.com/Cerner_and_Qualcomm_ collaboration）。高通还与罗氏（Roche）成立了一家合资企业，并与诺华（Novartis）成立了一只联合投资基金。Andrew Ward, "Roche Agrees Digital Disease Monitoring Push with Qualcomm," Financial Times, January 30, 2015, p. 15.

30. 企业也会经常将提供奖金作为企业社会责任战略的一部分，以证明它们努力促进更高的社会目标。高通公司于 2017 年 4 月提名了一名"X"奖的获奖者。Mike Freeman, "Dr. McCoy would be proud: Winner named in Qualcomm Tricorder Xprize," "The San Diego Union Tribune," April 13, 2017. At: ttp://www.sandiegouniontribune. com/business/technology/sd-fi-tricorder-winner-20170412 -story.html.

31. 2010 年高通第一次设立 QPrize 时，有 43 家公司申请。2013 年，高通第二次设立 QPrize 时，申请公司数飙升至 139 家。高通在不到 2 年的时间里将其投资组合增加到 5 家公司。高通风险投资公司（Qualcomm Ventures）的投资领域涉及消费者应用、组件、网络基础设施和游戏。高通公司也利用奖励机制来激励国内的创新。从中期来看，高通风险投资公司希望将投资扩展到所谓的"1 000 倍"挑战中——数据流的增长速度甚至比摩尔定律还要快——并将后期阶段的公司加入到投资组合中以降低风险。

32. 通用电气(General Electric)的"物联网"战略与此类似。通用电气及其合作伙伴定义了提高飞机或船舶等复杂系统可靠性的过程解决方案。其目标是利用信息通信技术和传感器来降低关键设备的维护成本并缩短停机时间,同时满足所有所需的技术标准(如 ISO 质量标准)。

33. "Trying to Make the Cloud Safe for Corporate Data," Bloomberg Business Week, October 23, 2014, pp. 43-44.

34. David Evans, Andrei Hagiu, and Richard Schmalensee, Invisible Engines: How Software PlaForms Drive Innovation and Transform Industries (Cambridge, MA: MIT Press, 2006). 同时, 请参阅 Martin Kenney and John Zysman, "The Rise of the PlaForm Economy."

35. 双边市场是两个不同的用户群体互动的经济平台或中介,两个群体都从互动中受益。双边网络的一个例子是移动电话网络。拨打电话的人能够与接听电话的人进行联系。

36. 该内容来自我们2015年进行的一次访谈.

37. 我们的受访者表示,MyLively.com 是一个低成本、全认证的系统,符合标准的健康监测解决方案,它将性能良好的硬件、软件与无线服务以及云数据分析相结合。2015年3月,其家庭监控系统(针对老年人)的硬件价格为每月25美元,服务价格为每月35美元。2015年12月,老年人护理市场上一家更大的公司 GreatCall 收购了 MyLively.com。

38. 在第7章中,我们讨论了 2015 年和 2016 年初发生的三起环球银行金融电信协会(SWIFT)系统入侵事件。

39. 我们在 2009 年提出了商业解决方案的可行性。波士顿咨询公司(Boston Consulting Group)估计,到2020年,个人数据的市场价值将达到 1 400 亿美元。像 Handshake、Enliken 和 Mydex 这样的初创公司正在探索这种可能性。第8章探讨了政府干预的方式,http://techcrunch.com/ 2013/09/02/handshake/,accessed September 2, 2013. Kenneth Cukier, "Souls for Sale, the World in 2014," The Economist, p. 120.

40. Jesse Perla, Christopher Tonetti, and Michael E.Waugh, "Equilibrium Technolgy Diffusion, Trade, and Growth," National Bureau of Economic Research, Working Paper 20881, January 2015, http://www.nber.org/papers/w20881.

41. 我们热衷于将数据可移植性作为模块化的案例,并在 2009 年的书中对此进行了论证。假设,就像电信业的号码可携性一样,如果监管规定能够确保它以合理的价格和技术灵活性完成数据移植,那么它可能是有益的。令人担忧的是,与安全问题一样,数据可移植性问题可能成为一项复杂的产业政策。

42. Office of the Press Secretary, the White House, Fact Sheet: President Obama Announces New Actions to Further Strengthen U.S. Manufacturing Building on the Recommendations from the Final Report of the President's Advanced Manufacturing Partnership, "Accelerating U.S. Advanced Manufacturing," October 27, 2014.

43. 我们认为,这是我们主张消除商品和服务日益增加的可替代性以及在一揽子解决方案中商品和服务的新混合方面的政策扭曲的一个关键必然结果。

44. Stephen J. Ezell, "Ensuring the Trans-Pacific Partnership Becomes a Gold-Standard Trade Agreement," Information Technology & Innovation Foundation, August 2012, http://www2.itif.org/2012-ensuring-tpp-gold-standard-trade-agreement.pdf.

45. 该协议还要求对黑客等窃取商业机密的行为进行刑事处罚。这段话摘自澳大利亚政府对协议的总结: http://dfat.gov.au/trade/agreements/tpp/summaries/Documents/intellectual-property.PDF.

第二部分
在技术不稳定环境中的全球治理

第4章 为IPD设计国际治理：谈判的挑战

4.1 第二部分和第三部分的计划

第一部分概述了世界经济的"**数字密码基因**"（digital DNA）是如何创造**信息与生产颠覆（IPD）**的。**信息与生产颠覆**正在改变创新的模式，而创新是全球长期繁荣的关键驱动因素。第一部分的结尾，我们提出创新体系的变化需要对世界经济的全球治理进行仔细的重新设计。第二部分提出了重组全球治理的方法。我们的战略强调在一个具有约束力的硬性和软性行为准则的权威国际框架内，各国政策的部分收敛。这些任务的执行有赖于政府和私营部门，以及将责任大量下放给以民间社会主导的**多利益相关方组织（MSOs）**。

本部分内容分三个阶段展开：描述谈判前景，解释谈判形式，然后设想一个全球体制以及可能实施的方式。

第一，本章考察了治理选择的全球谈判格局的变化，因为任何现实的战略都必须考虑到21世纪全球经济的变化。我们强调，尽管形势在不断变化，但仍有大量"志趣相投"的国家存在，它们可以联合成一个"俱乐部"，建立一个可行的全球机制来管理**信息与生产颠覆**。此外，**信息与生产颠覆**正在迅速普及，尽管还不够完美。随着时间的推移，**信息与生产颠覆**可以为所有国家提供机会，从而为全球机制创造有希望的前景。

第二，第5章对战略谈判的形势进行了清晰的描述，这将形成对决策者开放的可行解决方案。要达成可行的治理协议需要付出艰苦的努力。这些协议必须解决集体行动问题，即使在最好的情况下，这些协议也充满了战略不当行为的风险。[1]有效的治理需要管理合作中的风险，并以有效响应**信息与生产颠覆**的方式构建治理。我们建议采取适当的治理策略来应对"协调"和"合作"两种不同类型的挑战。

第三，必须制定、谈判和实施国际治理机制。一个健全的制度应包含以下三个要素：（1）它应该包括一系列共同的国际义务，为治理设定基准。要想取得进展就需要制定权威的规则，并将硬义务和软义务结合起来。（2）该机制应由不同的国家政策体系组成，这些政策体系围绕一个国际基准线趋同。（3）任何可持续的制度都必须包含一种机制，以加强与非政府问题解决者——**多利益相关方组织**的合作。这些非政府机构应对政府当局负责，并在政府当局制定的规则内运作。它们可以为政策组合贡献更大的灵活性、实验性和学习性。此外，**多利益相关方组织**的参与允许参与者的偏好随时间发展，以便变得更加兼容。通过这种方式，**多利益相关方组织**可以影响政治和经济"实际情况"，以促进更有效的治理。这一分析将在第5章展开。

关于指导信息技术的全球规则。第一部分认为信息无处不在，经济重组将是全球经济议程和在世界经济中创造新价值的核心。这将需要进一步整合全球信息市场。第二部分中对制度设计的分析显示了贸易规则如何作为建立共同国际基线的锚点。

第三部分将说明，一个制度要成功地运作，仍然需要其他国际文书。推进一体化和融合需要建立一个值得信任的数字环境，而不仅仅是新的贸易规则。考虑到云计算引发的全球问题，以及创建一个数字环境的必要性，以应对网络安全威胁的日益增长和保护数字隐私，第6章到第8章将展示如何结合权威性和灵活性来实现更有效的治理。最后，第9章总结了我们的对策并指出了前进的道路。

政府的许多政策努力，例如促进可信数字环境的措施，将需要灵活的试验。一个拥有开放市场的社会总是涉及多方面的讨价还价。例如，个人交换信息以获得特定的利益。为了找到一个结果，在网上搜索信息的人会向谷歌提供少量的个人信息作为交换。或者，一个演员放弃一些隐私来吸引粉丝关注他的新电影。在这个瞬息万变的环境中，技术上的意外是经常发生的，市场和社会关系的重新概念化也在进行中。学习对于政策设计至关重要，这意味着要不断适应。例如，一个可信的数字环境从来不是完全安全的，所能期望的最好结果是具有良好的安全性以及对重大的个人和集体违法行为作出迅速和有效反应的能力。

同样，对隐私的信任并不等同于对保护多少隐私和保护什么类型的隐私的普遍共识。隐私会被侵犯。[2]世界各地的做法和政治法律传统都不一样。我们需要的是以最小的公共基准、更简单的策略和更清晰的流程来协调变化。各国政策在全球框架内的准趋同是可取的。

推进有约束性的规则以锚定全球治理，其方式多种多样。我们赞成使用贸易规则，因为在我们看来，它们是最优雅和有效的起点。即使最终选择另一个出发点是出于政治上的权宜之计，但理解贸易纪律为何以及如何才能服务于该议程也是非常有价值的。尽管如此，我们的结论是，实施贸易规则是前进的最佳路径。具体来说，贸易规则要求通过自觉地将**多利益相关方组织**纳入全球实施过程来实现适应性学习。随着**多利益相关方组织**的发展，它们将产生标准的操作程序，这将使它们更容易适应国家规则的变化，并将减少通向一体化市场的障碍。

4.2　谈判形势

21世纪的谈判形势与20世纪90年代截然不同，原因在于四个驱动因素的累积影响。第一，近几十年来，随着经济全球化进程的推进，全球经济实力分散，这对全球治理的改革产生了影响。第二，信息通信技术市场的特定特征强化了我们从经济实力分析中得出的结论。第三，有影响力的行为体在全球ICT政策议程制定方面的领导作用发生了变化。第四，**信息与生产颠覆（IPD）**的技术特征及其市场含义改变了治理选择的性质。

4.2.1　经济实力的分散

世界经济中的两大趋势为全球治理战略奠定了基础。各国经济的相互依存关系和全球经济实力的分布都在发生变化。

许多学者分析了全球化的历史和越来越多国家的现状，这些国家的人口加入了全球中产阶级的行列。虽然全球化的进程是有缺陷的，但总的来说，它使世界更加繁荣和平等。[3]这一转型故事的一个主要部分是所有经济体的经济相互依赖性日益加深，贸易对全球和一国国内生产总值（GDP）的影响证明了这一点。根据世界银行的数据，1960—1967年，贸易额占全球GDP的比例为25%。在20世纪80年代早期经济衰退之前，这一比例飙升至38.8%。贸易额占全球GDP的比例从1990年的39.6%增长到2000年的51.6%，并在2006年达到61%的峰值。2007年金融泡沫破灭后，这一数字急剧下降，但到2011年又恢复了增长。自那以来，贸易额占全球GDP的比例略有下降，2015年为58%。[4]

这些变化也增加了最大经济体对贸易的敏感性。1960—2015年，美国商品贸易总额占GDP的比例从9.2%上升到28.1%（不包括服务贸易和外国直接投资，2015年美国商品贸易总额约为4万亿美元）。[5]在此期间，欧盟的比例从39%上升到83%，东亚和太平洋地区的比例从26%上升到58%，中国从9%上升到41%。[6]

贸易统计数字低估了跨国联系的密度。第一部分确定了**信息与生产颠覆**帮助建立了复杂的全球商品和服务生产链。把握这些联系深度的另一种方法是考虑外商直接投资对传统出口的影响。如今，美国大约60%的进出口都是通过美国或外国跨国公司的内部渠道进行的。此外，随着外国对美国直接投资的攀升，它重塑了美国的制造业的出口。2007年，外资控制的美国工厂赚到了美国制造业出口总额的1/3以上。[7]

日益增长的相互依赖并不一定会带来全球和谐的局面。事实上，一些新兴经济体取代发达国家企业的市场所引发的紧张关系，是全球治理面临的核心政治经济问题之一。另一个根本变化是全球经济实力的分散。如果我们把加入经济合作与发展组织（OECD）作为与其大致相似的较富裕经济体在市场治理理念上的替代品，那么地域成员范围就会不断扩大，超出了其早期的跨大西洋区域，并且在世界经济总产出中所占的份额也在下降。[8]然而，尽管世界其他地区的经济急剧增长，经济合作与发展组织作为推动全球发展的核心俱乐部，其政策仍然是可行的**信息与生产颠覆**的治理改革手段。

1980年，美国占全球GDP的比重为21.9%。[9]2000年小幅下降至20.8%，2015年下降至15.8%。1980年欧盟的份额为30.2%，2000年为23.7%，2015年为16.9%。相比之下，中国和印度这两个人口最多的国家的份额从1980年的5.2%增长到2000年的11.6%，再到2015年的24.1%。预计到2020年美国为14.9%，欧盟（不包括英国）为13.4%，中国和印度为27.9%。表4-1显示了这些趋势，并提供了其他主要经济体同年的数据。

最重要的是，各地区现在的经济实力比几十年前更加分散。例如，尽管美国能够在特定的双边协议中施加实质性的影响，但数字市场的治理挑战归根结底是全球性的。美国再也不能单独与欧盟合作轻易地推动重大的全球倡议。因此，现在需要一个核心国家俱乐部，以可靠地发起任何推动全球治理创新的努力。

表4-1   国内生产总值占世界的份额(按购买力平价计算)

国家/经济体	1950* (%)	1980 (%)	2000 (%)	2010 (%)	2015 (%)	2020 (%) (预测)
发展中国家和新兴经济体	N/A	36.286	43.003	53.658	57.556	60.765
发达经济体	N/A	63.714	56.997	46.342	42.444	39.235
欧盟	N/A	30.174	23.689	18.971	16.918	13.403**
美国	27.3	21.927	20.76	16.846	15.809	14.878
中国	4.6	2.32	7.389	13.822	17.082	19.351
日本	3.0	7.635	6.533	4.863	4.255	3.657
德国	N/A	6.636	4.906	3.692	3.83	3.051
法国	N/A	4.43	3.388	2.634	2.332	2.111
巴西	N/A	4.368	3.189	3.156	2.812	2.391
英国	N/A	3.763	3.107	2.509	2.36	2.204
意大利	N/A	4.554	3.286	2.337	1.912	1.693
俄罗斯	N/A	N/A	3.294	3.641	3.275	2.836
印度	4.2	2.926	4.194	5.980	7.016	8.505
加拿大	N/A	2.2	1.839	1.523	1.438	1.328
澳大利亚	N/A	1.183	1.112	1.036	1.003	0.970
西班牙	N/A	2.274	1.969	1.691	1.423	1.233
墨西哥	N/A	2.991	2.444	2.010	1.962	1.890
韩国	N/A	0.638	1.561	1.659	1.628	1.583
印度尼西亚	N/A	1.413	1.935	2.256	2.504	2.752
土耳其	N/A	1.145	1.323	1.333	1.4	1.401
沙特阿拉伯	N/A	2.761	1.431	1.371	1.483	1.375
阿根廷	N/A	1.345	0.878	0.883	0.856	0.796

资料来源:1980—2021,http://www.economywatch.com/economic-statistics/economic-indicators/GDP_Share_of_ World_Total_PPP/.

*资料来源:1950,https://infogr.am/Share-of-world-GDP-throughout-history.

**假设英国退出欧盟。

2015年，与经济合作与发展组织和欧盟（EU）有关联的发达经济体，以及仅与《跨太平洋伙伴关系协定》（TPP）有关的五个较小的国家加起来占全球GDP总量的近45%[10]（如果不考虑购买力平价的影响，它们的份额还会更高）。尽管它们的政策偏好在细节上存在差异，但它们形成了一个启动治理改革的俱乐部，这是推动全球治理机制的强大平台。

相比之下，中国、巴西、俄罗斯、印度和阿根廷这五个国家在2008年首次占全球GDP的1/4以上，2015年略高于31%，到2020年将达到全球GDP的33.9%。[11]单个经济体的发展趋势尚不确定，但较大的新兴经济体在全球的份额将在未来的几十年中呈现出增长趋势。例如，在过去几年里，巴西、俄罗斯和阿根廷陷入衰退。值得注意的是，对于它们各自的市场战略将如何演变和相互协调，不确定性将会增加。它们的异质性和波动性增加了一个坚定的俱乐部成为促进**信息与生产颠覆**改革的催化剂的机会。

4.2.2 全球信息和通信技术（ICT）领域的动荡和市场领导

正如第1章和第2章所述，**信息与生产颠覆**带来了巨大的增长和巨大的变化，范围远远超出了**信息和通信技术**市场，开始改变传统的制造业和大宗商品行业。然而，鉴于**信息和通信技术**市场对于**信息与生产颠覆**的核心地位，本节将更深入地研究它如何适应各国的谈判激励。

另外，我们认为，这个巨大的市场已开始在低收入国家发挥其巨大的潜力。因此，从长期来看，就其经济回报而言，它为所有国家提供了一种正和博弈（这并不是说每个国家都会喜欢自己特定的市场权衡）。然后，我们解释了市场收入的地理构成是如何演变的。对**信息和通信技术**市场具体部门内变化的深入研究表明，市场利益长期相互依赖（第5章表明，相互依赖可能不会导致合作，但在这里我们认为，总收益的潜力是相互依赖的）。经济合作与发展组织在**信息和通信技术**市场的份额大于其在世界经济总量中的份额。这意味着经济合作与发展组织拥有巨大的市场力量，因为它仍是许多（但不是全部）最大技术变革的起点。[12]对于在经济合作与发展组织市场有全球野心的非经济合作与发展组织（non-OECD）企业来说，市场准入条款将影响它们的未来。与此同时，一些新兴市场直接影响之大，足以让任何大型跨国公司都无法忽视它们在市场中的重要参与程度。因此，从长期来看，重要的新兴市场和发达经济体的市场之间存在着相互的商业脆弱性。技术的波动性增加了一个重要的不确定性因素，即如何构建和追求狭隘的利益。全球治理战略应努力将不确定性转化为一条试验治理方式的路径。

从表4-2可以看出，2014年全球**信息和通信技术**市场价值约为3.7万亿美元，远远超过汽车等行业巨头。[13]电信服务几乎占总数的43%，并且仍然主导着**信息和通信技术**行业。无线和宽带继续推动行业强劲增长。[14]与此同时，作为信息附加值增长的指标，全球在IT服务上的支出如今已接近每年1万亿美元。

我们完全赞同这样一种共识，即努力提高**信息和通信技术**能力的普遍可用性，无论从经济上还是从道德上讲，都是一项良好的政策。因此，在治理方面押注于私营部门投资和竞争以刺激可用性，在通信和互联网渗透方面取得了如此良好的回报，这是令人鼓舞的。虽然需要政府采取补充措施，但基本战略执行得很好。[15]

表4-2　全球**信息和通信技术**(ICT)支出预测：2014、2015年　　　单位：10亿美元

	2014年支出	2015年支出
设备	669	685
数据中心系统	142	142
企业软件	313	320
IT服务	948	942
电信服务	1 614	1 572
合计	3 701	3 662

资料来源：Gartner（April 2015），http：// www.gartner.com/ newsroom/ id/3025217。

移动通信是实现通用服务的关键推动因素。国际电信联盟（International Telecommunication Union）的数据显示，全球手机用户从1995年的约8 000万人增加到2016年的约46亿人。[16]2014年10月，活跃移动设备的数量首次超过了地球上的人口数量。2017年，手机的数量可能会接近50亿部。[17]由于手机的普及率首先在工业化国家飙升，最近移动业务使用的增长向新兴国家和较贫穷的国家倾斜。值得注意的是，宽带接入也在扩散。截至2015年年底，工业化国家的移动宽带普及率为87.9%，非工业化国家的移动宽带普及率约为40%，而最不发达国家（主要在非洲）的移动宽带普及率约为12%，但仍保持快速增长。[18]

类似的情况也适用于关注互联网访问的指标。根据凯鹏华盈（Kleiner Perkins Caufield Byers）的玛丽·米克尔（Mary Meeker）收集的数据，1995年全球互联网用户总数约为3 500万人。[19]截至2000年，全球互联网用户总量增长了10倍，达到约3.61亿人；截至2017年3月，这一数字又增长了10倍，达到37.32亿人，普及率达到全球人口的49.6%。自2000年以来，互联网用户数量增长最快的地区是非洲（7 557%）、中东（4 221%）、拉丁美洲和加勒比（2 036%）以及亚洲（1 539%）。欧洲（506%）、大洋洲（261%）和北美洲（196%）的互联网用户数量增长较慢。[20]

但是，全球**信息和通信技术**市场的核心在哪里？收入有助于说明问题。与全球国内生产总值相比，**信息和通信技术**市场的分布仍然集中于经济合作与发展组织国家。Statista估计，2014年美国占全球**信息和通信技术**市场的27%，欧盟占20.7%，中国占10.8%，日本占7.7%；剩下的1/3来自世界其他国家。[21]然而，正如第3章中高通案例研究所说明的，中国和其他一些新兴国家市场的快速增长，使得该市场在经济合作与发展组织的全球增长战略中占有非常重要的地位。**信息与生产颠覆**带来的**信息和通信技术**市场的变革仍在继续。许多创新浪潮和市场增长的引领者仍在较富裕的国家。全球市场动荡，受到新一波创新和新支出的冲击，这意味着传统的经济合作与发展组织市场将保持活力，并与包括印度在内的所有有抱负的全球参与者保持联系。简而言之，**信息与生产颠覆**治理模式的脆弱性对于经济合作与发展组织和新兴市场国家及其企业都是不利的。

数字市场组织结构的迅速变化进一步说明了关于战略利益的观点。例如，宽带互联网促进了融合趋势，为语音、数据、图像和视频内容创造了新的分销渠道，并为广泛的市场参与者提供了新的增长机会。网络流量模式反映了这些变化。思科曾预计，2014—2019年，全球移动数据流量将增长11倍，到2019年将超过200艾字节（eb），约为有线网络设备流量增长率的3倍。2014年，全球移动数据流量占互联网协议语音（Voice over Internet Protocol，VoIP）总流量的4%，到2019年将占VoIP总流量的14%。[22]如表4-3所示，由无线设备上的即时宽带接入推动的互联网视频流媒体和下载正在占用越来越多的带宽份额，到2019年可能会占到所有消费者互联网流量的80%以上。思科系统表示，"从全球来看，2019年消费者互联网视频流量将占到所有消费者互联网流量的80%，高于2014年的64%。"[23]宽带的普及也为"云"服务和应用程序创造了一个新的市场。[24]云服务还为强大的、无处不在的物联网奠定了基础，这是**信息与生产颠覆**的一个关键变化（第6章更详细地介绍了云计算市场）。

表4-3　　　　　　2014—2019年全球消费者互联网流量

	2014	2015	2016	2017	2018	2019	CAGR 2014—2019
按网络（pb/月）							
宽带	31 548	37 916	46 527	58 125	72 938	91 043	24%
移动	2 050	3 430	5 599	8 906	13 587	20 544	59%
按分段（pb/月）							
网络视频	21 624	27 466	36 456	49 068	66 179	89 319	33%

	2014	2015	2016	2017	2018	2019	CAGR 2014— 2019
网络、电子邮件和数据	5 853	7 694	9 476	11 707	14 002	16 092	22%
文件共享	6 090	6 146	6 130	6 168	6 231	6 038	0
在线游戏	30	41	64	88	113	138	36%
按地理位置（pb /月）							
亚太地区	12 193	14 571	17 871	22 470	28 374	36 391	24%
北美	8 913	11 091	14 095	17 951	22 893	28 621	26%
西欧	5 834	6 865	8 400	10 480	13 219	16 780	24%
中欧和东欧	2 594	3 507	4 773	6 742	9 356	12 885	38%
拉丁美洲	3 152	3 915	4 823	6 026	7 558	9 514	25%
中东和非洲	912	1 396	2 164	3 363	5 123	7 397	52%
总数（每月百万亿字节）							
消费者互联网流量	33 598	41 346	52 126	67 032	86 524	111 587	27%

注：网络、电子邮件和数据：包括网络、电子邮件、即时消息传递和其他数据流量（不包括文件共享）。

文件共享：包括来自所有公认的对等系统的对等流量，如 BitTorrent 和 eDonkey，以及来自基于网络的文件共享系统的流量。

游戏：包括休闲在线游戏、网络控制台游戏和多人虚拟世界游戏。

网络视频：包括短视频形式的网络视频（如 YouTube）、长视频形式的网络视频（如 Hulu）、网络直播视频、网络视频到电视（如通过 Roku 的 Netflix）、在线视频购买和租赁、网络摄像头观看和基于网络的视频监控（不包括点对点视频文件下载）。

资料来源：Cisco Visual Networking Index: Forecast and Methodology, 2014-2019, http://www.cisco.com/c/en/us/ solutions/collateral/service-provider/ip-ngn-ip-next-generation-network/white_paper_c11-481360.html.

硬件和软件的流量和边界的组合在不断变化，突出了**信息与生产颠覆**中任何细分市场所扮演角色的波动性。表4-4突出了美国**信息和通信技术**支出的选定趋势，以了解正在发生的供应中断的程度。

表4-4　　　　　　　　　　美国市场的ICT支出主要趋势　　　　　　单位：百万美元

年份	云计算	机器对机器	网络安全	总数
2006	N/A	180	25 500	25 680
2007	N/A	528	27 800	28 328
2008	21 700	936	28 900	51 536
2009	24 700	1 428	26 500	52 628
2010	30 600	2 160	27 400	60 160
2011	39 000	3 255	30 500	72 755
2012	47 000	5 115	34 500	86 615
2013	56 000	7 395	39 500	102 895
2014	66 000	11 760	45 000	122 760
2015	76 000	20 250	51 000	147 250
2016	86 000	31 200	57 500	174 700

注：TIA's 2013 ICT Market Review and Forecast, Chapter 2-3, "Major Trends", http://serving. portal. dmflex. com/8ab02188-ee2c-4018-8441-2f4fcbda6f6a/assets/2013mrf_majortrends_sample.pdf.

信息和通信技术支出。云计算、对物联网至关重要的机对机通信以及网络安全方面的支出都在迅速增长（从全球来看，每个类别的支出所占比例各不相同）。据美国电信行业协会（Telecommunications Industry Association）估计，2013年美国电信行业的总开支超过了1 000亿美元，2016年将接近1 750亿美元。如果一位10年前的分析师看到云计算现在占据这一支出的最大份额，一定会大吃一惊，尽管它在总支出中的份额已经开始下降。

为了进一步说明这一点，请考虑云计算、移动网络和宽带如何导致全球软件市场及其应用程序的重大重组。之所以会出现这种情况，是因为基于云计算的初创公司——受到像苹果（Apple） iPhone那样的商业模式创新的支持——可以避免许多与传统打包软件相关的高昂的销售成本。在软件市场的新进入者中，网络正在以一个巨大且不断增长的比例分销它们的产品。[25]Pokemon Go等移动应用的市场份额也在快速增长。[26]准确的市场规模尚不确定，但保守估计，到2017年，每年App下载量将达到2 680亿次，其中约8%是付费的，将产生770亿美元的收入。[27]按数量计算，下载量最大的市场是亚洲，但按收入计算，主要市场是美国和欧盟，还有日本（由于游戏的发展）。苹果和安卓生态系统继续主导着移动应用。[28]如第2章所述，这个应用程序的生态系统是数字创新集群专门进入模式的一部分。它是全球性的，享有广泛的全球市场准入，并使富裕和低收入国家的消费者受益。然而，它的主要（而非独家）渠道仍然立足于经济合作与发展组织国家。

广告是新一代信息服务的主要收入来源——从搜索到社交网络，从数字媒体到手机游戏（如2016年Pokemon Go的惊人走红）。从2013年到2018年，全球广告支出总额将增长近1/3，从5 160亿美元增长到6 420亿美元。全球数字广告支出增长更快。从2013年到2018年，数字广告支出预计将增加1倍多，从1 215亿美元增至2 520亿美元，[29]其中移动广告支出将占总数的1/3。[30]

线上、数字广告催生了许多新的服务收入模式，它仍然主要以经济合作与发展组织为中心。到2015年，美国数字广告收入超过630亿美元；中国以超过250亿美元飙升至第二位；其次是英国，约为100亿美元；日本和德国紧随其后，分别为92亿美元和79亿美元。[31]

随着互联网机会的激增，企业家和老牌企业正在设计新的方式来推销其产品和服务。创造新产品的机会正在扩大，这些新产品不是传统服务或传统产品，而是两者的混合体。仍然存在的问题是，政府和其他机构应该如何采取行动，促进创新、竞争和强劲的世界经济。这一回顾表明，就潜在的全球影响力而言，经济合作与发展组织国家和志同道合的国家有充分的机会发挥积极的领导作用，关键在于它们是否有这样做的意愿和策略。

4.2.3 世界经济中领导角色的转变

20世纪90年代中期之后，21世纪谈判的领导角色和动力发生了变化。我们在2009年出版的书中指出，在20世纪80年代和90年代，美国通常是**全球信息和通信技术**治理变革谈判的议程制定者。这不足为奇，因为美国是迄今为止最大的**信息和通信技术**单一市场，它根据第二波浪潮的动态大力改组其市场。世界各地的政策制定者都在密切关注美国国内政策体系的形成，以便从美国的努力中吸收经验。因此，当美国认为现有的全球监管和贸易规则不再与其政策方向相适应，需要一个新的全球信息通信技术治理议程时，其他国家注意到了这一点。

20世纪90年代，美国国内两党就其主要全球议程达成共识，巩固了美国的立场。民主党和共和党都支持通信市场的竞争，支持出台有利于信息网络产业的政策，支持所有全球服务的竞争自由化（在金融方面有一些警告）。此外，自20世纪90年代开始，一种对网络市场（如电子商务）进行宽松监管的方式受到青睐。但围绕这些优先事项应在何种具体条件下发挥作用，美国国内展开了激烈的争论。电信行业的监管之争为在政府场所为客户辩护的企业律师和游说者带来了巨额报酬。不过，就共同的国际地位而言，这些分歧是可以化解的。此外，非政府"社会"组织在全球议程上的地位很低。非政府组织主要关注国内问题，同时支持更多的国际竞争，以促进创新和降低价格。一些主要与知识产权有关的问题引起了它们的关注，如涉及食品、药品的知识产权问题，或与媒体内容相关的版权问题，隐私问题也开始在国际上引发争议，但关于**信息和通信技术**市场的讨论基本没有涉及。

几年后，全球形势看起来大不相同。2012年，我们中的一员（Cowhey）花了一天时间与新加坡政府的一位知名顾问讨论IT问题。他解释说，新加坡关注欧盟在新问题上的政策模式。欧盟正忙于编纂关于隐私权等重大政策问题的系统立场的规定，并开始全面改组通信和信息市场条例，以使政策更好地适应不断变化的技术。[32]相比之下，新加坡无法确定美国的政策走向。美国国内政策的萎靡不振和政治两极分化阻碍了奥巴马政府的政策雄心。监管机构仅有几项"小打小闹"的举措，在隐私、安全和竞争政策方面的立法努力举步维艰。尽管新加坡当局担心欧盟的规定可能过于严格，但他们认为美国的举措是脱节的、落后的，作为一种战略甚至还有些难以理解。

此外，在2008—2009年严重的全球经济衰退之后，美国经济政策传统失去了一些声望。[33]欧盟在接纳市场力量方面一贯持谨慎态度，并采取了更先发制人的监管立场，使其在全球赢得了吸引力。尽管在经济复苏期间，欧盟的经济比美国还要弱，但这种情况还是发生了。"9·11"事件后，美国大规模扩大电子监控的曝光，以及美国信息通信技术公司在这些行为中的隐性合作，进一步削弱了美国的领导地位。就连美国的传统盟友也开始对美国主导的全球治理机制和市场感到紧张，因为现有的政策立场和市场份额让美国政府在其管辖范围内的高度敏感问题上有很大的单边决策空间。这些事态的发展也使美国**信息和通信技术**公司在全球政策问题上处于守势。这些弱点在某种程度上被技术上的"实际情况"所抵消。在第三波**信息和通信技术**动力（比如云）的转变上的领导地位起源于一个单一的美国市场，这个市场仍然可以快速地规模化创新，并且较少受到**信息和通信技术**实验监管障碍的束缚。因此，由于商业上的领导地位，美国实际上控制了全球政策讨论的第一步，但却未能将其巩固为政策和监管的领先模式。

让人眼前一亮的是贸易政策。美国保留了其在区域和全球论坛中作为"需求者"和信息通信技术贸易政策的主要议程制定者的角色。但是，在美国、欧盟和其他经济合作与发展组织成员国的政策不一致时，美国国内政策缺乏同样令人信服的故事，这侵蚀了美国的影响力。而经济合作与发展组织成员国拥有足够的市场力量，可以作为一个核心集团，发起更广泛的国际治理变革。正如第9章所提出的，问题在于它们能否就贸易和其他国际经济协议在信息通信技术方面的作用达成足够的国内政治共识，从而巧妙地使用这一杠杆。

新兴经济大国都在寻求更广泛的全球影响力。它们越来越多地为许多决定寻求替代的区域或双边框架。其他新兴发展中国家，包括新加坡、南非、墨西哥和印度尼西亚，也探索了经济外交和贸易联盟的新途径。[34]例如，包括智利、墨西哥、哥伦比亚和秘鲁在内的太平洋贸易联盟（Pacific Alliance for Trade）赢得了喝彩。然而，对1945年后出现的基本治理结构的支持依然存在。

美国和新兴经济大国在世贸组织的多哈回合（Doha Round）谈判中陷入僵局，反映出双方对公平交易的不同考量。这些分歧凸显出在如何构建国家监管和其他经济政策的问题上，理念分歧越来越大。[35]几十年来，研究全球化和相互依赖性的学者们一直认为，效率激励措施会推动各国走向融合。由于缺乏实现有效妥协的新方法，这一假设受到了质疑。

4.2.4　公民社会的兴起

随着互联网的普及，最后一个重大变化以惊人的速度发生了。10多年前，本书的一位作者（阿伦森）问一位现任欧盟专员，他的工作中最让他吃惊的是什么。他立刻愤怒地回应说，他把1/3的时间用在了与非政府组织会面上，这些组织想要表达它们的观点，为它们的立场游说。从那时起，非政府组织在国际谈判中寻求并起到了某种程度上更为突出的作用。非政府组织参与谈判有很多先例，例如，在国际标准制定机构中。但在许多领域，非政府组织的影响力是全新的和不断扩大的。[36]在诸如贩卖妇女儿童以及网络中立性等问题上，非政府组织意识的增强和行动主义将它们的关切推上了政策议程。它们成为**多利益相关方组织**和谈判中的重要参与者。不可避免的是，未来的许多谈判中将包括来自政府、私营部门和非政府组织的谈判代表。

许多催化剂激发了公民社会的崛起。互联网的兴起是第一个催化剂。它使来自不同城市、地区和国家、有着相似目标和想法的个人和团体能够以更迅速、更有效、更多样的方式联合起来，而那个通信速度更慢、成本更高、效率更低的时代已经过去了。在互联网的推动下，社会运动往往会引发有组织的抗议活动，要求在权力走廊之外改变现有政府及其政策。[37] 最近，工会和自由派政治家们试图和平地破坏拟议中的《跨太平洋伙伴关系协定》（TPP）谈判，这表明那些圈子之外的人经常试图破坏让他们感到被排斥的谈判。然而，政府越来越认识到，更好的办法是邀请那些寻求变革的人坐到谈判桌前。

第二个催化剂是旅行更加便利，政府和非政府机构为促进建立非政府组织进行了更大的投资。这就产生了更复杂、网络更紧密的组织，这些组织能够更好地影响全球议程。[38]

第三个催化剂，非政府组织的领导者是那些可能活跃在政治活动中的具有强烈偏好和激情的人（选民、组织者、贡献者、大众或精英意见的塑造者）。因此，非政府组织是政治领导人与民间组织之间长期合作的最新体现。这种关系是政治洞察力的来源，也是在相互同情的盟友之间发展起来的联盟，特别是在政府协调和执行某些国际任务方面基本缺席的领域，如对政府债务的信用评级等敏感的任务，以及互联网域名系统等必要的技术基础设施。因此，许多观察人士得出结论，政府正在衰落，而公民社会的影响力正在上升；[39]另外一些人则持一种不可知论的观点，认为两者都可能繁荣发展。[40]

我们的观点是，尽管**多利益相关方组织**及其关联方的重要性与日俱增，但政府仍掌握着控制权。在人权保护这样的领域，经常被用来证明非政府组织的力量及其"软实力"（例如，在规范制定方面的影响力）不断增长。当政府支持更强有力的政府间协议时，最有效的政策就会产生。[41]

此外，政府对**多利益相关方组织**治理结构的接受，与政府在某些情况下将权威授权给专家组织的历史是一致的。例如，标准制定组织是 19 世纪以来世界经济"合理化"的重要组成部分，而显示**多利益相关方组织**权威的许多重要实例可以追溯到那个时代。[42] 然而，在 1945 年之前，主权国家的首要地位是毋庸置疑的。今天，国家仍然是最强大的行动者，尽管政府和非政府组织之间出现了新的重大分工并蓬勃发展。现在的目标是在**信息与生产颠覆**治理响应的背景下探索授权。

最后，虽然本书特别关注贸易倡议和**多利益相关方组织**在经济治理方面的重要性，但在全数字环境中使用其他方法也至关重要。例如，欧洲理事会于 2001 年通过的《网络犯罪公约》，则代表了第一次全球性应对网络威胁的尝试。

我们也认识到，让**多利益相关方组织**发挥更大的作用将会引起争议。正如下一章所述，当**多利益相关方组织**牢牢地嵌入对政府负责的更大框架中时，它们的表现会更好。但是，围绕互联网治理的斗争（下面将简要讨论）表明，学者们创建的治理蓝图经常会遇到问题，因为现实世界中的决策顺序是混乱的。例如，重申支持搜索治理方面的互联网地址分配机构（IANA）与数字地址分配机构（ICANN）引发了一个扩展外交和公民社会风暴，因为美国政府需要找到一条道路，允许它放弃对核心法律机构的国家控制，将其移交给**多利益相关方组织**，即使一些国家希望利用这一点维护政府间控制。

这场互联网治理大戏象征性地在日内瓦（2003 年）和突尼斯（2005年）举行的信息社会世界峰会上展开，其中包括怀疑美国政府动机的公民社会团体、希望政府更多控制的国家，以及那些寻求保持互联网名称与数字地址分配机构（ICANN）现状的国家。2011 年，在伦敦召开的全球网络空间会议（Global Conference on Cyberspace）上，事态进一步升级。国际电信联盟在迪拜（2012 年）的全权代表大会上发起了激烈的控制权争夺战，但 2014 年在韩国釜山（Busan）"休战"。正如 Adam Segal 所指出的，在巴西召开的NETmundial会议标志着一个转折点，美国政府计划放弃对IANA（ICANN的关键权力）的法律控制，这安抚了巴西等国，让它们相信**多利益相关方组织**治理不会成为美国控制的面纱。[43]到2017年，这一变革已经顺利实施。但互联网治理的其他问题仍然存在，如三位精明的分析人士所言，这是关于如何实现"人类团结和经济进步中的共享、中立和全球资源"。[44]本章论述了与经济发展有关的一系列问题。

4.2.5　治理挑战的性质

2015年7月，当美国和中国似乎就如何更新世贸组织的《国际技术协议》（International Technology Agreement）达成和解时，资深贸易政策专家松了一口气，这是一项涵盖比汽车和汽车零部件贸易更大的贸易市场的关税削减协议。[45]

这一努力消除了修改关税表的最大外交障碍，这些关税表涵盖了自20世纪90年代末最初协议达成以来出现的许多新的电子产品，如GPS设备。这也是10多年来与世界贸易组织相关的贸易谈判中仅有的两项重大突破之一。然而，对于所有承诺的经济利益来说，该协议是一个关于降低关税的老式协议——贸易协议的传统内容。这样的协议易于衡量和监测，并对可能的收益和成本作出合理可靠的估计。毕竟，关税针对的是进口商，假设其他市场壁垒不能抵消关税减免对出口商的价值，关税不会造成新的经济问题。[46]

美国和其他工业国家的许多贸易政策辩论都是基于快速增长的经济体所设置的非关税壁垒展开的，这些壁垒使得贸易协定对富裕国家不利。在20世纪80年代与日本的谈判中，在21世纪头10年与中国的谈判中，在与韩国和其他国家的众多较小争端中，非关税壁垒成为一个迫切需要解决的问题。[47]

无论人们如何估计贸易的净收益，在贸易政策界都形成了一种共识，即贸易政策的新前沿正在解决边境壁垒背后的问题。非关税壁垒的例子包括：

- 操纵技术标准以保护本地供应商；

- 不利于外国公司的知识产权保护政策；

- 外国投资限制旨在迫使技术转让给当地公司；

- 操纵监管政策以偏袒本地公司；

- 卫生和安全标准的应用不平等，以利于当地提供者；

- 利用国有企业作为歧视外国供应商的手段。

这一议程在20世纪80年代得到了加强，因为人们迟来的认识是，服务经济已成为全球经济的核心，商品在国内生产总值和就业中所占的份额次于服务。许多服务供应商，如干洗店和美发店，基本上都是本国的。然而，越来越多的服务可以由跨越国界远程服务供应商（例如，伦敦的一家银行向一家在智利的公司发放贷款）或在当地市场运营的外国服务供应商（全球会计师事务所与当地办事处支持的在世界其他地区的办事处）跨国界提供。1995年乌拉圭回合谈判达成的《服务贸易总协定》（General Agreement on Trade in Services，GATS）首次将贸易规则应用于服务经济。[48]

《服务贸易总协定》使与管制协调有关的问题对贸易规则的运作更为重要，因为跨境服务的大多数壁垒都是监管限制。这立即增加了世界贸易组织对这些规则的关注，这些规则的效果更难以量化、更难以观察、更难以计算可预测的成本和收益。这些问题具有挑战性，与关税相比，它们决策、计算起来更加困难。

如第一部分所示，嵌入**信息和通信技术**功能的商品和服务的增加混杂是**信息与生产颠覆**的核心特征。服务中日益增长的信息通信技术组成部分也在推动服务贸易的增长。虽然服务贸易比货物贸易更难衡量，但可以测得，服务贸易额约占美国贸易额的1/4。[49]

全球化的服务行业为治理策略提出了战略问题。截至2017年，美国和包括欧盟在内的23个WTO成员方仍在继续谈判一项新的服务贸易协定，如果圆满达成，该协定将覆盖全球服务贸易的70%左右。[50]该协定是否能够成功前景尚不明朗，但经济合作与发展组织国家仍占据着全球市场的最大份额，尽管中国和印度目前是最大的增长型市场。如第9章所述，这样一项协定的条款可以加强**信息与生产颠覆**的一些重要指导原则。

然而，重要的是要明白，我们刚刚开始理解**信息与生产颠覆**对市场运作方式的影响，以及涉及跨境治理问题的后果。为了说明这一点，我们只考虑**信息与生产颠覆**的三个后果。首先，它将使服务和商品的混合在更多的市场中变得更加重要。如今，仅靠关税壁垒还不足以在全球化的市场上处理更多关于商品贸易的问题。因此，边境壁垒的重要性正在上升。其次，人们越来越不愿意让贸易纪律成为与这些壁垒相关的许多政策（如隐私和数字安全政策）的主要仲裁方式。贸易规则可以提供便利和支持，但要建立一个富有成效的治理机制，需要互补的治理结构。最后，**信息与生产颠覆**将经常扰乱商业模式。利用全球收集的信息进行的大数据分析正在改变创新的模式。生产中断后将重新组织全球供应链——包括我们供应的方式（想象一下3D打印机网络）和供应来源。问题是，国家政策会接受还是限制这种创新元素？鉴于**信息与生产颠覆**进一步削弱了进入市场的壁垒，这个问题对于梦想着业务在全球快速增长的中小企业来说可能尤其重要。[51]

简而言之，**信息与生产颠覆**将继续使治理更加混乱。正如我们稍后将更详细地讨论的那样，旨在建立跨太平洋伙伴关系和跨大西洋协定的谈判，以及《贸易与投资伙伴关系协定》都表明谈判可能有多么困难，以及迫切需要采取新方法。没有简单的解决办法。袖手旁观只会让问题更有可能发生，甚至更危险。政府决策者、私人公司、工会和其他非政府组织需要有决心和创造力来协商并作出重要和急需的权威决定。我们有理由抱有希望。下一章提出了构建这一框架的策略。

注释:

1. 战略不当行为可能导致违背承诺或未能为集体目标作出足够贡献以实现其目标。

2. Bruce Schneier pro- vides a broad overview in Data and Goliath: The Hidden Battles to Capture Your Data and Control Your World (New York: Norton, 2015).

3. See especially David Held, Anthony McGrew, David Goldblatt, and Jonathan Perraton, Global Transformations: Politics, Economics and Culture (Palo Alto, CA: Stanford University Press, 1999), and M. Ayhan Kose and Eswar Prasad, Emerging Markets: Resilience and Growth amid Global Turmoil (Washington, D. C.: Brookings Institution, 2010). Economic integration through trade agreements boosted the prosperity of even large economies that are less dependent on trade. Scott C. Bradford, Paul L. E. Grieco, and Gary Clyde Hufbauer, "The Payoff to America from Global Integration," in C. Fred Bergsten, United States in the World Economy: Foreign Economic Policy in the Next Decade (Washington, D.C.: Peterson Institute for International Economics, 2005), pp. 65-109, . They estimated that the elimination of all remaining trade barriers would add another 4% to 5% to the U.S. GDP, a big win if it is achievable. A thoughtful critique is Dani Rodrik, The Globalization Paradox: Democracy and the Future of the World Economy (New York: Norton, 2012).

4. 世界贸易的数据是用所有国家的净进口(或出口)之和来计算的。世界银行,"贸易(占 GDP 的百分比)1960—2015",世界银行国民核算数据,以及经济合作与发展组织(OECD)国民核算数据文件。http://data. worldbank. org/indicator/NE. TRD. GNtfS.ZS.

5. 2015 年美国最大的五个贸易伙伴是欧盟、加拿大、中国、墨西哥和日本。2015 年,美国最大的七个商品出口市场是加拿大、墨西哥、中国、日本、英国、德国和韩国。对美国出口最多的七个国家(按商品价值计算)同样是这七个国家,其中,中国位居第一。"Top U. S. Trade Partners," World Bank, "Trade (% of GDP) 1960-2015," http://data. worldbank. org/indicator/NE. TRD. GNFS. ZS; http://www. trade. gov/mas/ian/build/groups/public/@tg_ian/documents/webcontent/tg_ian_003364. pdf.

6. "Top U. S. Trade Partners," World Bank, "Trade（% of GDP）1960-2015," http://data. worldbank. org/indicator/NE. TRD. GNFS. ZS；http://www. trade. gov/ mas/ian/build/groups/public/@tg_ ian/documents/webcontent/tg_ian_003364.pdf.

7. Manufacturing Institute, The Facts about Modern Manufacturing, 8th ed. （2009）, http:// www. themanufacturinginstitute. org/~/media/D45D1F9EE65C45 B7BD17A8DB15AC00EC/ 2009_Facts_About_Modern_Manufacturing.pdf.

8. 自20世纪90年代以来,其成员扩大到亚洲、拉丁美洲和东欧的更大范围。

9. 1950年,这一比例为27.3%。"Share of World GDP through History,"https:// in-fogr.am/Share-of- World -GDP through - History.

10. 参与《跨太平洋伙伴关系协定》(TPP)谈判的有美国、澳大利亚、文莱、加拿大、智利、日本、马来西亚、墨西哥、新西兰、秘鲁、新加坡和越南。印度和印度尼西亚没有参加谈判,但如果美国没有退出,它们可能会寻求加入《跨太平洋伙伴关系协定》(TPP)。

11. Economy Watch, "GDP Share of World Total," June 30, 2016, http://www. economywatch. com/economic-statistics/economic-indicators/GDP_Share_of_ World_Total_PPP/.

12. The twenty original members of the OECD （including Turkey） formed this "club of rich countries" in 1961. Since then, an additional fifteen countries be-came members. Australia, Finland, Israel, Japan, New Zealand, and seven Eastern European countries joined over the years. Three other countries, as they developed, also joined: Mexico （1994）, Korea （1996）, and Chile （2010）. OECD, "List of OECD Member Countries," http://www. oecd. org/ about/membersand- partners/list-oecd-member-countries.htm.

13. 相比之下,尽管我们的计算并不完美,但2015年全球汽车产量大约为2.25万亿美元。Based on the auto industry forum's data, http://www.oica.net/category/ economic-contributions/.

14. "Gartner Says Worldwide IT Spending on Pace to Reach $3.8 Trillion in 2014," accessed February 1, 2015, http://www.gartner.com/newsroom/id/2643919.

15. Bildt Commission. Global Commission on Internet Governance, "One Inter-net," Final Report by the Centre for International Governance and the Royal In-stitute for International Affairs, 2016, http://ourinternet. org/report#chapter--preface.

16. Zachary Davies Boren, "Active Mobile Phones Outnumber Humans for the First Time," International Business Timer, October 7, 2014, http://www.ib-times.co.uk/there-are- more-gadgets-there-are-people-world-1468947.

17. Meeker, "2015 Internet Report, " 2015, p. 5, and Statista, cited at http://nicholasvenzke.com/ modern-communication-began-with-the-telegraph/.

18. http://www.itu.int/en/ITU-D/Statistics/Pages/stat/default.aspx; http://www.itu.int/ net/pressoffice/press_releases/2015/17.aspx#.VnuVqUtdFjo.

19. Meeker, "2015 Internet Report, " 2015, p. 4.

20. Internet World Stats News, Number 110, March 26, 2017. Provided by Enrique De Argaez from http://www.internetworldstats.com/. Also, as of late July 2016, there were 1.86 billion Facebook users active monthly. Zephoria Digital Marketing, "The Top 20 Valuable Facebook Statistics—Updated March 2017," https://zephoria.com/top-15-valuable-facebook-statistics/.

21. Source: Statista 2015, http://www.statista.com/statistics/263801/global-market-share-held-by-selected-countries-in-the-ict-market/.

22. Cisco Visual Networking Index, 2014-2019, was updated in late May 2015. Its forecast and Methodology can be found at http://www.cisco.com/c/en/us/solutions/collateral/service-provider/ip-ngn-ip-next-generation-network/white_paper_c11-481360.html, accessed June 8, 2015.

23. Cisco Visual Networking Index, 2014-2019, was updated in late May 2015. Its forecast and Methodology can be found at http://www.cisco.com/c/en/us/solutions/collateral/service-provider/ip-ngn-ip-next-generation-network/white_paper_c11-481360.html, accessed June 8, 2015.

24. See Martin Fransman (ed.), Global Broadband Wars: Why the U.S. and Europe Lag while Asia Leads (Palo Alto, CA: Stanford Business Books, 2006).

25. Joe McKendrick, "IDC: Very Soon, a Third of All Software Delivered via Cloud, " August 9, 2010, ZDNet, http://www.zdnet.com/blog/service-oriented/idc-very-soon-a-third-of-all- software-delivered-via-cloud/5474.

26. Pokémon GO 于 2016 年 7 月由其开发商 Niantic Labs(2015 年 10 月从谷歌分离出来)发布。其增强现实技术使其成为全球现象。据报道,"Pokémon GO"游戏发布后的第一个月下载量就超过了 1 亿次。随着时间的推移,用户数量不断下降,但留存用户的盈利能力却很高。

27. Gartner Group, "Predicts 2014: Apps, Personal Cloud and Data Analytics Will Drive New Consumer Interactions," http://www.gartner.com/doc/2628016.

28. 一项研究表明,日本是最大的收入市场。One study suggests Japan is the largest revenue market. Tero Kuittinen, "App Market Globalization: The Big Theme of 2014," Forbes/Tech, posted February 5, 2014.

29. 2016年，全球互联网广告收入首次超过电视广告收入。Statista, the Statistics Portal. Total advertising spending, http://www.statista.com/ statistics/273288/ advertising-spending-worldwide/, and digital advertising, http://www. statista. com/statistics/237974/online-advertising-spending-worldwide and https://www.statista.com/ statistics/273288/advertising-spending-worldwide/.

30. Pwc, "Global entertainment and media outlook 2016-2020: Internet Advertising, " http:// www. pwc. com/gx/en/industries/entertainment-media/outlook/ segment-insights/internet- advertising.html.

31. Statista, the Statistics Portal, "Digital Advertising for Selected Countries Worldwide in 2015, " accessed May 16, 2016, http://www. statista. com/statistics/ 459632/digital-advertising- revenue-countries-digital-market-outlook/.

32. Brown 和 Marsden (regulation Code, 2013)对欧盟的努力进行了很好的概述和分析。

33. Jonathan Kirshner, American Power after the Financial Crisis (Ithaca, NY: Cornell University Press, 2014).

34. Kishore Mahbubani, The Great Convergence: Asia, the West, and the Logic of One World (New York: Public Affairs, 2013).

35. Dani Rodrik, The Globalization Paradox; Peter F. Cowhey, "Crafting Trade Strategy," in Kahler and Lake, Politics in New Hard Times.

36. Peter Gourevitch, David Lake, and Janice Gross Stein (eds.), The Credibility of Transnational NGOs: When Virtue Is Not Enough (Cambridge: Cambridge University Press, 2012).

37. The most thorough treatment of these social movements is Manuel Castells, Networks of Outrage and Hope: Social Movements in the Internet Age (New York: Polity, 2012).

38. A sophisticated analysis of the impact of organization capacity is Wendy H. Wong, Internal Affairs: How the Structure of NGOs Transforms Human Rights (Ithaca, NY: Cornell University Press, 2012).

39. Timothy Sinclair, The New Masters of Capital: American Bond Rating Agencies and the Politics of Creditworthiness (Ithaca, NY: Cornell University Press, 2008).

40. David Lake, "Rightful Rules: Authority, Order, and the Foundations of Global Governance, " International Studies Quarterly, 54, no. 3 (September 2010): 587-613.

41. Emilie M. Hafner-Burton, Forced to Be Good: Why Trade Agreements Boost Human Rights (Ithaca, NY: Cornell University Press, 2009) makes this case persuasively.

42. Craig Murphy and Joanne Yates, The International Organization for Standardization (ISO): Global Governance through Voluntary Consensus (New York: Routledge, 2008).

43. Adam Segal, The Hacked World Order: How Nations Fight, Trade, Maneuver, and Manipulate in the Digital Age (New York: Public Affairs, 2016).

44. 这些努力在越来越多的近期文献中得到考虑,包括:William J. Drake, Vinton G. Cerf, and Wolfgang Kleinwächter, "Internet Fragmentation: An Overview, " Future of the Internet Initiative White Paper (World Economic Forum, January 2016), http://www. academia. edu/20523166/Drake_William_J._Vinton_G._Cerf_and_Wolfgang_Kleinw% C3%A4chter._2016._Internet_Fragmentation_An_Overview._Geneva_The_World_ Economic_Forum_January; Laura DeNardis, The Global War for Internet Governance (New Haven, CT: Yale University Press, 2014); Milton L. Mueller, Network and States: The Global Politics of Global Internet Governance (Cambridge, MA: MIT Press, 2010); The Bildt Commission.

45. https://www.wto.org/english/news_e/news15_e/ita_23jul15_e.htm.

46. The other agreement reached in November 2014, the Trade Facilitation Agreement, was a "downpayment" on the long-stalled Doha Round designed to remove bureaucratic obstacles at borders that made trade slower and more expensive. Shawn Donovan, "Dealmaker in Charge at the WTO Faces Tough Fight," Financial Times, December 3, 2012, p. 2.

47. See, for example, Clyde Prestowitz, The Betrayal of American Prosperity: Free Market Delusions, America's Decline, and How We Must Compete in the Post-Dollar Era (New York: Simon & Schuster, 2010).

48. For an analysis of the treatment of services by trade rules before the Uruguay Round, see Ron Shelp, "Trade in Services," Foreign Policy, 65 (1986-1987): 64-84; Anupam Chander, The Electronic Silk Road (New Haven, CT: Yale University Press, 2013), Chaps. 6-8.

49. In 2014, U.S. service exports exceeded $700 billion and U.S. service imports reached almost $480 billion. America enjoyed a healthy trade surplus in services. Bureau of Economic Analysis, "International Economic Account: U.S. In-

ternational Services Tables," http://www.bea.gov/scb/ pdf/2015/10%20October/1015_international_services_tables.pdf.

50. European Commission, "In Focus: Trade in Services Agreement," http://ec.europa.eu/ trade/policy/in-focus/tisa/.

51. The broadest study of the adverse impacts of outdated rules on SMEs is United States International Trade Commission, Digital Trade in the U.S. and Global Economies, Part 2 (2014).

第5章 战略和国际治理机制

　　如果**信息与生产颠覆**（IPD）要为社会发挥最大的潜力，它就应该由一种尽可能全球化的政策制度来管理。但经典问题依然存在，即：如何组织谈判以最大限度地提高达成协议的可能性？跨越国界的协调，尤其是政府间的协调何时才能有效？第4章表明，全球力量更加分散，一些新兴的有影响力的国家对"一切照旧"的治理持严重保留态度，美国和英国等国关于全球化的某些制度遭到抵制。此外，尽管在全球谈判中有大量新的公民社会参与者，但最终的权力仍然掌握在政府手中。全球治理的政治和技术可行性越来越取决于在谈判桌上与这些参与者合作，以及在治理跨越国界的复杂进程中与它们合作。**信息与生产颠覆**增加了管理这些治理选择的压力。

　　当今充满挑战的谈判环境需要细致入微、创造性的努力来促进重大的合作和进步。社会科学理论化的一个优点是，它可以揭示潜在的讨价还价的更深层次的逻辑，并从具有可比性的不同领域的讨价还价情况中获得洞见。囚徒博弈、核威慑和防御联盟、羊群效应，以及对网络安全保障投资的选择等都是战略性选择问题。这些案例产生了大量的观察结果，阐明了决定选择的核心基础。本章第一节进行了这项审查。然后，在描述了讨价还价的性质之后，第二节提出了制定、谈判和实施可持续的、前瞻性的国际治理机制的战略。这一管理制度的设计和执行，将需要对1945年以后奠定世界经济基础的政府间安排进行重大修改。我们设想的方案是国际治理机制是用于专门解决各种问题安排的"保护伞"。如前所述，一些贸易政策工具可以简化将在未来出现的涉及国际知识发展的双边和多边协定的执行。因此，为了理论上的清晰和经济上的阐述，对贸易政策的探索有助于理解构成有效治理机制的各种安排的可能性。

5.1 战略谈判问题

信息与生产颠覆（IPD）治理的最坏情况可以从德雷斯纳（Daniel Drezner）关于全球经济治理的优秀著作中得到借鉴。[1]德雷斯纳认为最终的治理选择取决于政府。他探讨了两个变量的相互作用——主要经济大国在政策和目的上的一致程度，以及大国和弱国在政策和目标上分歧的规模和范围。有四种可能的结果：（1）在两个变量上的完全分歧使得有意义的协调不可能实现。（2）在另一个极端，如果美国和欧盟在政策上是一致的，而与新兴经济体的差异的解决是温和的，那么强烈的全球政策趋同是可能的。（3）当大国之间发生冲突，但大国与新兴国家之间意见普遍一致时，就会出现政策世界的割裂。然后设想欧盟对**信息与生产颠覆**竞争政策持一种观点，而美国持另一种观点。新兴经济体赞同这两种观点。这类似于2015年的隐私规则。（4）如果美欧政策趋同正在进行，但与新兴经济体的重大分歧仍在继续，那么美国和欧盟可能会形成一个私人俱乐部来管理它们的内部交易，而不弥合与新兴经济体的差距。德雷斯纳的方法开启了**信息与生产颠覆**治理一种延伸的可能性。我们在第6章到第8章的案例研究中突出了存在的显著差异。**数字密码基因**对市场和社会各个阶段的普遍破坏令人烦恼。不过，创新的策略更有可能带来长期的积极结果。如果各方在利益重叠的基础上设计出富有成效的妥协方案，谈判问题就可能得到克服。此外，当有说服力的论点和有说服力的数据与明智的获取条块策略相结合时，政策偏好可能会改变。各国总是按照自己的理解来提升自己的利益，而政策联盟也会随着政治和经济动机的变化而变化。许多这样的联盟政策因影响国际治理而获得很多国家的使用，以补充其国内战略。[2]一个精心构思的国际治理战略可以促进政策联盟的演变，使之更有利于合作。

第1章到第3章强调，技术机遇和竞争政策当局的推动使模块化成为加速**信息与生产颠覆**更低成本和更容易创新的主要驱动力。模块化设计的一个重要经验是，协调需要有各种灵活支持的可靠锚定原则，而不是详细的总体规划。完美的行为是无法达到的——在现代市场中有许多混乱的互动。通过类比，全球治理政策可以尽量成为信息技术中的应用程序编程接口（Application Programming Interface，API）之类的东西。复杂的电子产品中嵌入了不同的技术系统。一系列精心设计的接口可以相互连接，而不会造成严重的效率损失或产生巨大的成本。为此，应用程序编程接口为界面上的交互制定了一些"规则"，每个人都同意根据这些规则进行设计。自动适应个别技术将是不完美的，但是应用程序编程接口是透明的、可预测的，并接受利益相关者之间持续的技术协商，允许其大量（如果不是无摩擦的）集成到可接受的产品成果中。[3]

我们通过讨论以下两方面来制定治理战略大纲，一是协调挑战，二是合作挑战。

5.1.1　当战略问题是协调时的治理

国际合作有很强的"功能性"激励，特别是在解决"协调"问题方面。这种逻辑很有前景，可以帮助建立一个治理体系，但它忽略了需要解决"合作"问题的根本问题。

在协调问题中，每个人都能从共同的方法中受益，因为它提高了效率，减少了不确定性。制定全球接受和采用的技术标准或网络协调系统（如全球空中交通管制安排或通信卫星频谱分配安排）符合协调的概念。

学者们还关注了协调全球行为的大量无序安排，这些安排要么完全超出了正式政府活动的范围，要么政府主要是"后座议员"，无法推动有关协议的主要决策和执行。这些活动有许多是协调问题。这项工作往往是艰巨的，但如果做得好，在许多复杂的问题上是有可能取得成功的。[4]

许多重要的通信技术问题表现出协调挑战和谨慎乐观地期待共同收益的特点。许多人把互联网治理的核心问题，特别是域名和数字系统，看作一个协调问题。从本质上说，这就是美国政府的立场，当时它强调应该有一个**多利益相关方组织（MSOs）**参与的程序来保护互联网名称与数字地址分配机构（ICANN）免受政府操纵。同样，网络安全文献中也有许多对这种协调方式的呼吁，经常有人建议扩大国家网络应急响应小组之间的合作。这样的团队正在迅速增加。[5]此外，协调分析通常将政策问题视为"技术性"问题，因此最好由专家而不是政治家来处理。

协调问题的逻辑给许多学者留下了深刻印象，因为在对参与标准制定等复杂过程的中层官员的采访中，他们称赞了它的动态性。[6]因此，在技术动态环境中，协调讨论经常考虑如何走向帕累托最优。在经济学中，帕累托最优不存在当一个参与者的状况得到改善，而另一个参与者的福利不会受到损失的情况。如果一种情况不是帕累托最优的，那么存在一些选择，允许一个或多个参与者在不损害其他人福利的情况下提高自己的福利。[7]提高效率的一种方法是建立一个共同的技术标准。

然而，如果经济和技术利害关系很大，那么协调的逻辑可能无法捕捉到问题领域中更高级别的政府官员和热情投入的利益相关者所理解的真正的风险和回报。因此，较高决策级别的官员在风险很高时审查协调工作队。例如，在20世纪90年代中期，本书的作者之一应联邦通信委员会（Federal Communications Commission）领导层的要求，分析该委员会的工程师们制定的名为"3G的新移动技术标准"的全球协调进程报告（第三代无线技术使移动世界从仅使用语音进入宽带数据）。他们惊奇地发现，隐藏在工程讨论中的是一个关于新兴的移动技术产业的分支点的选择问题。本书作者与他的欧盟同行交换了意见，后者对这个过程进行了类似的审查。他们都想弄清楚，为什么公司不断报告说，他们担心在达成共识的过程中出了问题（例如，有传言说，关于日本企业的利益问题正在影响进程）。最终，很明显，一场关于技术发展道路的深刻分歧正在酝酿，其结果将影响到所有的市场参与者的命运。工程师们试图巧妙地处理这些问题，但由于风险太高，光靠工程师无法处理。[8]

更普遍地说，至少有四个重大的不确定因素会破坏协调努力，所有这些都可以从制定技术标准的例子中得到说明。

1. **即使人们一致认为帕累托优化是可能的，但关于帕累托最优在哪里可能会产生深刻的分歧。**大多数创新都是渐进式的，但在技术动态的领域，意外的发现可能会带来巨大的不同。有些参与者可能会将问题定义为如何实现轻微升级，而有些人则会看到实现更大改进的不同路径。在追求创新最大化的理想主义努力之后，由于某些参与者的实际利益介入，可能会在这些问题上爆发争斗。在现实世界中，创新，尤其是网络技术创新，是通过技术改进和部署速度来衡量的。一个主要参与者及其志同道合的盟友的部署速度可能会产生深远的市场影响。强大的经济激励因素可能会导致市场参与者过早地推出一种标准（试图通过率先提供解决方案来扭转市场），或者拖延他们的行动。[9]

2. **那些从帕累托改进中获益的人分享财富的信心可能是缺乏的。**重要的是，帕累托改进可能要求赢家补偿其他参与者，这样就不会使有些参与者的情况更糟。理论上，只要获得的收益大于支付给他人的报酬，赢家就有能力补偿他人。然而，在现实中，一些标准组织倾向于支持参与者的一个子类，这些参与者的偏好可以有预见地主导标准过程。核心圈子之外的人知道，他们可能永远得不到补偿。在一些明显的例子中，政府会与某个行业合作，设定一个独特的国内标准，以阻止外国企业进入。在更微妙的情况下，即使在较富裕的国家也可以发现，市场领导者可能会避免采用独特的标准，它们会选择符合其计划的标准，而不是符合更新的、较小的挑战者的计划。然后，它们提供很少的补偿性商业优惠作为附带报酬。[10]

3.即使情况看起来是最理想的，也会出现对现状不满的情况，这不是因为现状没有效率，而是不满于其所体现的权衡取舍。正如斯蒂芬·克拉斯纳（Stephen Krasner）所指出的，在帕累托最优情况下，各种取舍之间的选择不仅仅取决于效率，相对权力和其他力量也会影响偏好。[11]例如，欧洲公共当局对谷歌在隐私方面的担忧主要不是与搜索效率有关，而是与其对隐私的优先级和促进创新的方法有关。[12]类似的，欧洲公司声称在搜索和安全方面可以有替代方法，这基于它们愿意设计一种不同的价值权衡指标，这可能会提高它们的市场地位。它们认识到，这些方法可能不会带来更高的产出。

4.一个理想主义的政策制定者也可能会问，不同的权衡如何影响进一步的技术进步的速度？重要标准的选择可能会影响未来的技术载体以及短期结果。例如，大卫·萨尔诺夫曾两次推迟推出 RCA 手中可以延长其优势的重大改变游戏规则的技术。FM 收音机的推出被推迟，以延长 AM 收音机的主导地位。后来，萨尔诺夫推迟了电视的引进，直到 RCA 准备好主宰这一创新。[13]

这四个因素解释了为什么即使是具有协调可能性的典型代表——技术协调，也可能引发紧张的经济上的争论。在相关技术开发领域工作的设定小组与竞争对手公司关于性能和索赔可能性作斗争。传统的反垄断控制方法控制着这一领域的行为。因此，对支持不同标准的竞争索赔的考虑可能会使政府陷入重大争端。

最后，在协调方面，只是在纸面上提出解决问题并不等于采取协调行动。在解决了有关实施的问题之后，仍然存在各种集体行动问题，这些问题为行为者创造了不正当的激励。例如，投资于安全和隐私控制的新方法可能是无效的，除非大量的其他参与者在类似的时间框架内部署相同的方法，否则结果可能是投资搁浅、回报甚微——或者，引用一位市场参与者的话，"如果你领导，却没有人跟随，怎么办？"

即使出现问题，它们也不会破坏协调的机会。有些项目是如此常规或令人烦恼，以至于在没有某种协调措施的情况下，要达到一个可容忍的结果是极其困难的，参与者必须不顾障碍继续进行。更大的教训是，在混乱时期，协调动态在解决问题方面的成功在很大程度上取决于是否有更高层次的政策约束。为实现更高层次的政治合作，涉及协调的做法必须符合政治和政策现实。这就导致了第二个战略形势——合作问题。

5.1.2　管理合作问题时的治理

合作问题不同于协调问题，正如经典的因徒困境博弈所证明的那样，对特定玩家来说最好的结果可能对另一个玩家来说就是最坏的结果。当每个参与者都以牺牲他人为代价寻求单方面的利益时，所有参与者都可能遭受严重损失。相比之下，可行的合作策略会导致温和的次优结果。

合作问题并不棘手，但需要谨慎的合作策略。国际贸易自由化就是这样一个合作问题。经济学家和贸易谈判代表对"以邻为壑"的贸易政策会加剧大萧条已经失去了戒心。尽管如此，当其他国家实行自由化时，搭便车的诱惑是很强烈的。[14]如果一些国家是有经验的，便可以通过巧妙地在有限的时间内禁止进入自己的市场而获益，而其他国家则开放它们的市场。例如，东亚出口主导的工业化战略在其经济开始进入世界市场时经常采用这种策略。[15]罗布·阿特金森（Rob Atkinson）等知名分析师认为，这种战略很可能会很常见。[16]

为了缓和协调活动期间可能爆发的冲突，许多高阶规则和义务框架被开发出来，以稳定协调主题内的工作。通常，这些高阶安排限制了某些形式的战略行为。例如，世界贸易组织在东京回合（1973—1979 年）谈判中制定并在乌拉圭回合（1986—1994 年）中更新的 WTO 技术性贸易壁垒的贸易规则规定了政府使用国际标准的义务。[17]只要这些标准有效和适当，它们就提高了国际标准化组织（International Organization for Standradization，ISO）在全球经济中的重要性。[18]大多数区域和全球协定的贸易规则现在都承认，政府应依赖"行业主导"的标准制定过程，有广泛的相关参与方，并以共识为基础。这些协定还呼吁各国政府以这些过程产生的标准为基础制定国内规则和监管。这就限制了政府及国有企业通过强制使用有利于当地利益的特定技术来倾斜市场的做法。[19]

世界贸易组织认为，国际标准化组织在制定标准时应遵循以下原则：透明、开放、公正和共识、有效性和相关性、一致性。此外，在全球运作的国际标准化组织通常受到经济合作与发展组织中的大多数经济体竞争政策大力加强的规则的约束。

这些规则通常提倡将包含在标准中的知识产权授权给所有各方，要么是免版税，要么实行公平、合理和非歧视条款（尽管这意味着什么存在重大争议）。在网络安全方面，企业有时会受到激励，更充分地进行协调，以改善一个行业的最佳实践。如果它这样做了，它就获得了一些法律的保护。这种激励抵消了这样一种担忧，即对最佳实践的投资将给公司带来成本劣势，除非它被其他企业广泛复制。

合作问题是困扰谈判者的相关战略游戏的核心。[20]例如，在谈判贸易政策时，一些国家在世界贸易组织中作出了微不足道的自由化承诺。它们希望获得最惠国待遇，从其他国家的自由化承诺中单方面受益。另一个例子是全球气候补救计划，各方都担心对方会让自己承担不成比例的补救责任。因此，尽管合作是可能的，但并不总是明确的。合作可能比不合作要好，但为了地位优势而博弈或逃避实现集体利益所需的合作行动，会威胁到实现重大合作的可能性。

好消息是，全球社会应对这些挑战的能力已大幅提高。各国政府已经投入了大量的财政资金和人力资本，以建立使管理计划更加有效的体系。例如，许多研究表明，熟练的国际政策精英的精心培养提高了处理合作问题的能力。[21]此外，关于协调与合作动力交叉的研究表明，创造性的领导策略可以重振合作动力。[22]此外，对2008年后经济衰退后果的研究令人信服地表明，尽管许多人担心会发生大规模"叛逃"，但集体经济合作相当好地经受住了危机。尽管集体经济治理未能避免大萧条以来"最严重的衰退",但如果没有跨国合作与协调,危机可能会严重得多。[23]

从无数实验室实验和对现实案例的研究中得到的坏消息是,这些合作挑战是持续存在的。国际合作安排通常不如国内社会稳定繁荣的国家的安排有弹性。这是因为一方面中央政府执行交易的能力较弱,另一方面讨价还价、监督和交易需要成本。在无政府主义的国际体系下,在不断变化的环境中,调整的可能性更高。[24]此外,随着参与者数量的增加和对共识规则的依赖程度的增加,落后者在合作演习中更容易且更有可能用大量的华丽辞藻来修饰无效的"半步",而不是作出真诚的努力。

如果有一个忠诚的冠军俱乐部,出于自身利益,愿意承担不成比例的成本,克服最初的障碍,实现有意义的集体努力,就更容易达成合作。理想情况下,政策策略应该纳入内置的"加速器",随着时间的推移,在最共同点上促进合作。我们下文会证明,网络和声誉效应是两个重要的促进因素。在贸易协定中发现的第三个加速器是促进问题联系的方式。当各方在某一问题上对合作持强烈保留态度,但在另一问题上却可能作出让步时,联动性使得在问题之间进行权衡成为可能。精心制定的共同措施还可以解决长期具有腐蚀性的问题,如高昂的谈判成本和诚信遵守方面的紧张关系。这些措施包括交换信息的正式和非正式安排、监测行为,并寻找方法调整在履行承诺方面的不足。例如,调整机制可能包括提供集体援助以改善其执行情况的计划,特别是当它们在困难时刻提供援助或创造不同的方式来执行共同义务时。

除了战略方面的问题,**信息与生产颠覆**还提出了两组令人困惑的挑战,使合作难以改善。首先,**信息与生产颠覆**将迅速颠覆传统的市场模式、现行政策和治理机制。情况会以不可预测的方式变化。其次,随着信息技术变得越来越普遍,**信息与生产颠覆**将与更广泛的安全和自由问题发生冲突,并与之更加紧密地联系在一起。因此,必须解决偏好方面的一些重大差距。接下来,我们提出一项应对这些挑战的战略。

5.2 一种设计理念和一种国际化的创新治理机制

有没有办法在各国之间制定必要的最低限度的共同国际规则，同时促进国内政策方法的准趋同？在这里，我们定义了一个设计理念，称之为FACE，并布置了一个治理框架——适合这个理念的工作。

对一种国际治理方式的最终考验在于，这种方式是更容易解决问题、收获机遇，还是只是为了通过某种微不足道的合作来挽回外交颜面。前进道路的一种设想方法是围绕**信息与生产颠覆**（IPD）动态中产生的四个指导设计原则，嵌入所有特定的解决方案，包括谈判达成的国际协议。它们一起可以总结为FACE：

——灵活的机制：**信息与生产颠覆**以对治理具有重大影响的方式加速了技术变革。因此，治理框架的设计必须适应并随着时间的推移变得灵活。

——负责任的权力：治理仍然需要政府作出明智的妥协和负责任的决定。理想情况下，政府应制订明确、权威的解决方案，作为**多利益相关方组织**（MSOs）和公民社会促成的详细解决方案的指导方针和评估工具（如果这些指导方针提供了某种形式的可信执行机制，它们将具有权威性）。务实的政府还将认识到有多个横向协调的国际舞台。我们面临的挑战是如何让这些竞技场之间的导航更容易、更有效。如果有关的国家和区域政策选择与谈判达成的协议顺利结合，就可以实现这一结果。从纵向上看，国际协议的性质应该强调辅助性作为组织主题，就像欧盟在其内部工作中所做的那样。[25]

——互补性治理安排：政府无法单独完成成功的治理。应对**信息与生产颠覆**所需的许多治理创新将出现在市场和公民社会。如果**多利益相关方组织**运作得当，一个成功的政府将受益于不断变化的政治经济支持联盟。

因此，政府应该接受更广泛的授权，并保留最终的决策权。政府、私营企业和公民社会的行动必须相辅相成。

——实验性问题解决：对于**信息与生产颠覆**，大多数学者都认为有许多选择，但很少有明确的答案。在技术动态环境中，规则必须是灵活的，治理应该包含实验，以便迭代、执行和学习能够提供信息并改进组合。实验和互补交织在一起。在传统的政府决策中，实验是困难的，因此，用非政府机制来调节政策参数的执行是一种有吸引力的改进治理的实验方式。利用**多利益相关方组织**解决世界经济问题尤其提倡，因为**多利益相关方组织**可以灵活地解决新市场机构产生的问题。

5.2.1　构建国际治理体系

现在我们来转向治理结构。学者们提出了国际制度的概念，以表明各国如何建立一个集体解决问题的方法。[26]制度是指应对共同挑战所需的各种安排。在一个有效的制度中，各国采取下列措施：

（1）在原则上（关于如何实现政策目标的因果理论）分享相同的基本方法，这可以锚定它们各自的战略计算。[27]

（2）就共同的准则达成一致，这是集体挑战的主要驱动力。当政府规则制定者和市场参与者在预期和可接受的行为方式上达成一致时，规范就被锁定了。

（3）制定可识别的决策及解决争端的安排。

在决策和执行方面，单一的机构是不必要的，因为许多行动应该通过**多利益相关方组织**来进行权力下放。但是，正如亨利·基辛格（Henry Kissinger）对欧洲外交政策选择的公开抱怨（以及美国外交官在2010年对欧洲隐私规则的抱怨），"如果我想给欧洲打电话，我该打给谁？"最终，一些领导人或机构必须被授权作出最终选择。

我们治理的方法建立在政权的概念之上。但是，我们对**信息与生产颠覆**在21世纪政治经济中的应对方法进行了微调，将重点放在"国际治理机制"上，以突出选择性俱乐部和非政府问题解决在我们框架中的作用。

1945年后的政权建设主要以国家为中心，依靠政府间机构承担重任。主流上，我们相信政府仍然拥有终极权威。因此，我们强调由各国政府组成的核心俱乐部在启动改革方面的重要性。然而，政治上的必要性和职能上的有效性要求将公民社会进程更多地纳入治理。许多**信息与生产颠覆**治理问题将涉及快速变化的技术环境和国家"边界背后"的问题。它们还需要协调众多国内市场惯例和政府政策。此外，我们在第7章中对网络安全的讨论将说明，许多治理任务需要面对难以衡量的结果和复杂的过程，这些任务不容易产生关注最终结果的政策。考虑到这些挑战，有两套经典的应对工具。一种是把权力下放给最终对政府负责的专家。我们将很快论证，**多利益相关方组织**在这种情况下尤其有价值。[28]另一种是专注于为可观察到的努力或解决方案的投入设定目标，而不是具体的结果。[29]例如，世界贸易组织电信协议要求各方作出明显的努力，以制定反映具体的"有利于竞争"的监管原则，但它给予签约国在设计实施规则方面很大的自由。同样，为了应对气候变化，美国和中国同意作出可观察到的努力，它们认为这些努力将改善现状，但它们没有设定具有约束力的减排目标。

我们现在讨论成功的国际治理机制的积极特征。[30]

第一个积极特征是俱乐部帮助解决问题。俱乐部在有新管理问题的赛场上尤为重要，原因有二。

一个原因是，俱乐部成员必须特别努力才能加入和参与。例如，许多非正式谈判小组的成员只有受到邀请才能加入。只有那些表现出认真寻求解决方案的国家才被包括在内，即使它们对解决方案的可行性有些怀疑。社会科学研究人员已经多次证明，如果加入一个俱乐部很难，那么那些被接纳的人更有可能相信其他俱乐部成员是认真对待进步的。申请者克服入会障碍的意愿反映了他们对待他人的态度和方法，因此也反映了他们在帮助创建核心俱乐部方面的可靠性。[31]

另一个原因是，许多公司或个人针对新功能上的投资提出了这样一个问题：是否有足够多的参与者会采用这种方法来获得回报。除非所有人一起行动，否则可能根本不会有任何行动。相比之下，在俱乐部里，可能不会每个人都一起行动，但足够多的人会行动起来，这是值得的。出于这个原因，贸易协定通常包括在成员正式接受新义务之前对其遵守计划的最终审查。因此，分析人员还应该区分可行的和理想的贸易协定。许多国家没有达到贸易协定的理想要求或其他形式的看似权威的国际准则的要求。因此，政策制定者和利益相关者会关心，在准则的核心部分是否有足够的遵从性，以大致实现预期的目标。

作为一个实际问题，这些领域的门槛效应将需要认真协调有关的费用和时间问题。前期费用和延迟收益是比有显著早期收益的问题更难以动员行动的问题。由于人们对背叛的担忧，这种情况更加严重。这个刚刚成立的俱乐部可能会解体，可能会留下大量搁浅的政治和金融资本，以及在其他政策方向上失去的机会。例如，将贸易协定与强制执行结合起来，以缓解对放弃的担忧，是很有价值的。然而，为了让贸易协定被接受，谈判各方必须尽早拿出有价值的成果。

成功的国际治理机制的第二个积极特征是，它们强调合作是声誉和网络效应的"加速器"，以补充机制来降低谈判和信息成本。要想达成一个国际治理机制，就必须在其原则（因果问题解决理论）和规范（可接受的行为模式）上达成有意义的共识，并将其转化为该机制的核心规则。然而，在一个动态的世界里，完全的协议或遵守既不可行，也不是长期健康的。

政府在建立良好行为声誉的过程中享有具体的优势，比如更好的贷款利率。遵守一个强大俱乐部的准则可以产生积极的"声誉效应"，因为许多参与者在全球谈判和市场中同时使用历史行为和最新信息来判断声誉。此外，在**信息与生产颠覆**时代，"网络效应"很重要。当治理实践从更多的参与者那里获得更多的遵循时，该实践就会向每个采用者交付更多的价值。[32]正如后面所解释的，通过专家解决问题和委托给**多利益相关方组织**

可以增强这些好处。尽管每个制度都需要某种程度的权威（即重要参与者同意遵守特定规则的期望）来补充制度原则和规范，但国际治理制度更强调软规则与向**多利益相关方组织**授权相结合。

理查德·库珀和后来的许多分析家认为，不同类型的规则和国际合作计划取决于相互依存的程度。[33]我们同意这一观点。其中一个问题是关于这些规定的地域范围。第7章将说明一些问题，如网络安全需要权威的国际基准，并由主要监管机构组成的全球俱乐部仔细监测**多利益相关方组织**的活动。其他问题的影响主要是区域性的。如果区域政策补救措施不影响全球商业交易，就没有必要签订强有力的国际协议。国家政策的部分趋同通常就足够了，无须在贸易规则规定的非歧视义务之外制定国际准则。

规则有软规则和硬规则之分。软规则产生了参与者将承担某些任务的期望。例如，在WTO规则中，软规则是电信框架的核心。硬规则可以对某些行为形式施加绝对的禁止。例如，国民待遇义务禁止对外国公司和国内公司实行差别待遇。同样，关税谈判产生了一系列旨在制定具体关税时间表的硬规则。

在处理与**信息与生产颠覆**相关的政策选择（如网络安全）时，不确定性和不同的国家战略背景的问题相互交织。许多解决方案寻求建立符合质量评估规则的能力的承诺。软规则的一个例子是努力加强跨境区域网络安全，利用承诺建立具有最佳实践标准的网络应急响应团队。同样，网络安全的发展将取决于保险市场规则如何与政府制定的责任规则和**多利益相关方组织**确定的最佳实践标准相互作用。保险公司如何处理网络侵犯隐私造成的损失是非常重要的。

无论软硬规则的组合如何，都必须建立一个最低的国际基线，以促进国家政策和公民社会实践的部分趋同。随着时间的推移，参与者开始依赖相互依存的行为规范，这种基准可以获得信誉。[34]

另外，需要某种形式的争端解决和制裁机制，其范围、特点和权威程度取决于问题的性质。展望未来，混合机制可能会占据主导地位。一个极端是与各国政府共同制定自愿准则，例如管理关于实施《国际氰化物管理准则》的争议的详细调解和仲裁制度，该准则旨在展示在安全管理金矿中使用氰化物方面的良好企业做法。[35]另一个极端是WTO条约义务及其争端解决机制（包括强制制裁）。然而，WTO已经发展到依赖许多**多利益相关方组织**安排。同样，**多利益相关方组织**"商业动植物贸易记录分析组织"是遵守《濒危物种国际贸易公约》的正式监督机构，该公约禁止警察对违反者采取行动。[36]还有，中央银行执行国际支付体系的规则，就建立在自身利益基础上的监管最佳实践达成一致，以激励主要市场力量通过单边行动至少部分地实施最佳实践（第7章中回顾的各国央行的网络安全行动反映了这一逻辑）。

5.2.2 在一个更传统的体制中检验这个想法：WTO

为**信息与生产颠覆**（IPD）建立国际治理机制的许多努力将是"轻量级的"，这包括更少复杂的国际条约协议和更弱的政府间制裁安排。但全球商业的现实，仍将通过管理全球贸易的基本规则，给政策的选择留下强烈的印记。世界贸易组织的实践证明了我们设想的许多设计特征，并展示了一种政府间安排，这种安排出于必要，展现了随着世界经济发展而引入的**多利益相关方组织**系统的特征。

简要回顾一下世界贸易组织《基础电信协议》（Basic Telecommunications Agreement，BTA）即可说明问题。该协议依赖于（并不断加强）新体制下正在出现的准趋同。在新体制中，因果原则是：市场竞争是组织增强通信基础设施建设和提升服务的最佳方式。这一原则既适用于全球公司进入国内市场，也适用于全球网络。这一原则导致了一些硬规定，包括通过投资进入市场的具体权利，如允许电信网络设施提供商提供跨境通信服务。BTA还制定了被称为"有利于竞争的监管原则"的规则，这反映了各国监管机构对于市场成功所需要的政府竞争指导方针的共识。设计这些软规则是为了完成某些任务并创建适当的功能。例如，一个重要的原则是要求建立一个独立于主要电信运营商的政府机构（监管机构），使用透明的规则制定系统来管理市场。当这一原则在20世纪90年代末被采纳时，它对许多国家来说是一个重大变化，这些国家以前允许国有电信公司制定自己的规则，采用这个原则后，政府不再允许其电信运营商进行自我监管。但除此之外，政府在组织决策方面保留了相当大的灵活性。[37]

BTA的成员几乎遍布全球，[38]但该协议依赖于一个重要的国家俱乐部，主要由美国、日本、欧盟和一些当时的新兴经济体推动。领导人认识到，如果他们能够就新的全球贸易协定和新的监管制度的交集达成一致，**信息和通信技术（ICT）**将有一个更强有力的政策框架。[39]其他经济合作与发展组织国家通力合作，共同发挥了足够的市场影响力，推动全球谈判向前发展。在更大的谈判中，俱乐部成员作为一个谈判小组一起工作，他们一致认为，如果一个控制世界市场大部分份额的集团签署了协议，他们将愿意容忍"搭便车者"，即不开放他们自己的市场而获得市场准入。[40]为了达成这一结果，核心参与者的谈判代表列出了"必须拥有"的国家名单和"最好拥有"的国家名单。如果达成了一项贸易协定，他们会乐于努力使其他国家加入该协定，而事实也确实如此。就在谈判代表接近达成最终协议之际，他们还讨论了各自国家监管机构和国际发展机构可以加强合作的方式。目前的任务是整理监管问题，将电信协议转变为全球市场整合的支持性框架。至关重要的是，他们的最终选择取决于当地市场的特点。[41]

20世纪90年代的重点是成功地使政府监管机构联网，同样的逻辑在我们努力协商以**多利益相关方组织**为特色灵活实施时仍然适用。

制定正确的贸易规则存在一个先有鸡还是先有蛋的问题。一项贸易协定在政治上的可行性，取决于对持续获得有意义的市场准入机会的前瞻性评估。这就要求一个国家俱乐部采取一种趋同的方法来解决问题，理想情况下，该俱乐部应与达成一致的国际贸易体制或某种其他形式的权威性国际协议联系起来，该协议具有足够的效力，以提高信心。如果利益相关方认为贸易协定将有助于促进监管趋同，从而提高进入协定所涵盖的很大一部分世界市场的机会，它们就更有可能得出这一结论。[42]

为可信数字环境提供部分融合的国家监管制度的贸易框架会是什么样子？与20世纪90年代BTA出现时不同，与**信息与生产颠覆**相协调的重要贸易框架不太可能由一项普遍贸易协定发展而来。一种替代方案可能是类似《国际技术协定》或拟议中的世界贸易组织《服务贸易协定》的"诸边协定"。但对于许多重要的边境问题，协议可能会在以经济合作与发展组织国家核心俱乐部为基础的区域和双边安排的网络中达成。[43]这个俱乐部实际上将成为最终可能在世界贸易组织中出现的国际贸易体制的核心。在单独的贸易协议无法建立共同的最低框架的情况下，还可以用并行协议来解决隐私和信息安全等关键的**信息与生产颠覆**问题。无论在原始语言还是在执行战略上，这些贸易协定都应该对这种并行的努力"友好"。

鉴于**信息与生产颠覆**治理挑战的性质和不断变化的谈判格局，未来成功的谈判将要求**多利益相关方组织**发挥更大的作用。关税和配额不同于贸易法典中处理的与非关税壁垒和服务相关的监管和政策壁垒。这在一定程度上是因为，成功减少可衡量的障碍和减少性质及程度不确定、难以衡量的障碍是不同的挑战。知识产权对贸易的影响是，信息和服务的混合正在增长，甚至在传统商品方面。因此，在贸易谈判及其收入中，可衡量的得失更难判断。当**信息与生产颠覆**提出的隐私、网络安全和其他非贸易政策问题被添加到这种混合中时，模糊性就会增加。在不稳定的、快速变化的技术环境中，任务与变化的过程、激励和努力一样多，因为它们是关于确定的具体结果的，这是新的常态。展望未来，即使对于WTO这样的传统协议，**多利益相关方组织**也将变得更加重要。

5.2.3　多利益相关方组织（MSOs）在国际治理体系中的作用

撇开贸易的特殊情况不谈，允许国际知识产权管理制度的"黏合剂"将一套适当的权威规则和具有灵活专业知识的专家**多利益相关方组织**结合起来。在互联网治理的背景下，比尔特委员会（Bildt Commission）将**多利益相关方组织**定义为一种"受影响的利益相关者希望参与决策，但没有任何单一利益方能够单方面获得控制权的模型"。[44]第三部分将说明，符合资格的**多利益相关方组织**成员的范围将视其任务而定。一种观点认为，假定的识别准则应该是**多利益相关方组织**的成员是内行的和自组织的，就像创建互联网工程任务组（Internet Engineering Task Force，IETF）的自下向上过程一样。一般来说，这一准则将有助于防止政府以自上而下的方式安排**多利益相关方组织**。无论具体的成员准则是什么，本章之前讨论的关于WTO一套重要的**多利益相关方组织**（技术标准组织）的结构和过程准则都提供了有益的先例。

要理解企业社会责任的全部意义，以及从企业社会责任在许多组织环境的成功经验中可以吸取的教训，就必须认识到，重视企业社会责任与在委托-代理授权方面的开创性工作是一致的。这些关系在不同的环境中发挥作用，包括商业和政府、[45]最优契约理论、[46]全球治理中的关系权威结构（基于有限的层级，证明互利），[47]以及对有影响力的非政府组织在全球治理中的作用的调查。[48]

如前所述，当面对难以测量结果和评估复杂的任务时，经典的方法是依靠半自主的代理负责问题的解决。**多利益相关方组织**在这里提供特别的价值。[49]**多利益相关方组织**相关人员强调，他们的成功取决于向利益相关者提出足够的价值主张，说服他们接受对自己选择的限制。

两个关键的观点有助于我们理解。第一个关键观点是，**多利益相关方组织**交换它们的专业知识和精力（超出某些假设的"规范"的特殊努力），作为回报，获得利益相关者的默许或明确的同意，以带头解决问题。它们的专业知识应该合理地与支撑该政权的因果理论联系在一起。因此，**多利益相关方组织**必须建立其专业知识和对某些商定目标的承诺，而不仅仅是作为代表以及对个人利益进行讨价还价。**多利益相关方组织**的专业知识可以提高其声誉并增强其网络优势。这些机构提高了公共和私人治理机构成员的声誉，例如，在它们帮助成员设计的解决方案中加入专家意见，并可能承担关于合规性的验证任务。它们通过快速行动、全球标准、开放先发优势的可能性等来增强网络效应。**多利益相关方组织**还有助于在高价值的全球专家网络中创建一个政府官员网络，这是官员的一种利益来源。**多利益相关方组织**安排还可以减少在收集可靠信息、讨价还价和将必要的专门知识应用于决策等方面的交易成本。[50]

第二个关键观点是，授权必须以一种有意义的方式对他人负责。这意味着它的工作是透明的，如果出现了失误，它就会受到外部的批评和制裁。[51]例如，开发互联网标准的互联网工程任务组是由以个人专家身份工作的个人组成的，他们在互联网架构委员会高级专家制定的指导方针和一般目标范围内工作。[52]该任务组是新标准的主要驱动力，但其工作必须得到董事会的最终批准，以确保该小组与董事会互联网专家的观点保持同步。该组织的工作是透明的，因此其最终决定不会以"要么接受要么放弃"的建议形式呈现。决策过程不完全独立于最大利益相关者的眼前利益。[53]如果**多利益相关方组织**获得了其他参与者的信任，它们将如何适应全面的治理？[54]互联网工程任务组和互联网名称与数字地址分配机构（ICANN）的历史说明了**信息与生产颠覆**治理中几乎肯定会出现的一种情况。最初，一些**多利益相关方组织**在一个相当模糊的技术领域工作，在政府和公民社会的利益相关方的协调逻辑下得到广泛支持。[55]它们以后可能成为政治上和经济上比较敏感的任务的中心。当互联网成为全球网络的主要方式时，互联网工程任务组和互联网名称与数字地址分配机构就产生了这种情况。如今，政府面对的是成熟的机构。取代它们是有代价的，而且可能无法完全适应目前的合作动态。考伊和穆勒将这种情况称为"隐性委托"，因为政府必须决定是否接受现有的安排，并更密切地监督它，就像它们在互联网工程任务组的运作和一些国家的参与中所做的那样。或者，它们可以尝试在保留代理的主要特性的同时，发挥它们的独立性来强制修改代理。这就是美国政府对待互联网名称与数字地址分配机构工作方式的演变过程。最后，正如在国内和国际管理中经常发生的那样，政府可以用一个不同的代理机构来取代或补充代理机构，如一些国家对互联网名称与数字地址分配机构的一些提议。[56]虽然强有力的**多利益相关方组织**行使一些自主权和权威，但它们始终处于政府容忍的框架内。再深入挖掘，就会清楚地发现**多利益相关方组织**经常依赖政府的"支持"。[57]

与许**多利益相关方组织**方法的倡导者不同，我们认为，由于互联网的动态性，在数字领域，成功的**多利益相关方组织**将在一个框架中运行政府的主要协调管理行动。当**多利益相关方组织**的作用和政府权威相互依赖时，可信度就会增加。**多利益相关方组织**在执行过程中的独立作用增加了政府努力的可信度，甚至可能在制定涉及贸易协定以外的法律文书时决定制裁措施。但是，为了在其权威上得到信任并在政治上可持续发展，**多利益相关方组织**必须对政府当局负责。[58]

但是如果没有有效的政府问责会发生什么呢？[59]普拉卡什和波托斯基研究了在国际标准化组织（一个非政府组织，由成员的私营部门代表团组成）标准下工作的公司的成本效益比，以了解管理空气和水污染的最佳实践。[60]关于这些规范如何推动容量投资的两个重要问题。首先，他们证实了大卫·沃格尔的发现，几乎没有证据表明存在逐底竞争。[61]许多公司在全球范围内对公司行为进行标准化，以尽到其在标准较高的国家的相关保护义务。它们还因为在保护标准较低的国家采用标准的企业实践而获得信誉。因此，它们不会在法律保护薄弱的国家竞相垫底，也不会特别有动力在一个保护标准很低的国家做生意。然而，公司也不可能竞相达到最高水平的保护。在有更强的强制性保护措施的发展中国家，很少有公司超越当地法律规定的范围，因为额外付出的代价比预期的收益更大。其次，在地方监管薄弱的地方，企业选择根据公众关注程度集中精力纠正问题（在这种情况下，优先考虑空气污染防范措施）。

正如普拉卡什和波托斯基所指出的那样，企业的行为类似于领导者将精力集中在赢得最多好感的项目上，即使出于技术官僚的考虑，他们也可能会要求更平衡的投资组合。值得警惕的是，**多利益相关方组织**在放任自流的情况下，会选择改善现状的政策。随着时间的推移，它们的政策选择也可能比烦琐的政府规则制定更有效，更具有适应性。但是，它们的政策选择在社会上可能不是最优的，而且像政治进程一样，它们包括复杂的变量，这些变量影响着认证制度，比如，是一种认证制度占主导地位，还是许多制度是互补的或竞争的。[62]因此，公共问责制仍然需要作为一种保障。对**多利益相关方组织**最重要的检查是谨慎地断言公共权力，以指定政策的预期交付结果。这可以通过正式决定来完成，也可以通过在**多利益相关方组织**没有进一步行动的情况下明确作出决定来完成。

　　许多非政府组织认为私营部门**多利益相关方组织**发挥实质性作用是可疑的。它们担心被企业和政府领导人出卖。它们的不信任在围绕奥巴马政府提出的《跨太平洋伙伴关系协定》（TPP）是否有好处的辩论中表现得很明显。然而，如果没有私营部门的专业知识和合作，很难想象**信息与生产颠覆**问题如何能够得到及时、灵活的解决，因为全球各地的市场参与者通常会组织生产资源。然而，许多**多利益相关方组织**只有在纳入更大规模的公民社会中时才能正常运作。此外，把政策完全交给民间组织来决定，是放弃民主问责制的一种做法，并可能导致僵局。**多利益相关方组织**必须适当地对政府监督负责。[63]

　　多利益相关方组织偶尔会引起争议，但它为创造性、灵活性地解决问题提供了途径。此外，随着各方制定实施实践，民间组织可能会建立政治经济联盟，开始影响政策偏好，从而随着时间的推移加速协调动态。简而言之，理想的做法是让政府负起责任，同时努力改变与政府政策有关的执行和学习周期。将更多的责任委托给利益相关者可以减少正式规则的数量和所需的规则制定量。过去和现在的监管机构都认识到，无论规则制定的改革有多频繁、多明智，它都是烦琐的。向来自全球的合格专家开放授权，可鼓励利益相关方成为更趋融合的倡导者，并促进国家政策之间更大的互操作性。正如前文提到的应用程序编程接口

（API）经验所表明的那样，完美的融合是一个不可能实现的梦想，一个国际通用规则与完善的实施和学习机制的结合可以允许足够的"准融合"，从而使治理变得有效。

5.2.4　综合性结论

鉴于FACE的设计理念，我们认为，适当的权威规则组合将允许国家政策的多样性，但仍将创造足够的共同最低基线，以使全球系统更顺利地运行。一个赋予**多利益相关方组织**发挥更大作用的实施系统可以允许进行灵活的试验，从而改善**信息与生产颠覆**的治理，并减少对国际协议中详细硬规则的要求。随着实践经验的积累，这种方法可以提升参与者偏好的一致性。[64]同时，影响政策的政治经济联盟可以随着实际情况的变化而重新计算它们的利益，这种方法——"部分趋同"——可能始于一个有影响力的、坚定的行为体俱乐部，但可能演变成一个占主导地位的全球政策组合。综上所述，这提供了另一条前进的道路。

最权威的规则将至少建立在以下六个特征之上：

（1）**通过一个俱乐部实现门槛效应**：广泛的核心"成员"为该政权提供了重要的市场和政治影响力。即使在俱乐部内部，也必须有一个推动俱乐部前进的核心。最终，非会员可能会被说服，俱乐部的会员资格是成为全球参与者所必需的。[65]

（2）**基于共同原则和规范的权威规则"保护伞"，其范围因市场整合的性质而异**：共同原则和规范允许对诚信行为进行自我指导和监督。在可能的情况下，这些原则和规范应该在全球范围内普及，以建立一个框架，在其中嵌入各种解决问题的方法。[66]例如，对于许多问题，一组权威的全局规则是不必要的。国家政策的部分趋同往往就足够了，无须制定任何具体的国际准则。同样，专门的、经常重叠的工作组可能是解决某些问题的最有效途径。然而，在可能的范围内，它们必须在共同原则和规范范围内运作，并具有一定的效力。

（3）准趋同，强调在一个共同的政策制度中灵活地混合硬、软规则和政策：**信息与生产颠覆**在市场和社会进程的运作方式以及行为者如何理解其利益和权益方面产生了破坏和意外。在网络安全和隐私方面尤其如此，在这两个领域，做到最好是不可能的，实现"好"的方式可能会迅速改变。此外，在一个行业（如金融），"正确"的答案可能对社交网络、全球制造网络或其他行业来说是错误的选择。

（4）专家、碎片化的实施促进了问题联系的规则的建立：**WTO允许在谈判中建立规则联系**。联系使富有成效的、复杂的谈判更容易进行，并允许对实现作出更分散的贡献。例如，WTO欢迎专家和**多利益相关方组织**团体的意见。这些投入使得国际标准化组织制定的有关食品安全和技术标准的食品法典等贸易义务更加切实可行，最佳的方法和流程因市场而异。[67]为了建立这一制度，必须在国家、跨国俱乐部采用不同形式的专家工作组。如第2章所述，**信息与生产颠覆**将引入相当于"入侵"许多生物医学设备的"非标签"应用，这将增加许多国家要求更及时进行医疗安全认证的压力。

"碎片化"也可能有利于**多利益相关方组织**任务的狭隘定义。任务和授权的专业化强化了制定全球标准的前景。这种逻辑在互联网名称与数字地址分配机构的改革中得到了说明，这一改革尤其困难，因为它将两个独立的治理问题合并到一个结构中。管理根部核心业务可靠性的技术任务被交给了IANA。[68]IANA还承担了制定政策的任务，以确定应采用哪些类型的名称和数字规则（如哪些顶级域名）。IANA还处理了产权和转让标准等相关问题。如果将这些任务分开，将来将更容易授权，因为每一项任务都面临不同的管理和主题方面的挑战。分离还将使每项任务更容易改革，因为那些担心政策制定的人不会担心根本管理层的技术效率下降问题。

（5）**透明度**：在当代全球社会中，提高透明度可以建立合法性和信任。[69]战略行为分析人士认为，如果决策制定和合规方面的信息都能获得，解决方案就会更可信。在这种情况下，义务可能是"自我执行的"，参与者将遵守该机制，这在一定程度上是为了表明他们可以被信任会遵守自己的承诺。在动态环境中，学习是必不可少的，透明度提高了学习效率。举例来说，网络安全隐患和隐私泄露严重阻碍了集体行动，因为这降低了保护不足的成本，并减少了对新出现风险的了解。然而，透明不等于完全披露。这意味着有定期的方法来监控决策制定，例如，通过及时输入和要求报告遵守情况。

（6）政府和民间组织的公共问责：专家决策团体和多利益相关者实体不能只向自己报告。随着国际流动数量的增加，一个更加密集的网络环境出现在专家、倡导者和政府之间的商业、通信互动中。[70]一些网络安排是高度不对称的，由一个或多个节点主导，剩下的许多交互几乎没有显示出正式的结构。回想一下，国家社会中活动密度的上升导致了更精细的组织规则和结构。同样，当资金流动更加对称时，应在各**多利益相关方组织**之间建立越来越多的问责机制，以起到制衡作用。[71]如果使用得当，这些机制将加强透明度和问责制，从而建立对**多利益相关方组织**的信心。当政治争议出现时，无论是目的（哪些价值观具有优先性）还是手段（哪种策略更可信），都需要某种形式的最终公共问责制。问责制在政治上是必要的，它保证了专家组是为社会最大利益而工作的可靠代理。不管喜欢与否（许多网络自由主义者并不喜欢），世界仍然是围绕着对公共秩序、公民自由和市场拥有最终责任和权威的国家组织起来的（还有一个普遍存在的问题，即那些不愿意付出足够努力来完全坚持需要共同实现级别的**多利益相关方组织**解决方案的人可能会逃离。但当问题变得普遍时，国家监管当局可以加强**多利益相关方组织**的有效性）。

总而言之，我们的方法承认，当前的政治经济格局比第二次世界大战后经典国际机构出现时的环境更加支离破碎。我们从这样一个前提开始：世界技术和经济体系的进程变化得更快，正在拉扯我们的许多传统治理框架。因此，我们提倡一种强调政府权力结构的方法，这种结构包括去中心化和灵活的问题解决方案，同时保持集体公共问责的原则和规范。虽然我们依赖多边贸易协定作为分析的起点，但其他方法也可以奏效，包括建立一个双边监管和贸易协定网络，并作出平行承诺。我们的方法并不能解决**信息与生产颠覆**的所有问题，但它在这个创新时代促进了解决问题的方法的改进。第9章列出了基于这种治理设计方法的具体建议。

注释：

1. Daniel Drezner, The Global Governance of the Internet: Bringing the State Back In," Political Science Quarterly, 119, no. 3 (fall 2004): 477–498.

2. Karen Alter, The New Terrain of International Law: Courts, Politics, Rights (Princeton, NJ: Princeton University Press, 2014). Miles Kahler, "Economic Crisis and Global Governance: The Stability of a Globalized World," in Kahler and Lake, Politics in the New Hard Times, pp. 27–51.

3. 多年来,API一直是反垄断斗争的主题。一个参与者可能占据市场主导地位,从而有可能通过操纵连接其技术的应用程序编程接口(API)来限制初期的竞争挑战。对于重要应用程序编程接口的控制,知识产权之争也会浮出水面。See Richard Walters, "Android Legal Fight Is a Landmark Moment for Software Economy," Financial Times, May 20, 2016, p. 14. 与模块化一样,策略可以,而且是限制这种风险的很重要方法。通过类比,我们假定合法的"政策API"在一定程度上限制了主导大国的行为。大卫·A.莱克在《合法的规则》一书中指出,国际政治中大多数成功的等级关系都是如此。 Peter F. Cowhey, "Domestic Institutions and the Credibility of International Commitments: The Cases of Japan and the United States," International Organization, 47, no. 2 (Spring 1993): 299–326, argued that U.S. dominance after 1945 was more acceptable to its allies because domestic political checks on its foreign policy were reasonably transparent and predictable.

4. 刻画协调问题特征的学者假设了不同程度的和谐。Daniel W. Drezner, "Globalization, Harmonization, and Competition: The Different Pathways to Policy Convergence," Journal of European Public Policy, 12, no. 5 (October 2004): 841–859, is more cautious.

5. Chris Vallance, "Cyber Emergency Response Team Launched by UK," BBC News Technology, March 31, 2014, http://www.bbc.com/news/technology-26818747.

6. 大多数学者接触参与最终政治交易的高级官员的机会有限。Andrew L. Russell, Open Standards and the Digital Age—History, Ideology and Networks (Cambridge: Cambridge University Press, 2014).

7. This basic concept was introduced by the Italian economist/sociologist Vilfredo Pareto in his 1906 Manual of Political Economy.

8. For the details of what became a serious transatlantic dispute, see Cowhey and Aronson, Transforming Global Information, 2009, Chap. 8.

9. Timothy F. Bresnahan and Pai-Ling Yin, "Standard Setting in Markets: The Browser War," in Shane Greenstein and Victor Stango (eds.), Standards and Public Policy (Cambridge: Cambridge University Press, 2012), pp. 18-59.

10. For a past case involving Europe, see Neil Gandal, David Salant, and Leonard Waverman, "Standards in Wireless Telephone Networks," Telecommunications Policy, 27, nos. 5-6 (June-July 2003): 325-332.

11. Rewards may follow from getting one's way on where to sit on the frontier. For example, a national regulatory system may more closely align to the selected alternative than those of other countries. Stephen D. Krasner, "Global Communication and National Power: Life on the Pareto Frontier," World Politics, 43, no. 3 (April 1991): 336-366.

12. See "Should Digital Monopolies Be Broken Up?," The Economist, November 29, 2014, p. 11, http://www.economist.com/news/leaders/21635000-european-moves-against-google-are-about-protecting-companies-not-consumers-should-digital.

13. Tim Wu, The Master Switch: The Rise and Fall of Information Empires (New York: Knopf, 2010), pp. 125-128, 138-139, and 151-153.

14. Charles P. Kindleberger, The World in Depression, 1929-1939 (Berkeley: University of California Press, 1973, 2013).

15. Paul Krugman (ed.), Strategic Trade Policy and the New International Economics (Cambridge, MA: MIT Press, 1986).

16. Robert D. Atkinson and Paul Hofheinz, Project Syndicate, February 23, 2015, https://www.project-syndicate.org/commentary/china-digital-agenda-by-robert-d--atkinson-and-paul-hofheinz-2015-02? barrier=true.

17. Knut Blind and Axel Mangelsdorf，"The Trade Impact of ISO 9000 Certifications and International Cooperation in Accreditation，" 2012，http：//www. law. north-western. edu/research-faculty/searlecenter/events/innovation/documents/Blind_Mangelsdorf_SEARLE_Final.pdf.

18. Tim Büthe and Walter Mattli, The New Global Rules：The Privatization of Regulation in the World Economy (Princeton, NJ：Princeton University Press, 2011)，emphasize this point.

19. 试图仅根据私人行为者的协调问题来优化政策的逻辑可能会忽视国际竞争所造成的战略困境。

20. See Duncan Snidal，"Coordination versus Prisoners' Dilemma：Implications for International Cooperation and Regimes，" American Political Science Review，79, no. 4 (December 1985)：923-942.

21. Emilie M. Hafner-Burton, Brad L. LeVeck, David G. Victor, and James H. Fowler，"Decision Maker Preferences for International Legal Cooperation，" International Organization, 68, no. 4 (Fall 2014)：845-876.

22. Randall Calvert，"Leadership and Its Basis in Problems of Social Coordination，" International Political Science Review, 13, no. 1 (January 1992)：7-24.

23. Stephan Haggard，"Politics in Hard Times Revisited：The 2008-9 Financial Crisis in Emerging Markets，" in Kahler and Lake, Politics in New Hard Times.

24. Randall W. Stone，"Institutions, Power, and Interdependence，" in Milner and Moravcsik (eds.)，Power, Interdependence, and Nonstate Actors in World Politics, pp. 31-49.

25. "In areas outside the Union's exclusive competence, the principle of subsidiarity, laid down in the Treaty on European Union, defines the circumstances when it is preferable for action to be taken by the Union, rather than the Member States，" http://www. europarl. europa. eu/atyourser- vice/en/displayFtu.html？ ftuld=FTU_1.2.2.html.

26. Stephen Krasner，"Regimes and the Limits of Realism：Regimes as Autonomous Variables，" International Organization, 36, no. 2 (Spring 1982)：497-510.

27. 理想情况下,因果理论有助于实际分析和解决问题。至少,它可以充当托马斯·谢林(Thomas Schelling)所说的"焦点",在缺乏直接沟通的情况下,它可以作为凝聚预期的强大锚。Thomas C. Schelling, The Strategy of Conflict (Cambridge, MA：Harvard University Press, 1960)，pp. 111-113.

28. Dan Honig, "Navigation by Judgment: Organizational Autonomy and Country Context in the Delivery of Foreign Aid," Kennedy School Working Paper (October 2014), http://sites. bu. edu/neudc/files/2014/10/paper_59. pdf; Philippe Aghion and Jean Tirole, "Formal and Real Authority in Organizations," Journal of Political Economy, 105, no. 1 (February 1997): 1–29. Charles F. Sabel, "Beyond Principal–Agent Governance: Experimentalist Organizations, Learning and Accountability," in Ewald Engelen and Monika Sie Dhian Ho (eds.), De Staat van de Democratie. Democratie voorbij de Staat, WRR Verkenning 3 (Amsterdam: Amsterdam University Press, 2004), pp. 173–195.

29. Martin Weitzman, "Prices vs. Quantities," Review of Economic Studies, 41, no. 4 (October 1974): 477–491; David Victor, "Fragmented Carbon Markets and Reluctant Nations: Implications for the Design of Effective Architectures," in Joseph E. Aldy and Robert N. Stavins (eds.), Architectures for Agreement: Addressing Global Climate Change in the Post–Kyoto World (Cambridge: Cambridge University Press, 2007).

30. 这些特征是不得已而为之的。赋予国际制度更大的权威并没有长期趋势,但在其他条件相同的情况下,一个制度相当成功地解决问题的记录会建立起支持联盟,因为行为者重视可预测性,并投资于基于该制度优势的战略。这可能不会转化为对更集中的政权权威的支持,因为模块化在支持协调的同时削弱了集中化。此外,情况可能会发生变化,导致对政权转型的要求。

31. George W. Downs, David M. Rocke, and Peter N. Barsoom, "Is the Good News about Compliance Good News about Cooperation?" International Organization, 50, no. 3 (Summer 1996): 379–406; Joe Waz and Phil Weiser, "Internet Governance: The Role of Multistakeholder Organizations," Journal of Telecommunications and High Technology Law, 10, no. 2 (2013): 333–350; Emilie Hafner–Burton, Edwin Mansfield, and Jon Pevehouse, "Human Rights Institutions, Sovereignty Costs, and Democratization," British Journal of Political Science, 45, no. 1 (2013): 1–27; David Victor, "Fragmented Carbon Markets."

32. Part I discussed network effects. On reputation, see Michael Tomz, Reputation and International Cooperation: Sovereign Debt across Three Centuries (Princeton, NJ: Princeton University Press, 2007).

33. Richard Cooper, The Economics of Interdependence (New York: Columbia University Press, 1968); Robert O. Keohane and Joseph S. Nye, Power and Inter-

dependence（Boston：Little，Brown，1973）.

34. 硬和软在一个连续体上；它们不是黑白分明的。We draw on Kenneth Abbott and Duncan Snidal for the concepts of obligation，precision，and delegation in international agreements. "Hard and Soft Law in International Governance，" International Organization，54，no. 3（Summer 2000）：421-456. We collapsed some of their distinctions，but our approach is compatible. To illustrate how our argument applies in policy realms outside trade，see Hafner-Burton，Mansfield，and Pevehouse on human rights and Chris Brummer，Minilateralism：How Trade Alliances，Soft Law and Financial Engineering Are Redefining Economic Statecraft（Cambridge：Cambridge University Press，2014），Chaps. 3 and 4.

35. 该准则是在向联合国环境规划署报告的**多利益相关方组织**提出的。它强调具体的解决方案，达到一定程度的商定的实践标准。政府保留实施替代法规的权利，http:// www.cyanidecode. org/about-cyanide-code/dispute-resolution#sthash. CjNMmuh6.dpuf.

36. Jessica F. Green，Rethinking Private Authority，Agents and Entrepreneurs in Global Environmental Governance（Princeton，NJ：Princeton University Press，2014）.

37. 令人惊讶的是，在克林顿执政期间，柯威和联邦通信委员会主席不得不给德国新任电信部长打电话，告知他德国已同意WTO规则，使某些技术规则的制定完全掌握在德国电信手中是不可接受的。部长很惊讶，但德国的政策在几个月内就改变了。

38. 经过长期谈判，中国于2001年年底加入世界贸易组织，沙特阿拉伯于2005年12月加入，俄罗斯于2012年8月加入。

39. 尽管每个国家都认为，扩大市场竞争的某种方式对改善电信政策至关重要，但每个主要国家都面临着监管困境，最好是将贸易规则和监管趋同结合起来。Cowhey and Aronson，2009，and Peter Cowhey and John Richards，"Dialing for Dollars：Institutional Designs for the Globalization of the Market for Basic Telecommunication Services，" in Aseem Prakash and Jeffrey Hart（eds.），Coping with Globalization（New York：Routledge，1999），pp. 148-169.

40. 世贸组织协定规定的最惠国待遇原则是世贸组织的核心规则，通常要求各国不得歧视其贸易伙伴。如果一个国家给予另一个国家特殊优惠（例如对其某一产品给予较低的关税税率），那么它必须对所有其他世界贸易组织成员给予同样的优惠。最惠国待遇也适用于《服务贸易总协定》（第二条），http:// www.wto.org/english/ thewto_e/whatis_e/tif_e/fact2_e.htm.

41. Rudolf Adlung and Aaditya Mattoo，"The GATS，" in Aaditya Mattoo，Robert M.

Stern, and Gianni Zanini, A Handbook of International Trade in Services (New York: Oxford University Press, 2007), pp. 48–83.

42. 贾格迪什·巴格瓦蒂(Jagdish Bhagwati)等自由贸易倡导者认为,单边自由化是最好的政策。但在现实世界的贸易政策中,某种程度的谈判互惠对政治可持续性至关重要。

43. 在2017年《跨太平洋伙伴关系协定》(TPP)被放弃之前,与欧洲的《跨大西洋贸易与投资伙伴关系协定》(TTIP)谈判以及《跨太平洋伙伴关系协定》(TPP)谈判表明,经济合作与发展组织(OECD)俱乐部可以通过单独的、连续的谈判达成重叠。

44. Bildt Commission, Global Commission on Internet Governance, "One Internet," Final Report by the Centre for International Governance and the Royal Institute for International Affairs, 2016, p. 22, http://ourinternet.org/report#chapter.

45. David A. Lake and Mathew McCubbins, "The Logic of Delegation to International Organizations," in Darren Hawkins, David A. Lake, Daniel Nielson, and Michael J. Tierney (eds.), Delegation and Agency in International Organizations (New York: Cambridge University Press, 2006).

46. Sanford J. Grossman and Oliver D. Hart, "The Costs and Benefits of Ownership: A Theory of Vertical and Lateral Integration," The Journal of Political Economy, 94, no. 4 (1986): 691–719.

47. Lake, "Rightful Rules," 2010.

48. Gourevitch, Lake, and Stein, The Credibility of Transnational NGOs, 2012.

49. See citation in Note 28 and Matt Andrews, The Limits of Institutional Reform in Development: Changing Rules for Realistic Solutions (Cambridge: Cambridge University Press, 2013).

50. Jessica Green, Rethinking Private Authority, 2014.

51. Gourevitch, Lake, and Stein, The Credibility of Transnational NGOs, 2012.

52. See the IETF website, https://www.ietf.org/. More generally, see William J. Drake and Monroe Price (eds.), "Beyond Netmundial: The Roadmap for Institutional Improvements to the Global Internet Governance Ecosystem," August 2014, http://www.global.asc.upenn.edu/app/uploads/2014/08/BeyondNETmundial_FINAL.pdf.

53. The Bildt Commission, Global Commission on Internet Governance, "One Internet," Final Report by the Centre for International Governance and the Royal Institute for International Affairs, 2016, p. 106, also stresses the importance of

transparency for the legitimacy of MSOs. http://ourinternet.org/report#chapter.

54. On leadership and national influence factors, see Gourevitch, Lake, and Stein; Büthe and Mattli; and Murphy and Yates.

55. 格林将这些案例分析为"创业型"私人权威,这是一个恰当的分类。

56. The WTO's entry into basic telecommunications was met with howls of protest from International Telecommunication Union officials because the WTO was trespassing on their "turf." The WTO ultimately shared some aspects of the International Telecommunication Union's traditional domain and dominated other aspects. Peter Cowhey and Milton Mueller, "Delegation, Networks and Internet Governance," in Miles Kahler (ed.), Networked Politics: Agency, Power and Governance (Ithaca, NY: Cornell University Press, 2009).

57. Lawrence White, "The Credit Rating Industry—An Industrial Organization Analysis," NYU Center on Law and Business Working Paper 01-001, April 2001, shows how credit-rating organizations rest on government tolerance, https://www.bis.org/bcbs/ca/lwhit.pdf.

58. Lesley K. McAllister, "Regulation by Third Party Verification," Boston College Law Review, 53, no. 1 (1-1-2012): 1-64. Also see Hafner-Burton, Mansfield, and Pevehouse.

59. Two broad reviews that touch on these issues are Deborah D. Avant, Margaret Finnemore, and Susan K. Sell (eds.), Who Governs the Globe? (Cambridge: Cambridge University Press, 2010). Also see A. Claire Cutler, Virginia Haufler, and Tony Porter (eds.), Private Authority and International Affairs (Albany: State University of New York Press, 1999).

60. ISO14001是管理实践指南。他们假定污染管理的企业流程中的最佳做法将显著减轻污染,但他们不试图为可接受的污染水平设定社会目标。Aseem Prakash and Matthew Potoski, "Global Private Regimes, Domestic Public Law: ISO14001 and Pollution Reduction," Comparative Political Studies, 47, no. 3 (March 2014): 369-394.

61. David Vogel, "The Private Regulation of Global Corporate Conduct," in Walter Mattli and Ngaire Woods (eds.), The Politics of Global Regulation (Princeton, NJ: Princeton University Press, 2009), pp. 151-188.

62. Graeme Auldt, Constructing Private Governance: The Rise and Evolution of Forest, Coffee, and Fisheries Certification (New Haven, CT: Yale University Press, 2013).

63. Andrea Peterson, "The Government's Plan to Regulate Facial Recognition Tech Is Falling Apart," The Switch, Washington Post, June 16, 2015, http://www.washingtonpost.com/blogs/the-switch/wp/2015/06/16/the-governments-plan-to-regulate-facial-recognition-tech-is-falling-apart/? wpisrc=nl_tech&wpmm=1.

64. 改变事实的一个例子是美国医疗保险提供商转向支持奥巴马医改。在研究这项政策的过程中,他们意识到,这将为保险公司打开一个庞大的新客户市场。我们设想的道路是在全球层面上"争顶",而不是"争底"。

65. We borrow significantly from Thomas Schelling's concept of a "k-group." Schelling defines the k-group as "the minimum set of members that can benefit from the production of a public good, even if no other members contribute to its provision." The definition is from Ellis Krauss and Benjamin Nyblade (eds.), Japan and North America (New York: RoutledgeCurzon, 2004), p. 383. They follow Thomas C. Schelling, Micromotives and Macrobehavior (New York: Norton, 1978), Chap. 7.

66. We thank David Victor for suggesting the notion of an umbrella. The value of nesting was first established in Vinod Aggarwal, Institutional Designs for a Complex World: Bargaining, Linkages, and Nesting (Ithaca, NY: Cornell University Press, 1998).

67. Kal Raustiala and David G. Victor, "The Regime Complex for Plant Genetic Resources," International Organization, 58, no. 2 (Spring 2004): 277-309.

68. On the IANA process, see the Bildt Commission, pp. 110-114; Milton L. Mueller and Brenden Kuerbis, "Roadmap for Globalizing IANA: Four Principles and a Proposal for Reform, Internet Governance Project Working Paper," March 2014, http://www.internetgovernance.org/ wordpress/wp-content/uploads/ICANNreformglobalizingIANAfinal.pdf.

69. 同样的逻辑也适用于小型的地方社会。诺贝尔奖得主埃莉诺·奥斯特罗姆(Elinor Ostrom)强调了监测地方可持续管理自然资源努力的重要性。 See her Nobel Prize lecture, "Beyond Markets and States: Polycentric Governance of Complex Economic Systems," December 8, 2009, video at http://www.youtube.com/ watch? v=T6OgRki5SgM; http://www. nobelprize. org/nobel_prizes/economic-sciences/lau- reates/2009/ostrom_lecture.pdf.

70. Miles Kahler, Networked Politics, 2009.

71. Nelson W. Polsby, "The Institutionalization of the U.S. House of Representatives," American Political Science Review, 62, no. 1 (March 1968):144-168.

Gary Cox, The Efficient Secret: The Cabinet and the Development of Political Parties in Victorian England (Cambridge: Cambridge University Press, 1987), examined institutional changes in British Parliamentary government during the 19th century.

第三部分
在准融合时代创造可信的数字环境

第6章 云计算的全球政策

"随着时光流逝,"《卡萨布兰卡》经典歌曲,以凄美的诗句开始,"你务必记住。吻仍然是那个吻。"但云还只是一朵云吗?云这个技术奇迹正在改变信息处理、信息应用和数据存储的本质。它的**数字密码基因**(digital DNA)正在改变所有数字化市场的经济风险和技术动态。简而言之,云计算是**信息与生产颠覆**(IPD)中一切事物的中心。

为什么就如何治理云的动态以及如何改进治理达成全球共识如此困难?简而言之,云计算已经引发了一场关于控制当今信息经济驱动力的地缘政治拉锯战。在使用云来创造新价值和获取云帮助产生的有利可图的附加价值方面,行业之间的复杂冲突也正在发生。许多行业希望使用云动态来提高它们的经济绩效,这为合作消除云部署的障碍提供了激励。这就是前一章所描述的协调逻辑,这也证明了合作逻辑所产生的多重动机可能会困扰协调,因为行业和政府正在争夺收益。此外,考虑到云对数字化市场的安全和隐私影响,任何针对云计算的治理解决方案都必须开发出管理市场竞争和创新动力的方法,这些方法必须与更强的安全和隐私保护兼容。

本章分为5个小节展开论述。第6.1节解释了云的独特之处,并阐明了云对数字化市场运作的影响。第6.2节探讨了为什么全球**信息和通信技术**(ICT)市场的经济风险很高,并讨论了云计算对更广泛经济的影响。第6.3节总结了各国政府对云计算出现的反应。人们特别关注对政府加快云部署的措施以及监管的担忧。第6.4节讨论政策对话的政治经济学。最后一节的重点是可能的治理解决方案，考虑贸易政策方法如何促进建立一个国际"基线"，以实现国家政策的准趋同，并更容易在不同的国家计划之间进行引导。

6.1　云技术及其交叉数码市场

6.1.1　理解云计算

云不同于从20世纪80年代到最近一直占主导地位的计算架构。[1]简单地说，云允许用户按需访问远程计算资源，并为他们使用的资源付费。云架构将供应商和用户分离，动态分配**信息和通信技术**资源，并为报告和计费提供计量。[2]用户不再需要对自己的IT基础设施进行重大投资就能获得世界级的能力。这要追溯到早期对计算机"分时"网络的依赖，这种网络可以远程访问大型计算机。其创新之处在于，云可以按需动态扩展，并允许用户以更低的价格获得更多的"模块化"。它的用户可以灵活地混合和匹配他们自己的增值业务，因为云包含多种技术配置和服务组合。

美国开创了电子商务、软件和硬件集成服务的主导模式（如iPod和后来的音乐流媒体服务与智能手机的整合）。因此，可以预见的是，美国公司最先掌握了云技术，并为自己的全球运营建立必要的基础设施。亚马逊是创建全球云网络的先驱，该网络利用了规模经济和范围经济，提高了服务的可靠性。微软和谷歌紧随其后迅速出售云服务，其他新进入者很快涌入云市场。[3]苹果、IBM和其他IT公司建立了私有云来支持它们的服务产品（从iTunes到Watson），全球银行和其他规模庞大、对安全有特殊监管顾虑的公司也是如此。[4]

许多关于云计算的讨论，比如对市场规模和份额的估计，都因对其服务模式的关键区别不了解而产生错误。基础设施即服务是云基础设施的基本构建块，但提供的服务附加值最低。用户动态远程访问原始机器和网络资源，并根据需要使用它们；它们控制加载到基础设施上的内容（例如，操作系统和部署的应用程序），但不控制底层基础设施。平台即服务模型允许用户创建终端应用程序来利用云提供商的产品，这是增值参与的一个进步。这些用户依赖云服务提供详细的支持功能，如软件工具，以帮助他们的用户利用底层云基础设施，包括编程语言、程序库、服务以及开发和协作工具。[5]许多新进入者，如Cask，已经创建了许多独立于基础设施服务提供商的专门软件工具。云服务的最高增值模式以及最大的收入来源是软件即服务，谷歌应用程序或微软360电子邮件就是一个例子。用户不管理或控制底层基础设施，也不创建基本应用程序。应用程序通过客户端设备（如web浏览器）或专用程序（如Outlook）进行交互。许多提供外包的后台数据输入服务的印度公司使用云来进行它们所谓的"业务处理即服务"。[6]

此外，云还部署了轴辐式网络。大多数大规模数据操作都是跨国的，只要在法律允许的情况下，就会通过区域枢纽网络进行（限制将在后面讨论）。在操作上，云中心协同工作以管理峰值需求。举例来说，Amazon Web Services （AWS）通过在全球不同时区的数据中心之间进行时间转移，降低了处理峰值需求所需的总容量。[7]对于大型跨国公司、非政府组织、必须协调其国际业务的公共机构或需要与传染病模式等问题相关的公共部门数据的公共机构来说，云数据中心对管理大量全球数据也至关重要。

工程经济学倾向最先进的中心设施在主要的规模经济和范围经济地方工作。云计算需要大量的资源、空间、电力、冷却和机器，因此位置的选择是基于复杂的操作需求。[8]为了启用iCloud，苹果于2010年底在北卡罗来纳州开设了第一个大型云数据中心。50万平方英尺的数据中心部分由200英亩的太阳能电池板供电。这个工厂现在已相对较小了。爱尔兰、印度和中国有更大的数据中心。较小的国家，如海地，也正在研究云托管中心的潜力。2016年，美国最大的数据中心是位于拉斯维加斯的220万平方英尺的Switch SuperNap。而位于中国廊坊的Range国际信息中心建筑面积为630万平方英尺，计划在2016年底完工。[9]

随着价格持续下跌，云托管正在全球迅速扩张。[10]福特（Ford）等公司和大型银行的私有云基础设施已经遍布全球，以提高它们的交互速度和可靠性。像亚马逊这样的公司，许多小规模的云服务工作已经在本地云设施的辐状网络上进行。[11]云设施之间的动态共享（尤其是管理峰值需求）正在增加。此外，许多运行在云上的应用程序，如跟踪卡车和管理过境交通的应用程序，本质上是国际性的。为了达到最佳效果，云计算设施必须灵活和自由以促进数据不受限制地跨境流动和管理。

这种轴辐式网络的配置不可避免地会受到重大政策影响，因此理解该架构的工程含义和经济逻辑至关重要。早期的云计算领先者仍然处于市场的顶端，尤其是在基础设施方面。它们的地位得到了加强，因为最大的云服务市场仍然在北美。[12]但是，以需求快速增长为特征的中心辐式系统为所有国家的公司提供了大量的竞争机会，这些公司都是大型数据中心的所有者和专业云服务的供应商。2015年美国最大的公共数据中心有Switch Communications、DuPont Fabros和Terremark（自2011年起成为Verizon的子公司）。[13]在较富裕的国家，新的运营商如雨后春笋般涌现，如法国的Numergy和英国的Next Generation Data。此外，2015年3月，中国电子商务巨头阿里巴巴在硅谷建成了一个云计算设施。[14]类似的模式正在各大洲的国家出现，当地云服务提供商将拥有一些"主场"优势。[15]

云系统的另外三个特性对于政策辩论很重要，特别是那些涉及安全和隐私的。第一，不同的数据需要不同级别的安全措施。最低标准适用于所有数据，但某些类型的数据需要更高的安全性，因为存在与丢失或被窃取相关的风险。云系统通常根据所需的最低安全级别对数据进行分类和组织，并对其服务进行定价。如果客户需要，主要的云提供商可以提供更高级别的安全性。第二，云数据不是匿名的。它们根据合同对客户端进行管理，并且始终向客户端携带标识、标记，但在私有云中除外，私有云中并不总是使用标记，这对于隐私和安全问题至关重要。客户，比如西门子，根据德国法律有义务以某种方式保护隐私和安全。与云提供商的合同可以规定，其数据应按照德国法律要求的方式处理。否则，云提供商可以在德国法院起诉。如果云提供商没有提供合同中的保护，客户可以起诉云提供商。简而言之，云用户可以规定数据应该如何组织。从理论上讲，法律制度可以执行这种安排。[16]第三，与第二点相矛盾的是，云涉及法律管辖权的一些实际问题。例如，假设德国政府因为在德国涉嫌犯罪而寻求访问一名德国公民的数据。如果信息在德国亚马逊的服务器上，则德国政府必须向美国法院申请授权进行搜索。在云时代，这种情况正引发紧张，因为它不再是偶尔发生的怪事。[17]

总而言之，云市场的工程经济学有五个核心特征。第一，云计算可以以多种方式提供，从单个组织的私有云到由私有实体拥有和管理的公共商业资源。第二，存在三种不同的云服务业务模型：基础设施服务、平台服务和软件服务。第三，全球枢纽轴辐型网络的出现是因为它提供了规模和范围的经济效益，能够很好地响应数据管理需求（包括跨境应用），并在峰值负荷管理方面具有优势。在大型数据中心和云服务领域，设施地点日益多样化，竞争对手也越来越多，包括来自新兴经济体的公司。这些新参与者的出现响应了数据主权要求，并为响应时间、冗余和峰值负载管理提供了更大的地理分布。第四，云数据可以根据需要的不同安全级别和适用的隐私规则进行存储。第五，数据的分布式全球存储和处理成为了一个传统的法律问题，定义了各国对其企业的域外管辖权，这是云治理中日益突出的一个因素。

6.1.2 云计算和数字化市场

云配置的复杂性使得我们很难理解云计算对数字化市场的经济意义。在 Zysman 和 Breznitz 的基础上，我们区分了三个动态发展的数字交叉层。

参与者们正在争夺每一层以及三层之间的价值：终端（按照物联网的构想）、网络和信息（技术-服务-应用-软件）。[18]

如前所述，**信息与生产颠覆**改变价值的创造和营销方式、利润的获取方式以及商业模式的改变方式。这些企业正在创造混合创新，混合和匹配传统的独特市场，包括传统商品和大宗商品市场。云计算和IT模块化体现了"廉价革命"，是塑造新型数字化市场方式的两个主要因素。它正在彻底重塑包括发展中经济体在内的**信息和通信技术**服务和硬件市场的经济和贸易格局。[19]例如，戴尔在2015年以670亿美元的价格并购了数据存储公司EMC，就是为了在云中心时代重新定位这些硬件巨头。[20]

要理解云计算的含义，需要考虑如何从根本上重新组织信息服务。软件即服务颠覆了软件供应的经济学（通过降低分发成本和减少盗版），并对微软和Adobe的商业软件包以及SAP和甲骨文数据库提出了新的挑战。SalesForce.com也是云的产物。如果基于云计算的社交网络不能稳健地扩大规模，像Facebook这样的社交网络公司就不可能存在。优步、Airbnb和其他新兴的"共享经济"巨头就非常依赖云基础设施和移动宽带。[21]

在之前的计算时代，高昂的IT基础设施成本巩固了早期领导者的统治地位。今天，云计算允许更低的成本和专门的信息服务入口，并促进专门的IT服务和应用程序。它让法国拼车公司BlaBlaCar走了一条与优步不同的发展道路。同样，一个强调韩国流行文化、雄心勃勃的YouTube全球频道Maverick也依赖于云技术。

进一步的颠覆将会发生，因为计算机和智能手机很快将成为云环境中终端设备的少数子集。在网络连接传感器的支持下，智能车辆和建筑物等新型"终端"的信息能力将创造新的竞争优势。因此，谷歌在搜索领域占据主导地位，但也在向制造设备、家用智能终端、汽车系统零部件、中国的拼车服务和其他新领域进军。竞争对手担心，如果谷歌在家庭安全和气候控制等垂直领域的专业知识增强了其搜索领导者（占主导地位的大数据公司）的地位，它可能会"吞噬一切"。更简单地说，谷歌可以成为一个通用的数据分析领导者，主导新的数字化应用程序。正如 iTunes 所显示的那样，智能终端可以从内容提供商那里攫取价值，或者创造出其他市场的领导者无法获得的价值。例如，苹果（Apple）和三星（Samsung）正与传统医疗设备制造商竞争，竞相为消费者生产医疗监控设备。

汽车巨头们还想把他们对汽车的控制运用到信息和网络层面，通过他们对汽车固件的控制来创造"垂直市场"，以提供解决方案，抢占谷歌、微软和阿里巴巴等竞争对手的先机。同样，正如第 3 章所述，像孟山都和高通这样的公司正在利用云技术进入传统核心业务之外的新产品市场。此外，大型电信运营商（及其设备供应商，如爱立信）急于进入云计算领域，与电信设备供应商合作提供数据安全增值服务，或提供视频"内容分发网络"，与 Akamai 等公司竞争。

简而言之，云改变了所有数字化市场生态系统的动态。这就是为什么其风险如此之高。

6.2　衡量经济利益

我们的下一个挑战是衡量全球市场与信息和通信市场的经济利害关系，以及云计算对一般经济活动的影响。首先，我们要问，随着云的普及，如何衡量其影响？**信息和通信技术**（ICT）行业中与云相关活动的规模必须估算，以获取云服务对垂直行业（如汽车）的直接价值。然后，我们考虑云服务对经济增长的影响。随着云计算的扩大，其影响也将扩大。市场预测是出了名的不可靠，宏观经济分析是根据有限的数据作出假设的。尽管如此，政策制定者在考虑云治理时仍然严重依赖选择性数据。正如一部经典西部电影里的报纸编辑所指出的那样："当事实变得毫无价值时，就把传说印出来。"[22] 在爆炸性的市场中，传说和投机助长了政治动态。

例如，估计云市场的规模取决于分析师如何区分基础设施和软件服务。尽管如此，所有对云计算市场增长的规模和影响的估计都是引人注目的。2014年11月，一家大型IT公司的高管告诉我们，该公司对这种转变的速度感到震惊——"在过去的12个月里，全球计算机市场发生了巨大变化。"尽管这家公司宣称云计算的重要性已经有好几年了，但它仍然震惊不已。[23] 表6-1显示，2016年初Gartner研究预测，2016年公共云服务市场将达到近1 100亿美元（不含广告）[24]。值得注意的是，Gartner预测，全球云计算业务2016—2020年将增长两倍，从2016年的230亿美元到2020年的670亿美元。[25] AWS的数据可以进一步说明，AWS是迄今为止最大的公共云服务（约比亚军微软大一个数量级），其收入从2013年的31亿美元增加到2014年的46亿美元，2015年增加到近79亿美元。[26] 2016年其收入预计将超过100亿美元。[27]

表6-1　　　　　　　全球公共云服务收入预测　　　　　单位：百万美元

	2016	2017	2018	2019	2020
云业务流程服务（BPaaS）	40 812	43 772	47 556	51 652	56 176
云应用程序基础设施服务（PaaS）	7 169	8 851	10 616	12 580	14 798
云应用程序服务（SaaS）	38 567	46 331	55 143	64 870	75 734
云管理和安全服务	7 150	8 768	10 427	12 159	14 004
云系统基础设施服务（IaaS）	25 290	34 603	45 559	57 897	71 552
云广告	90 257	104 516	118 520	133 566	151 091
合计	209 244	246 841	287 820	332 723	383 355

来源：Gartner（2017年2月）.

在这一令人印象深刻的记录中，最大的收入来自数字广告收入（由云分析推动）和增值信息服务，这些服务正在慢慢取代传统行业生产者的部分利润中心。

即使在市场爆发的时候，价格也在下降。更大的经济影响来自成本大幅降低的计算和大数据，它们将推动创新和总体经济模式的变化。以中小企业为例，AWS是众多需要云服务的初创公司的平台——从简单的网络服务到流媒体服务。在过去，这些初创公司需要购买服务器，租用高速网络线路到办公室，聘请技术专家管理服务器和磁盘驱动器，如果一种产品很快被采用，而突然需要大量新投资，就会不断面临容量不足的风险。有了云服务，中小企业的资本压力消失了，它们的云提供的资源以较低的价格动态增长。例如，对印度中小企业的详细估计显示，到2010年，IT成本至少下降了1/3，随后还会进一步下降。[28]前期资本和运营执行风险的减少意味着初创公司和那些经历显著增长的公司有更好的生存和成功的机会。这意味着更多的创业公司、更多的就业机会和更多的本地创新。

欧盟的案例研究表明，云计算可以促进欧盟累计GDP增长和创造就业机会，[29]主要是通过新产品和业务的较低初始进入成本和更快的业务扩张，从而加快中小企业活动的扩张。[30]如今，云正在帮助维持服务质量，降低处理**信息和通信技术**"需求高峰"时期的成本，并开始促进生产率提高。这些趋势应该会转化为工资的提高。各国之间的利益分配取决于一些因素，如各国经济中**信息和通信技术**最为密集的行业所占的比例。按降序排列，包括银行、金融和商业服务，其次是制造业，然后是运输、通信、政府、卫生和教育服务。[31]今天，大约20%的行业是高度信息/互联网密集的，但是物联网正在迅速开放其他80%的经济。[32]可以预见的是，欧盟制定了雄心勃勃的目标：利用大数据来推进医疗保健，利用智能电网来管理电力消耗，以及改善燃料和节省时间以加强交通。经济合作与发展组织（OECD）引用了一项估计，到2020年，全球运输效率价值每年可达5 000亿美元。[33]

对中小企业和新兴市场而言，另一个重要的好处是信息技术服务的分销和支付方面的创新。云使得移动电话应用程序所需的软件代码更少，开发成本更低。这一趋势正在向新的开发人员开放市场，包括那些来自发展中国家的开发人员，他们具有特定环境的知识，能够实现成功的量身定制的解决方案。各种云计算"商店"（不仅仅是苹果或阿里巴巴的大众消费商店）的增长，也在创造数字支付系统，降低支持本地和全球市场的成本。这使得来自金融体系不如美国灵活的国家的中小企业得以扩张。[34]

简而言之，除了降低分销成本外，云正在为服务、内容和程序提供商创造一个全球市场。这是计算作为通用平台技术的一个进化步骤，就像电一样。这一市场由强大的支付系统支撑，就像应用商店能够让独立应用开发者接触到数百万用户一样。这种信息破坏和新业务模型创建的结合使得云支持的服务架构得以蓬勃发展。此外，本地创新集群所需的许多高度专业化的工程和技术支持服务可以跨国提供。这使得拥有当地专业知识的企业家，甚至是经济实力不强的企业家，能够在当地、区域和全球范围内进行创新。这些云应用包括移动医疗服务和其他"社会服务应用"。因此，各国正以一种新的思路重新审视云计算。[35]

使用云基础设施/服务的发达国家和发展中国家都受益于云计算。即使在非洲，光纤投资者也计划将整个非洲大陆覆盖起来，并与应用程序开发人员和云服务用户合作，以扩大需求池，提升这些光纤环的经济效益。

信息与生产颠覆还有两个进一步的含义。首先，宏观经济分析的逻辑是，在其他条件相同的情况下，经济体使用的数据越多，它们就越健康。这就是为什么分析人士担心较贫穷国家通信基础设施薄弱，以及较富裕国家按收入或地区划分的数据使用差异。另一个担忧是，富裕国家之间存在着巨大的数据使用差距。2014年，美国和韩国人均每月使用大约65GB的数据。相比之下，欧盟的人均每月数据使用量约为25GB。[36]在欧洲主要国家中，数据的使用量从瑞典的人均每月58GB到西班牙和意大利的人均每月18GB不等。[37]这种差异很大程度上在于韩国和美国的数字视频消费比欧洲更突出。但是，即使在消除了数字视频消费，并试图只专注于商业用途的数据之后，德国在数字应用方面仍落后于美国约45%。[38]

欧盟已多次表示，欧洲需要迅速实现数字化。我们在2016年（英国脱欧公投之前）对欧盟官员的采访表明，他们可能已经接受了美国在基础设施市场的主导地位。但他们希望建立一个单一的欧盟数字市场，鼓励更多本地企业进入利基基础设施领域，并为平台和软件即服务市场打造一个充满活力的欧盟生态系统。他们预测，随着云数据在欧盟数据中的比重从2013年的20%上升到2020年的40%，云数据市场将比基础设施服务市场更大、更有利可图。到2020年，云数据的效率将为欧盟GDP带来1.9%的增长，价值2 060亿欧元。[39]

其次，信息的颠覆意味着每一种商品和服务的整体价值更多地体现在其信息内容中。随着宽带继续与廉价革命和模块化**信息和通信技术**能力以及物联网的出现交织在一起，大数据分析意味着更好的搜索引擎或由网络数据驱动的高级目标营销。它创造了用户和其他供应商的非竞争性使用和共同发明的动态。大数据分析还推动了跨越传统细分市场、依靠创新组合形式的研究和架构创新。大数据还通过正式的反馈机制和用户体验促进进一步的创新。

渐进式创新会导致更多的调整，但这不仅仅是调整。今天，用户还可以在全球范围内进行观察和实验。全球化使人们更容易开拓市场，但全球化也推动发现和创新。[40]因此，云及其信息动力学是一个全新的颠覆性创新系统的一部分。

6.3 云计算政策的重要性

新技术能力不可避免地会引发对其影响的重新思考。接下来，我们将回顾政策辩论中表达的突出愿望和担忧，并概述政府对云计算作出的反应。

Ricardo Tavares 将有关政策的辩论分成了两组。[41]首先，一些政策讨论集中在哪些激励措施最适合推广云，推动其部署并促进云用于经济和社会目标。其次，监管和竞争政策讨论将考虑如何处理云市场和相关大数据分析市场运作中可能存在的缺陷。[42]表6-2提供了这些策略的细目。

表6-2　　　　　　　　　　云的启用和管理政策

A. 支持政策

为基于云的创新提供补充性资产：

1. 确保为新的云应用程序访问政府数据和资源

2. 为医疗保健、节能和运输效率等"垂直"应用提供投资和协调

3. 为中小型企业提供技术援助，以识别和使用云计算功能

4. 解决人力资本问题，如培训劳动力，以应对云生态系统带来的机遇

包括监管政策要素的政策：

1. 确保以具有竞争力的价格和非歧视条款为云生态系统提供无处不在的连接

2. 推动以电子政务为基础的公共投资云系统，确保电子政务收集的数据可供普遍使用

3. 确保政府在出于公共利益原因（如公共健康监测）的必要情况下获得私人数据

B. 监管政策

司法政策：

1. 解决跨境数据流和云计算系统的多国设施所产生的冲突或不确定的法律管辖问题

2. 解决数据主权要求

创建可信的数字环境：

1. 制定透明政策，有效保护商业、机构和个人数据的隐私，包括限制其他商业方对数据的二次使用

2. 制定透明的策略，以确保在云中存储或传输的数据以及云操作的适当安全性（以防止中断）

3. 为第三方访问存储在云中的数据提供保障措施（例如，美国政府为反恐项目调取个人数据）

竞争策略：

4. 实现可互操作的技术标准和政策，以避免消费者和中小型企业的锁定（因此客户可以更容易地切换云服务提供商，通常称为数据可移植性）

5. 确保云计算或搜索和其他数据分析服务的主要供应商不采取反竞争行为。这可能包括从数据中查看财产权（以及支付权）

大多数支持政策都旨在通过提供互补的经济和社会资产来加强云的使用。这些政策大多是没有争议的。关于哪些政策是有效的争论仍在继续，但人们几乎不担心这些政策会严重扭曲全球市场。包含监管元素的启用策略更为复杂。绝大多数人支持数字连接，并同意各国政府应制定政策，通过促进竞争来促进连接，如有必要，还应采取其他措施来促进连接。[43]但是，关于信息应用提供者使用通信网络的条件的辩论极具争议性。全球关于"网络中立"的争论主要围绕着这些问题。[44]在这里，只要注意到结果会影响谁在一个以云为中心的世界中提供什么附加值就够了。除了网络中立性之外，各国政府还设计了各种政策来支持本地信息基础设施。一种方法是利用政府采购，在提供云计算方面偏袒本地供应商，而不是外国竞争对手。同样，几乎所有与云计算相关的政策建议都支持更快地拥抱云支持的电子政务。但是，电子政府的采购政策和使用政策经常在应提供网络接入的条款以及对网络实践和定价的相关监管限制方面交互在一起。正如政府官员所认识到的那样，围绕公共数据访问私人公司数据的问题将引发有关知识产权与赔偿的复杂问题。

具有管辖权和可信赖的数字环境监管政策，有时是出于保护本地竞争对手的本能，是"数据本地化"需求的核心。各国利用监管机制来澄清和裁决对国家数据的管辖权，并实施隐私和安全保障措施。[45]如果提供了适当的用户"同意"，大多数监管框架都允许数据跨境或共享。这意味着大量企业对企业的信息流在合同关系中运行，许多隐私问题在合同关系中得到解决。[46]例如，美国建立了非政府治理结构，以规范涉及农民数据的许多数据处理问题。

此外，各国政府正在采取措施，旨在创造一个可信任的数字环境，以加强隐私、数据安全和网络基础设施的运营。[47]这些问题提出了有关云操作和数据跨境移动的主要问题。

第7章和第8章解释了各国在管理隐私和安全的具体规则上的分歧是如何在一定程度上发挥作用的。2013年6月，美国国家安全局（National

Security Agency）秘密监听进出美国的通信流，并定期调取美国信息公司服务器上的个人数据，包括外国公民的数据，这一事件被曝光，加剧了这些冲突。它们还加速了对制定数据本地化规则的需求。欧盟和中国的政策最受关注，澳大利亚、加拿大、巴西、印度、印度尼西亚、马来西亚、韩国和其他国家也制定了类似的政策。Chander 和 Le 总结了这些限制：（1）在将数据发送到国外之前获得用户的事先同意；[48]（2）所有发送到国外的数据的副本都保留在国内服务器上；（3）禁止输出某些类别的数据，如个人医疗记录；（4）对数据出口征税。在实践中，个人和企业之间的信息流存在着重大差异。为这些措施建立国际治理机制的最重要举措出现在双边谈判（如后续章节中讨论的美国和欧盟之间的谈判）以及地区和世界贸易组织贸易谈判中。我们将在本章的后面讨论这些问题。除了隐私、安全和相关的管辖权问题之外，与云计算相关的最棘手的问题可能是竞争政策。所有产品和服务日益增长的信息密度，以及与之相关的大数据动态，表明信息市场的动态将继续在全球蔓延。这一过程是由梅特卡夫定律的结果[49]和规模收益增加现象推动的。[50]

竞争涉及特定的市场和市场结构。出于治理的目的，它很少从抽象的角度开始，但**信息与生产颠覆**和数字平台动态调用了许多用于判断市场的传统市场定义和措施性能（如价格）受到质疑。[51]在一个新的技术环境中，这对负责竞争政策的最老练的监管机构来说也是一个挑战。根据我们的经验，治理决策始于关于市场的或明或暗的"第一前提"，因为决策很少在信息完备的情况下进行。因此，如果数字平台集群对大多数行业的意义越来越大，那么将颠覆传统智慧。

在美国，竞争机构的出发点是这样一个前提：随着时间的推移，消费者会从由良性竞争加速的创新中获得优势。[52]即使寡头垄断也不会自动转化为消费者的损失，如熊彼特所指出的那样，寡头垄断通过创新来激烈竞争，以取代现有的解决方案。[53]因此，在权衡市场情况时，竞争当局小心地不把短期的消费者利益置于长期的创新考虑之上。关键在于区分那些造成短期弊病的问题（在市场正在快速重组的情况下，这几乎是不可避免的）和那些从消费者利益和创新角度来看，将严重扭曲市场长期表现的问题。虽然美国当局在确定存在长期问题时愿意要求采取重大补救措施，但实际上，美国当局对市场投诉采取了更多的"观望"态度。[54]值得注意的是，在作出这些判断时，美国监管机构所承受的政治经济压力更容易控制，因为被监管公司大多是美国公司。这意味着监管机构正在整理"家乡"竞争对手的投诉。

欧盟等司法管辖区的情况则截然不同，在面对主导其市场的美国公司时，有些"他们对我们"的成分。尽管美国竞争主管部门认为，欧盟竞争主管部门并没有按照保护主义逻辑行事，但欧洲治理机构的其他部分却反映出了对本土公司的保护。

欧盟和许多其他国家的第二个出发点是先发制人的竞争政策传统，以纠正先前产业政策可能造成的市场问题。欧盟竞争主管部门在打击政府拥有或组织的欧盟竞争对手的普遍影响方面初出风头。此外，许多发展中经济体在"产业政策"方面进行了长期试验，以鼓励本地进入者在世界市场上取得成功。

必须在由云计算推动的特定市场情况的背景下，找出从第一个前提出发的不同倾向。许多倡导者担心网络效应和信息收集和处理基础设施带来的规模经济与引爆力量相关的危险。他们的恐惧被放大了，因为这些公司是人工智能和机器学习领域的领导者。这导致人们警告说，扎根于"纯"数字行业的少数寡头垄断企业将控制数字市场的核心价值，然后可能蔓延到一些传统的非IT市场并控制它们。[55]关于竞争的流行讨论往往停滞不前，原因在于未能区分"云"这一术语下体现的三种不同的商业模式，或者是因为它们关注的是竞争对手的规模，而不是它们可能造成的"危害"。如上所述，规模经济对云很重要。做大固然有好处，但坏处很难察觉。研究平台经济学的学者预计，战略商业模式之间的竞争将促进云生态系统的出现。此外，高利润率本身并不是对竞争的考验。它们反映了涉及高固定成本的高风险业务的回报。[56]

　　基础设施即服务的最大云供应商正在进行激烈的价格竞争，部分原因是它们内部的竞争，部分原因是新进入者积极加入迅速增长的市场。最大的公共云提供商（AWS，其次是微软，然后是谷歌，然后是IBM）继续进行激烈的价格战。2014年3月，谷歌引发了云价格的大幅下跌，这或许是为了扼杀亚马逊发展云业务的任何机会。战争仍在继续。2016年1月，在再次降价之后，AWS自夸已经降价51次。谷歌声称它们仍然便宜得多，部分原因是人工智能的进步使它们的数据中心的电力消耗减少了15%。[57]然而，由于**信息和通信技术**基础设施成本也在持续下降，供应商能够保持稳定的利润率，这意味着价格和服务的差异化竞争。此外，最大的参与者对市场应如何运作的预期也在不断演变。然而，随着价格的下降和网络安全漏洞的激增，用户越来越关心安全性，而不是价格或敏捷性。[58]在市场快速增长的推动下，特定用户需求的激增，再加上电信运营商等公司雄厚的财力，促使市场继续大规模进入。对竞争的担忧比通常的基础设施即服务主导地位问题清单要深刻得多。一种担忧是，云计算三大巨头将利用其垂直整合的业务，在软件即服务领域创造结构性优势。这种担忧在有关欧盟对谷歌的竞争政策保障的辩论中表现得最为明显。我们关注这一争议，因为它阐明了涉及所有市场领导者的许多可能的投诉。

　　谷歌在欧洲搜索市场份额约为90%，超过谷歌在美国的份额25个百分点（2017年1月为63.4%）。欧盟竞争政策投诉称，谷歌使用其搜索引擎，在其搜索结果中偏袒其相关IT服务套件和最赚钱的广告客户。欧盟官员担心，这可能会扭曲竞争，损害消费者利益。微软和许多其他美国公司也批评谷歌。当美国联邦贸易委员会处理这些问题时，它发现没有损害可以与美国政府在20世纪90年代对微软的做法提起反垄断诉讼时提出的指控相提并论，当时微软仍然主导着计算软件平台。[59]美国政府起诉微软和谷歌的最大区别在于，搜索引擎锁定客户的能力不如计算机系统。[60]

　　如果搜索是唯一的问题，那么，就像欧盟竞争专员最初提议的那样，对谷歌的搜索结果规则进行一些修改就足够了。但人们对谷歌的担忧更多。很多人担心谷歌组织信息和提供服务的模式意在以零成本吸引客户进入谷歌的领域（包括其 Android 移动操作系统），并收集用户数据以产生利润。最严厉的批评者，通常是在欧盟议会，指责谷歌提供"免费"服务，以换取建立一个生态系统，其逻辑是从根本上削弱隐私。[61]批评人士指责云计算推动的消费和云计算推动的规模扩大给了谷歌不公平的优势。[62]因此，他们呼吁解散谷歌，并加强对隐私和安全的保护。2016 年 7 月，欧盟反垄断监管机构提交了一份"反对声明"，指控谷歌违反了欧盟反垄断规则，这是一年内的第四次投诉。[63]（非欧盟国家对数字多样性的抱怨也存在。）

这些广泛的焦虑已经上升到了最高的政治层面。一度，法国政府曾为云计算和相关数字服务和设备贴上"法国制造"的标签，寻求"数字主权"。它还考虑对相当于互联网搜索的功能征税。[64]德国前总理默克尔表示有兴趣建立一个欧盟互联网，使欧洲公司能够在欧洲保存欧盟的数据。[65]同样，负责数字议程的欧盟委员也呼吁建立一个安全的欧洲云计算能力。[66]

竞争的具体收费涉及谷歌如何将搜索与云结合起来，以组织和检索各种内容。简而言之，批评者担心强大的云基础设施会加强谷歌在一个主要平台上的主导地位——软件即服务，云服务的另一个方面。

在**数字密码基因**的世界里，关于这个逻辑，有两个警告立即出现。首先，技术继续快速变化。谷歌在个人电脑领域确立了主导地位。向移动设备的转变是一个威胁，因为谷歌在移动领域的主导地位要低得多，在移动领域，特定的服务应用绕过了一般的搜索引擎，依赖社交网络作为互联网门户，侵蚀了谷歌的市场地位。[67]即时通信应用也正在成为支持它们自己的应用生态系统的平台。在技术发展的道路上，关于声音（在机器学习和人工智能的推动下）和虚拟现实界面的崛起将如何改变市场的不确定性依然存在。其次，**信息与生产颠覆**导致商业模式不断变化。在社交网络方面，Facebook 在其 Instagram 和 WhatsApp 子公司的作用下主导了全球格局，并使自己成为谷歌在数字广告方面的主要竞争对手。[68]文化差异也为竞争对手创造了机会。LINE 是一家成功的韩国 Naver 全资日本子公司，是 WhatsApp 的竞争对手。

不过，谷歌在搜索领域保持领先地位的情况值得考虑。欧洲当局指出了由主导地位造成的三个棘手问题。其一是谷歌使用他人内容的条款。例如，德国和法国出版集团的愤怒引发了对谷歌采取更严格的竞争条款的行动。[69]欧洲报纸出版商抱怨谷歌无视它们对内容的财产权，谷歌应该为访问它们的材料付费。[70]这对出版商来说是一大笔钱，因为据估计，像英国这样的主要报纸市场的印刷广告收入自 2000 年以来下降了 50%（约为 7 亿英镑），而英国互联网广告总收入飙升了大约 4 倍。[71]这一内容之争更多的是关于如何划分经济租金，而不是关于竞争或创新。[72]此外，这一争议并非谷歌独有，包括报纸和杂志在内的在线内容提供商担心，它们可能会被 Facebook 推广的"新闻订阅"服务作为中介。像 Facebook 这样的合作伙伴可能会帮助提供一个更快、更强大的平台，但这意味着出版商会把信息反馈拱手让给维护该平台的 Facebook。这将为在收集消费者行为信息方面具有优势的 Facebook 提供锁定数字广告的巨大优势。[73]

欧盟在 2016 年宣布的单一数字市场计划提出了一种可能，即如果谷歌发布带有链接的报纸等内容的摘录，它将要求谷歌付费。批评者将该计划称为"片段税"。欧盟委员会明确指出，它不会只对超链接征税，但会在以后决定是否对片段征税。[74]美国官员向我们指出，德国数字经济专员 Gunther Oettinger 对版权支付的这种调整非常感兴趣。

其次，欧盟竞争管理机构认为谷歌非法偏向自己的广告商支持的内容和服务，而不是其他供应商。[75]不管具体的投诉有什么优点，谷歌在这些应用程序上的收入（它在这些应用程序上远远落后于亚马逊）可以忽略不计。真正的问题是，提供搜索的一般学习周期是否会给谷歌在无数其他垂直应用中带来无可比拟的优势。[76]截至 2016 年年中，许多人预测谷歌将因滥用其网络搜索垄断地位而面临数十亿欧元的罚款。[77]

这两个争议都取决于人们如何看待数字平台的力量及其持久力。有些平台比其他平台更具"黏性"。其他平台，如大型数字商店，可能很难被新进入者复制，尽管复制它们或与它们显著不同的成本是可控的。因此，拥有市场力量的公司需要受到监管，特别是在**信息与生产颠覆**允许少数数字公司在多个非数字市场中占据主导地位的情况下。

许多平台的黏性没有人们通常认为的那么强，这可能是因为先发者和引爆者的优势取决于市场特定的消费者剩余特征。[78]谷歌颠覆了搜索市场，因为它的主要业务是普通消费者搜索市场，在这个市场上，网络效应和规模经济降低了提供新服务功能的成本。谷歌对大数据的掌控也帮助它提高了应对创新的能力，巩固了它在搜索领域的准垄断地位，并在它更好地将搜索结果与广告商的需求相匹配时提高了其收益。有人预测谷歌可以确保普遍的寡头垄断，但这是一个过度概括。

许多数字化市场和数字化注入的市场都有细分的供应链和消费者需求偏好，不同类型的平台得以出现。以宗教和其他因素为重点的约会网站显示了消费者需求的多样性。[79]同样，地域文化因素也可能有利于当地的社交网络应用程序供应商，如韩国的Snow。[80]游戏系统硬件和软件的多样性也显示了供应链的差异。**信息与生产颠覆**所支持的专业应用程序和产品的激增，可能会减轻一些对平台垄断的竞争担忧。此外，平台可以产生诸如计算机和打印机之间的相互依赖关系，从而限制市场参与者的定价和供应决策，从而违背对市场力量的正常预期。[81]

数字服务领域也出现了同样的现象。PayPal和Stripe等信用卡和在线支付系统提供商从用户交易模式中学习，要么独立提供新服务，要么将分析结果出售给第三方。这使得大型零售商可以利用移动技术来发明绕过传统支付系统的新的支付系统。[82]如果它们拥有自己的系统，它们就不需要向维萨（Visa）和其他发卡机构支付费用。它们还将拥有其信贷交易所产生的信息。这就是像软银和乐天这样雄心勃勃的日本公司正在投资创新金融服务的原因之一，这些金融服务可以成为电子商务中有利可图的利基市场，也可以称为谷歌的弱点。同样，在中国，像阿里巴巴这样的公司也正在开发主要的金融替代方案。[83]

生产中断加强了多元化。随着新的生产技术使产品更便宜、更智能，更多的软件和信息被嵌入到最终产品中。可更新"固件"的增长产生了特殊的信息收集和分析系统，这些系统与游戏系统有许多共同的特征。更普遍地说，物联网为专业平台和云应用程序的发展开辟了道路。谷歌面临着越来越多的竞争威胁，因为移动设备取代了计算机作为信息的接入点，人们经常绕过搜索，而选择专门的"应用程序"。谷歌在进军传统制造业市场（如汽车）的过程中，含蓄地承认了这种多样性，同时也在为手机推广其Android操作系统。日益增长的多样性也意味着，数字平台领域将出现更加复杂的劳动分工。谷歌和其他一些公司可以主导云计算和一些垂直领域，即使数字技术创造的附加值在更广泛的商品和服务中变得更加多样化。尽管如此，欧盟竞争主管部门还是在2016年开始调查谷歌在Android上的授权做法是否歧视竞争对手。[84]

欧盟指出的第三个竞争问题是开发互操作标准，这是因为云供应商和云服务供应商可能对数据存储格式和其他项目有不同的系统标准。正如微软（Microsoft）和苹果（Apple）在软件平台上竞争时所发生的那样，人们担心，客户（尤其是个人和中小企业）一旦承诺使用一家云供应商，就会被"锁定"，因为将数据转移到另一家供应商的成本很高。这也适用于像Fitbit这样的云应用程序——很难将个人锻炼数据从PC传输到苹果设备上。

兼容的标准可以缓和新进入者被锁定的风险。使用政策诱导标准化的另一面是创新将会放缓甚至完全停滞的风险。尽管技术发展迅速，但相互竞争的平台（标准系统）促进了试验，并在相互竞争的系统之间引发了更大的竞争。过早地选择"最佳"技术是有风险的，这一过程可能被产业政策目的所劫持。然而，随着时间的推移，翻译器和其他基于云的解决方案减少了平台孤岛问题。资金充足的初创公司现在提供自己的平台，以实现不同组合的云应用程序之间的互操作性。[85]

简而言之，实验和争论存在于共享基础数字平台的条款。这些活动促使竞争党派对新的政策干预提出异议。然而，从公众利益的角度来看，很难找出"正确的"技术颠覆。"简单"明确的案例会出现，但大问题往往需要反复试验来确定合适的参数。长期来看，私人市场的反应可能比新的政策干预更有效。有时，政府可以利用战略政策干预加速创新，但它们必须增强学习和试验能力，并考虑对问题作出广泛的反应，包括私人和公民社会的解决办法。[86]

除了适当地衡量创新的价值外，审慎的竞争政策治理方法应认识到以下几点：

1. 模块化灵活性在**信息与生产颠覆**的所有阶段都很重要。降低混合和匹配所有资产（包括知识产权、个人信息和设备部件）的交易成本是成功创新和强劲竞争的核心（模块化可以与强大的知识产权相一致。一个模块化的世界将混合传统的知识产权和技术，如技术共享或开源项目）。

2. 应该鼓励技术和商业模式之间的竞争。中央指挥和控制指导，如强制性的国家技术标准可能会限制创新，但是，治理可以使用其他措施，例如绩效标准和对共享资产的投资，来实现推进公共利益目标与允许技术和业务试验之间的平衡。

6.4　关于云计算的政治经济学辩论

云不仅仅是一块能激发人们对数字世界最佳治理的激情和自律思考的魔法石，它还涉及相互冲突的政治目标和市场野心。我们就 4 个方面的问题与政府官员、企业高管和非政府组织领导人进行了交谈。在过去 20 年里，他们认为自己参与了一场遏制美国商业主导地位的长期战斗，并担心云计算可能会打开美国在 IT 领域再主导 20 年的大门。美国在 20 世纪 80 年代和 90 年代的主导地位以"Wintel"（Windows 操作系统和英特尔 CPU 组成架构）为象征，并通过补充软件（如甲骨文）和硬件（如思科和高通）得到加强。现在，他们担心云计算的领导者谷歌、微软和亚马逊将主宰信息市场和物联网创造的新市场。云是一种具有大规模经济效益的新架构。美国公司在创建云基础设施和运营方面处于领先地位。它们已经深深扎根于云正在改变的数字化市场。此外，云计算的能力可能会让其他美国巨头（如苹果、IBM 和 Facebook）主导许多最赚钱的 IT 应用。[87]因此，与我们交谈过的官员及企业高管几乎一致希望避免另一个美国压倒性技术主导的时代。

到目前为止，我们已经详细分析了围绕云治理的竞争政策的争论，以及对美国主导**信息和通信技术（ICT）**的普遍担忧。在市场立场和政策方法上增加细微差别也是有用的，简而言之，为具体的政策立场提供视角。尽管存在政策冲突，但存在一个普遍的假设，即**信息和通信技术**和**信息与生产颠覆（IPD）**的任何战略都必须在云计算世界的能力方面发挥核心作用。因此，在确定使世界市场更可预测的治理锚点方面，每个人都有自己的利益，尽管是不同的利益。这是一个典型的协调利益挑战，纠缠在合作挑战中。

在云计算方面，美国是一个维持现状的大国，因为它延伸了美国对云计算方法的演变。大约在 2013 年，美国境外"低端"云功能的全球市场份额可能是 85%，但信息技术和创新基金会估计，对云的限制措施可能会在几年内将这一份额降低到 55%。[88]然而，美国对其他国家担忧的反应迟缓而胆怯。2009 年，美国 IT 行业的领袖们最初认为，有关云计算的争论会很快平息，只需要进行微小的政策调整，可能包括针对国际贸易的一些新规则。随着企业界的许多人对奥巴马政府的经济议程越来越担忧，他们对奥巴马在数据隐私和安全监管方面的怀疑也在增加。然而，如果没有积极的国内战略，就这些问题制定强有力的美国国际战略就变得更加困难。

为了填补全球空白，我们简要地把我们的讨论扩展到熟悉的美国景观之外。对云的怀疑引发了不同的国际反应。我们考虑3个市场中心来说明不同的政治经济动机——日本、韩国和欧盟——然后讨论它们有影响力的大型全球用户。

日本仍然是亚洲企业研发的主导中心。尽管经历了几十年的缓慢增长，日本仍有许多实力雄厚的公司，特别是为其他企业提供专业服务的供应商。[89]然而，20世纪90年代初之后，由于日本错过了向互联网计算和新的移动通信架构转变的时机，日本在IT和电信领域的实力开始衰退。可以预见的是，日本在国际上并不是一个突出的云参与者，因为它的公司主要集中在相对隔绝的日本国内市场和日本公司的海外子公司。[90]

新一代的竞争对手再次提升了日本的全球地位。服务业的主要创新者是两家非传统的创业型公司。通过控股雅虎，软银成为日本最大的公司。（威瑞森于2016年7月收购雅虎的交易中并没有包括雅虎日本及雅虎持有的阿里巴巴股份）[91]Yahoo!乐天是日本占主导地位的电子商务公司。[92]软银和乐天都是服务集团，同时也是全球服务公司的投资银行家。软银引领了日本在海外最成功的IT扩张（比如它对印度尼西亚电子商务公司Toko-pedia的1亿美元投资）。日本雅虎还投资了数千家电子商务和信息应用公司，并且是美国第三大移动运营商Sprint的大股东。乐天称自己正在构建一个混合金融、电子商务和其他服务的生态系统（通过收购塞浦路斯大型即时通信应用Vibe）。两家公司都专注于基于云技术的创新金融支付和信用系统。[93]日本其他领先的服务公司依靠云动态来获得它们的许多大型服务资产。[94]日本在庞大的在线游戏行业的领导地位主要是由于其游戏公司专门从事移动应用程序开发，而不是像任天堂那样兼具传统硬件和软件部门。

在硬件方面，日本设备和服务市场的外国渗透率已显著提高，但仍不如其他国家突出。日本企业在电信、终端和IT设备方面的优势使它成为工业集团IT系统和组件的专业产品供应商（例如用于物联网设备的芯片、机器人和各种终端的视频显示）。[95]例如，在终端层，2016 年 7 月，在英国脱欧公投后不久，日本的软银（SoftBank）发起了 310 亿美元的收购要约，收购英国移动设备半导体设计公司 ARM Holdings。[96]该项收购于 2016 年 9 月完成。[97]

由于语言障碍和客户习惯的原因，日本的信息服务业受益于其本土基地，但仍与国内供应商保持协调。因此，即使日本采取了与其他行业类似的网络安全政策，云计算的发酵也并没有明显激发日本公众对隐私的担忧。虽然日本的隐私制度借鉴了欧盟模式，但其应用较为宽松。这些规则并不限制云基础设施的位置或数据的移动。

与日本形成鲜明对比的是，韩国热情地接受了全球**信息和通信技术**标准，并在 20 世纪 90 年代美国**信息和通信技术**复兴的基础上发展起来。一些韩国企业巨头（包括三星、LG 和 SK 海力士）在计算机芯片和包括计算、电信和视听在内的多种终端设备方面成为全球领导者。[98]韩国电信运营商传统上与政府的产业政策目标合作，以提升韩国的技术领先地位。早期，它们部署了 3G 无线技术，并倡导使用无线平台，这些平台后来主导了 3G 网络核心，这形成了韩国电信终端制造商的需求基础。电信终端，尤其是三星的终端是三星进入扩大价值份额的最强入口。韩国的战略弱点是软件，即使对三星来说，移动操作系统也是弱项。[99]因此，韩国努力成为开发下一代宽带无线技术 5G 的领导者。[100]与此同时，正如第 1 章所述，韩国尝试建立一个类似硅谷模式的更大的创业生态系统，结果好坏参半。韩国国内成功的 IT 服务企业建立在两个主要优势之上。首先，它们是利用韩国高渗透率、高带宽网络的早期领导者。从一开始，韩国的宽带网速就是世界上最快的，宽带普及率超过 100%。这使得韩国公司可以尝试丰富的视觉交互环境。其次，它们优化了当地的语言和文化（尤其是韩国人对移动在线游戏的热爱）。2015 年底，韩国搜索市场的领头羊 Naver 和 Daum 分别占据 77% 和 20% 的市场份额。[101]Naver 旗下的 LINE Corp. 是在日本 40 岁以下用户中占主导地位的即时通信应用，其在泰国和印度尼西亚也迅速扩张，这导致了2016年6月LINE Corp. 成功的10亿美元的首次公开发行（IPO）。[102]第二种力量因韩国文化（如流行音乐）在全球日益流行而得到增强。如第1章所述，这些新进入者得益于朴槿惠政府努力减少对传统财阀的依赖。

韩国实施的安全规则（隐私规则）加强了本土企业的实力。其中一项规定禁止将韩国地图数据存储在国外的服务器上，这有效地阻止了谷歌利用其庞大的地理空间数据和地图专业知识在搜索领域建立市场份额。[103]韩国政府还计划到2018年为止，通过云计算技术升级，占领全球市场的10%。它激励政府机构和公司转向云操作，但它的重点在安全方面，市场倾向于"私有云"部署，而不是公共云。亚马逊（Amazon）、微软（Microsoft）以及韩国两大电信运营商KT和SK的云计算子公司主导着韩国市场。[104]韩国在数字化市场上的优势建立在终端设备和数字服务（如游戏）与采用云计算的网络的合作关系之上。其在东北亚取得了一定进展。然而，扩展到美国和东南亚的努力只取得了有限的成功。[105]

欧盟对云技术作出了强有力的回应。除了SAP，欧洲在总体IT和服务市场上缺乏典型的世界领导者（欧洲确实诞生了Skype、一些专业服务公司，以及为移动设备设计低功耗芯片的ARM控股公司[106]）。在纯IT领域，主要参与者的缺乏在欧洲引发了持续的恐慌。欧洲的经济战略家们倾向于加速向单一的欧洲数字市场迈进，以帮助欧洲的初创企业在比美国更大的市场中成长。[107]其具体措施包括促使数据在欧盟内部的自由流动，结束对患者健康信息等敏感数据流动的限制，使云计算供应商遵守认证程序，以及使用户更容易更换云供应商。从理论上讲，这些将支持特殊用户群体的需求。他们还支持旨在创造"共享资产"的战略，并确定了具体的优势和劣势，这些优势和劣势可能有助于欧洲在加强电信设备和服务方面的优势基础上建立"垂直行业"。

欧洲主要的电信设备制造商爱立信和诺基亚（后者于2016年1月收购了第三大制造商阿尔卡特–朗讯）正通过在网络设备产品中添加软件，向云安全技术和其他增值功能领域扩张。[108]在高端网络技术领域，它们寻求相对于华为等挑战者的比较优势。例如，阿尔卡特-朗讯通过云中心的软件定义网络，紧紧地专注于超宽带、互联网协议网络和云基础设施。这些公司都在IT和通信网络的交叉领域寻求更大的价值份额。

欧洲电信运营商组成了欧盟最大的商业协会之一。西班牙的Telefónica、挪威的Telenor和其他在欧洲以外几个国家运营的主要运营商认为，欧盟的电信法规抑制了对先进宽带的网络投资。[109]它们还强烈指责欧盟的竞争政策阻碍了在全欧盟范围内建立大型航空公司的统一网络。像世界各地的电信运营商一样，它们希望拓展传统电信网络服务之外的可能性（移动业务的扩张推动了它们10年的增长，但移动业务的利润率正在下降）。它们抱怨说，它们需要一个"公平的竞争环境"，以对抗那些通过提供绕过传统电信法规的互联网服务而占领长途电话和短信通信市场的IT公司。此外，与大型电信运营商相比，这些跨IT进入电信领域的企业在不同的安全规则下操作，因为它们不控制核心物理基础设施。

国家监管机构重视与竞争政策相关的成就，因此，可以预见的是，运营商对政策的指责在欧洲造成了重大的政治难题。欧洲人享有相对便宜的宽带，因为竞争对手可以转售大型运营商的网络容量，同时有选择性地投资于补充的基础设施。[110]但是到2014年初，欧洲主要国家的政治领导人，包括默克尔和弗朗索瓦·奥朗德，开始支持重振欧盟**信息和通信技术**部门的核心，并寻求推进单一的数字欧盟通信市场，允许重大的跨境并购，以创建一体化的欧洲参与者。[111]欧洲当局希望暗中帮助其电信运营商在IT领域扩张。但有时也会出现复杂情况，比如德国隐私政策导致德国电信（Deutsche Telekom）推出仅通过德国网络发送德国邮件的电子邮件服务。[112]我们预计，威瑞森将以类似的方式进入云服务领域。

此外，互联网和移动设备上移动视频的爆炸式增长促使欧盟将重点放在视听媒体服务上。2010年3月，欧盟议会批准了《视听媒体服务指令》（2010/13/EU），以加强成员国某些法律、法规和行政行动的协调。云的兴起及它对政策制定者提出的挑战导致2015年年中政策制定者们进行了新的磋商，更新了该指令，并于2016年5月由欧盟委员会提出了修订该指令的新立法提案。[113]修订后提案的主要新内容集中在简化和澄清有关原产国原则的合作程序，以减轻广播电视公司在处理Netflix和其他使用云的内容提供商提出的问题时的负担。[114]

欧洲的另一个优势是在垂直领域。如前所述，一些人担心大数据公司可能会利用其IT能力从受**信息与生产颠覆**影响的传统商品和服务中夺取市场价值。一些成功的欧盟部门，如运输设备部门，其产品正变得依赖于信息技术，正处于危险之中。[115]随着物联网的发展，像汽车这样的产品已经成为信息终端，行业协会和欧盟委员会倾向于将行业的专业IT能力与公共基础设施开发等相结合的合作项目。

欧盟为公路、铁路和电力设施引进了数字技术项目。这一公共政策是有道理的，但在企业对企业或企业对政府协议中实施欧盟隐私准则更容易。隐私规则让大数据公司的任务变得更加复杂，因此欧洲垂直行业将获得隐性红利。这里有一种微妙的动态，从定义上看，区域交通和能源格局是区域优化。中标项目可作为其他地区项目招标的示范项目。对于这些基础设施项目来说，在全球范围内进行观察和试验并不重要，重要的是在区域层面上出于商业目的使用数据。

欧盟的规定并不排除美国的云业务（例如，微软获得欧盟批准的云存储隐私规则，因为它使用其隐私政策作为微软云操作的差异化因素）。[116]鉴于其市场优势，欧盟的政治经济激励是从网络扩展到IT领域，并与网络公司合作，将从终端（例如车辆）向上组织到IT领域。云策略、隐私和安全方面的考虑可以与这一基本原则相协调。

当全球**信息和通信技术**规则在20世纪80年代和90年代制定时，一群有影响力的国际**信息和通信技术**用户帮助推动了该项目的发展。这一群体包括许多金融机构、大型跨国制造公司和其他公司。鉴于金融机构和其他服务公司很早就接受了全球化信息通信技术，它们在更新规则方面投入了大量资金。一些主要的首席执行官亲力亲为来证明其重要性。美国服务业联盟（U.S. Coalition of Service Industries）及其他国家的同行继续支持为云基础设施制定通用规则。然而，鉴于对**信息和通信技术**的日益依赖，如今大型企业用户的首席执行官们却缺乏类似程度的政治关注，这一点令人震惊。这可能反映了**信息和通信技术**公司难以进入下游用户市场的紧张局势。

总之，云治理的未来政治经济学将在很大程度上取决于重要用户对现状的评判。也许高度关注信息技术的金融业，鉴于其专业化的监管结构，已经充分地将其利益与更广泛的信息通信技术政策分离开来。对于那些采用**信息与生产颠覆**逻辑的大型全球制造商来说，云限制还没有让它们放慢脚步。云容量上升，价格下降。对数据移动的限制令人担忧，但到目前为止，数据的企业间共享还没有得到数据主管部门的高层关注。下一章将研究金融行业的网络安全。网络安全是这些公司的首要任务，但它们并不认为这是一个云问题。简而言之，尽管它们支持云计算，但在政府政策的采购清单上，云计算排在后面。

6.5　政府政策：尝试在贸易协定中建立一个国际基准

云计算的商业影响最终导致人们认真考虑国际贸易规则可能部分应对**信息与生产颠覆**治理挑战的方式。但是，如果**多利益相关方组织**（MSOs）实质上参与了政策的实施，那么交易规则能够提供更全面的治理解决方案吗？如果是这样，因为认识到全面协调既不可能也不可取，这是否也会创造条件鼓励国家监管系统的趋同？

如果在一个核心原则上存在妥协的政治意愿，谈判者擅长确定细节。在云生态系统等重大任务上，除非谈判代表就共同原则达成谅解，否则谈判将失败。前面已经讨论了因果和规范性期望的原则。在这里，我们关注的是基本原则以及它们对市场可能意味着什么。我们发现了希望和问题。

谈判很少在政策真空中开始。事先的协议通常会设定先例和界线。在处理云生态系统时也是如此。尽管有几个自由贸易协定走得更远，但其基本文本是由乌拉圭回合产生的WTO协议及其所包含的政策原则。然而，在一个技术快速颠覆和政治经济力量重新组合的时代，将民间组织和非政府组织纳入其中，以成功实施和监督新的贸易协定是至关重要的。这是未来贸易谈判代表的任务。

云生态系统部分由贸易义务覆盖。乌拉圭回合《服务贸易总协定》（Uruguay Round General Agreement on Trade in Services）规定了关于所有服务的一般义务。具体服务行业的附件细化为市场准入的具体承诺，以及行为和制度的具体硬义务和软义务。这些协议涵盖信息和电信服务。可以说，云计算，因为它是一种由电信设施提供的远程计算机处理和存储系统，已经包括在乌拉圭回合的文本中，[117]包括跨境数据流。[118]之前的协议简化了贸易谈判代表的任务，因为一些元素可以在云生态系统的更具体环境中重复。此外，谈判可以澄清过去承诺的含义。话虽如此，从过去的承诺中推断出义务，与在新的市场形势下就其意义达成实际共识，两者之间存在实质性差异。

2011年，美国和欧盟在世界贸易组织服务贸易理事会（Council for Trade in Service）合作，制定了一套在服务贸易协定中处理**信息和通信技术**问题的起始原则。这个原则是建立在过去世界贸易组织协定的基础上的。[119]有几项原则来自为所有服务贸易规则提供信息的框架。其中包括规则制定和决策的透明度义务、促进国际发展的合作（数字鸿沟问题）以及建立独立于供应商并有权履行其职责的强大监管机构。其中一项原则建立在1997年BTA的义务之上，即为无线电频谱的选择建立适当的制度安排和决策程序。其他原则重申了BTA的原则，即提供具有竞争力的电信服务应直接获得许可证，进入者有权以成本效益条件与主要公共电信网络互连。然而，另一项原则鼓励谈判代表允许外资充分参与该行业，包括通过外资所有权。所有这些都是对最初的 BTA 义务的调整。

接下来讨论的三个关键原则的核心是，应如何为云生态系统阐明《服务贸易总协定》（GATS）框架。双方一致认为，有必要至少部分豁免金融服务。欧盟坚持认为，保护隐私和安全的措施也不受这些原则的约束，至少在美国和欧盟就数据隐私保护达成令人满意的协议之前是这样。

第一，跨境原则确认了用于商业服务的数据在国际上的自由流动。它确认了外国公司有权跨越国界访问自己的业务数据，以提供服务。需要从位于国外的服务器检查客户账户的银行可以这样做。外国供应商也可以获得其他国家公开可用的数据（例如，官方国民收入核算数据）。[120]

第二，本地基础设施原则确认，供应商可以自由地将基础设施部署在他们希望的任何地方。使用位于其他国家的大型云中心是允许的。[121]公司不需要在当地设立子公司。因此，泰国的 Facebook 用户如果愿意，可以使用 Facebook 在美国的服务和设施，而 Facebook 不需要在泰国设立子公司。这一原则也赋予 Facebook 与当地社交媒体公司在寻求获取网络资源时同等的待遇。想象一下，谷歌 Auto 需要专用网络的频谱来为使用谷歌 Auto 作为汽车导航系统的泰国车辆提供服务。谷歌在竞争所需频谱时应与泰国公司同等对待。

第三，网络开放和网络接入原则强化了用户通过公共电信网络使用域外供应商服务的权利。它还指出，政府政策应尊重服务在技术上中立。[122]例如，公司可以通过宽带网络或传统的光盘提供新的软件或视频内容。换句话说，不同的人有不同的技术架构。但这一原则也承认，只要尊重中立前提，促进互操作性是可取的。

综上所述，数据的自由流动，设施选址的自由选择，以及提供云服务所需的网络资源的非歧视访问，将为市场提供强大的底线。这是一个良好的开端，但与市场准入以及涉及可信数字环境的行为和义务相关的两类问题出现了。

现在被放弃的《跨太平洋伙伴关系协定》（TPP）谈判在某种程度上

充实了这些问题（见第9章），但在全球层面上，最能体现缓慢进展的是《服务贸易协定》谈判在2016年初出现重大进展的迹象之前，美国与欧盟关于云计算市场的贸易倡议一直停滞不前。[123]澳大利亚在《服务贸易总协定》的讨论中提出了两项原则，为解决这些问题迈出了重要的一步。它们建议如下[124]：

（1）**"网上消费者保障：成员应认识到维持和采取措施保护使用电子贸易的消费者的重要性，以提高消费者的福利和他们对电子贸易的信心。各成员还应鼓励各自负责保护消费者权益的国家机构就跨境电子商务相关活动进行合作。"**

（2）**"网上个人资料保护：成员应采用或维持国内法律框架，以确保电子商务用户的个人资料得到保护。各国政府应分享在保护电子商务用户个人数据方面的经验。"**

简而言之，云正在重塑世界**数字密码基因**的经济和技术特征。云的动态有利于国际技术架构，因此冲击了国内市场。各国政府的反应各不相同。由于云计算的性能优势，它们试图刺激云计算的使用，但它们担心云计算可能会在未来几年巩固美国在IT市场的主导地位。它们还担心，在云技术的推动下，美国企业巨头正在潜移默化地引导美国的治理价值观，即在竞争和创新之间进行权衡，包括保护隐私和安全。我们探讨了这些担忧与本地产业保护纠缠在一起的方式，因为云动态正在颠覆远远超出纯数字产品市场的商业模式。我们通过研究日本、韩国和欧盟的不同利益组合，进一步说明了云政治经济学的复杂性。最后，我们展示了随着各国政府开始就这些治理问题寻找可接受的共同点，由云推动的问题如何开始影响贸易政策谈判。第三部分的其余部分和第9章将得出我们关于治理前进方向的结论。

注释：

1. 我们大量引用了 Peter Cowhey 和 Michael Kleeman，"Unlocking the Benefits of Cloud Computing for Emerging Economies—A Policy Overview," October 2012, https://www. wto. org/english/tratop_e/serv_e/wkshop_june13_e/unlocking_benefits_e.pdf。

2. Peter Mell and Tim Grance, "The NIST Definition of Cloud Computing," U.S. National Institute of Science and Technology, Special Publication 800-145, September 2011, http://dx.doi. org/10.6028/NIST.SP.800-145.

3. 亚马逊、微软和谷歌是垂直整合的，涉及云的各个方面，包括处理器、数据中心、国内和国际网络资产（暗光纤），以及海底光纤电缆系统的主要所有权。它们的投资影响到服务质量、互连、与最后一英里供应商的成本，以及它们交付给客户的产品质量。苹果也是云计算的主要参与者，它的 iTunes、iCloud 和其他苹果服务都是基于云的，不过是在苹果的私有云上。

4. 云可以以三种不同的配置进行部署。第一，它可以完全由单个组织部署。一些制造商（如通用电气）选择了这种方式。第二，它可以是一个用户联盟的共享私有资源。第三，它可以是由私人实体拥有和管理的公共商业资源，任何用户都可以按照商业条款使用，就像亚马逊的云产品一样。

5. 印度 IT 服务公司 Naadhi 将其项目监控和报告应用程序转移到云端，以便潜在客户在完全投入服务之前可以试用。

6. James Crabtree, "Bangalore Steps Out of the World's Back-Office," Financial Times, July 21, 2015, p. 12.

7. "Microsoft— The Economics of the Cloud, 2010," http://news. microsoft. com/download/ archived/presskits/cloud/docs/The-Economics-of-the-Cloud.pdf.

8. Michael Armbrust et al., "A View of Cloud Computing," Communications of the ACM, 53, no. 4 (April 2010): 50-58.

9. "The 5 Largest Data Centers in the World," Forbes, accessed May 19, 2016, http://www. forbes. com/pictures/ gikh45hdm/range-international-info/#7512c4951e99. "Switch Starts 2016 as the World's Largest Colocation Data Center to be 100% Green," accessed July 15, 2016, https:// www.supernap.com/news/switch-largest-data-center-100-percent-green.html.

10. "Silver Lining: Tech Giants Are Waging a Price War to Win Other Firms' Computing Business," The Economist, August 30, 2014, pp. 59–60, and "The Cheap Convenient Cloud: As Cloud–Computing Prices Keep Falling, the Whole IT Business Will Change," The Economist, April 18, 2015, pp. 60–61.

11. Leslie Hook, "Amazon's Cloud Puts Retail Unit in the Shade," Financial Times, January 27, 2016, p. 14.

12. See the July 2015 estimates of Synergy Research, https://www.srgresearch. com/articles/ big-four-cloud-providers-are-leaving-rest-market-behind.

13. Data Center Knowledge, Special Report, "The World's Largest Data Centers," accessed December 13, 2014, http://www.datacenterknowledge.com/special-report-the-worlds-largest- data-centers/.

14. John Ruwitch and Paul Carsten, "Alibaba Opens First U.S. Cloud Center, Enters Hotly Contested Market," Reuters, March 3, 2015, http://www.reuters. com/article/2015/03/04/ us-alibaba-group-usa-cloud-idUSKBN0M002Y2015 0304.

15. ABB 估计每年新增服务器 575 万台。在印度,HCL、E2E 和其他公司运营着支持云计算的数据中心。在墨西哥,亚马逊和谷歌运营着云服务中心,墨西哥最大的电信运营商 Telmex 也是如此。在南非,Vodacom 和 Teraco 运营着几个云服务中心,一家名为 Pamoja 的新公司正在南非、肯尼亚和其他非洲国家部署泛非云服务。

16. 2010 年,一家大型 IT 公司的部门首席技术官向我们解释了这一点,但在关于隐私和云的公开辩论中,这些要求在很大程度上被忽视了。

17. Jennifer Daskal and Andrew Woods, "Cross–Border Data Requests: A Proposed Framework," Lawfare, November 24, 2015, https://www.justsecurity. org/27857/cross-border- data-requests-proposed-framework/.

18. John Zysman and Dan Breznitz (eds.), The Third Globalization, 2013.

19. "Measuring international trade related to cloud computing is challenging. Official data give a partial impression of related developments." "UNCTAD Information Economy Report 2013: The Cloud Economy and Developing Countries," p. 20. Additional useful data are at UNCTAD, "Information Economy Report 2015: Unlocking the Potential of E-commerce for Developing Countries."

20. "Partly Cloudy," The Economist, October 17, 2015, pp. 67–68.

21. Examples include Android Auto, Apple's HomeKit, and Samsung's Smartthings, Jessica Twentyman, "The Connected Business: Wearables and Cars stimulate Demand," Financial Times December 10, 2014, p. 2, http://www.ft.

com/intl/cms/s/0/945c903c-7564-11e4-a1a9- 00144feabdc0.html#axzz3wokP
2z5y.

22. From the 1962 classic "The Man Who Shot Liberty Valance," directed by John
Ford and starring James Stewart and John Wayne. Maxwell Scott, playing the
newspaper editor, when asked by his reporter why he was not going to print
the true story that was told in the movie, responded, "When the facts become
legend, print the legend." http://www.imdb.com/title/tt0056217/ quotes.

23. This market flip surprised many IT firms and cloud leaders. Richard Waters,
"The Connected Business: IT Incumbents Learn to Love the Cloud," Financial
Times, December 10, 2014, p. 1.

24. Michael Kleeman states that this is just the revenue for the direct services pro-
vided by cloud providers, not the total revenue generated by all parties that use
cloud services.

25. Quentin Hardy, "Google Races to Catch Up in Cloud Computing," New York
Times, July 24, 2016, http:// www. nytimes. com/ 2016/ 07/ 25/ technology/
google-races-to-catch-up-in- cloud-computing.html? _r=0.

26. Statista, http://www.statista.com/statistics/233725/development-of-amazon-
web--services- revenue/.

27. Jack Clark and Ashlee Vance, "Amazon's Cloud Is Worth How Much?,"
Bloomberg Business Week, April 27–May 3, 2015, pp. 30–31. Dan Frommer,
"Amazon Web Services Is Approaching a $10 Billion- a- Year Business," re-
code, April 28, 2016, http:// www. recode. net/ 2016/ 4/ 28/ 11586526/ aws-
cloud-revenue-growth.

28. Monica Sharma, Ashwani Mehra, Haresh Jola, Anand Kumar, Madhvendra
Misr, and Tiwari Vijayshri, "Scope of Cloud Computing for SMEs in India,"
Journal of Computing, 2, no. 5 (May 2010): 144–149.

29. Federico Etro, "The Economic Impact of Cloud Computing on Business Cre-
ation, Employment and Output in Europe," Review of Business and Economic
Literature, 54, no. 2 (2009): 179–209.

30. 总部位于哥本哈根的经济与商业研究中心(Centre for Economic and Business Re-
search)通过细粒度分析估计,到2015年,法国、德国、意大利、西班牙和英国每年的
经济效益将超过1 770亿欧元,届时每年将创造约44.5万个新就业岗位。

31. Centre for Economic and Business Research, "The Cloud Dividend- Part One:
The Economic Benefits of Cloud Computing to Business and the Wider EMEA

Economy," December 2010, p. 22, http:// uk.emc.com/collateral/microsites/ 2010/cloud-dividend/cloud-dividend-report.pdf.

32. Hofheinz and Mandel, "Bridging the Data Gap," 2014.

33. OECD, "The Impact of Internet in OECD Countries," OECD Digital Economy Papers, No. 200, OECD Publishing (2012), http://dx.doi.org/10.1787/5k962hh-gpb5d-en.

34. 美国贸易谈判代表了解到,泰国和韩国等国限制云支付系统的努力,这些系统传统上为当地金融机构提供了额外的保护。通常的理由是保护隐私。2015年5月,亚太经济合作组织(APEC)互联网经济会议将这一问题作为未来政策考量。

35. 云还通过降低高带宽网络上终端的成本,并提供对远程监控、管理和计费系统以及营销和销售支持的可靠性和成本管理至关重要的网络化智能功能,从而实现变革。

36. Hofheinz and Mandel, "Bridging the Data Gap," 2014, p. 3.

37. Patrick Brogan, "U.S. Internet Usage and Global Leadership are Expanding," USTelecom Research Brief, August 12, 2015, Charts 4 and 5, p. 6. This report uses Cisco data, http://www.ustele- com.org/sites/default/files/documents/ 081215%20Internet%20Usage%20%26%20Global%20 Leadership.pdf. For an alternative calculation with a similar bottom line, see Jacques Bughin, Eric Hazan, James Manyika, Peter Dahlstrom, Sree Ramaswamy, and Caroline Cochin de Billy, "Digital Europe: Pushing the Frontier, Capturing the Benefits," McKinsey Global Institute, June 2016.

38. Hofheinz and Mandel, "Bridging the Data Gap," 2014. Cisco estimates that "Global Internet traffic in 2019 will be equivalent to 66 times the volume of the entire global Internet in 2005. Globally, Internet traffic will reach 37 gigabytes (GB) per capita by 2019, up from 15.5 GB per capita in 2014." "The Zetabyte Era—Trends and Analysis," http://www.cisco.com/c/en/us/ solutions/collateral/ service- provider/visual- networking- index- vni/VNI_ Hyperconnectivity_ WP. html.

39. European Commission, "Why We Need a Digital Single Market," https://ec.europa.eu/ priorities/sites/beta-political/files/dsm-factsheet_en.pdf.

40. James Manyika et al., "Big Data: The Next Frontier for Innovation, Competition and Productivity," McKinsey Global Institute, May 2011.

41. Ricardo Tavares, "Rise of the Machines," InterMEDIA, 42, no. 3 (Autumn 2014): 26-30. The further subdivisions are ours.

42. Drawn from OECD, "Exploring Data- Driven Innovation as a New Source of

Growth: Mapping the Policy Issues Raised by 'Big Data,'" January 30, 2012, http://www.oecd- ilibrary. org/ science- and- technology/ exploring- data- driven- innovation- as- a- new- source- of- growth_ 5k47zw3fcp43- en; OECD, "Cloud Computing: The Concept, Impacts and the Role of Government Policy," OECD (2014) Digital Economy Papers, No. 240, OECD Publishing, http://www.oecd- ilibrary. org/ docserver/ download/ 5jxzf4lcc7f5. pdf? expires=1468651718&id=i d&accname=guest&checksum=AD29829B95723CD6E 4045E67C6D1B05A.

43. See the Bildt Commission recommendations, Global Commission on Internet Governance (The Bildt Commission), "One Internet," Final Report by the Centre for International Governance and the Royal Institute for International Affairs, 2016, pp. 31- 45, http:// ourinternet. org/ report#chapter which, like most economists, endorses competitive markets mixed with supplementary measures when necessary. See The World Bank News, "World Bank Supports New Actions to Improve Connectivity," November 6, 2014, http://www.world-bank. org/en/news/feature/2014/ 11/06/world- bank- supports- new- actions- to-improve-connectivity-of-land-locked-countries.

44. 世界密切关注着美国围绕网络中立的斗争。2015年2月26日,联邦通信委员会以3比2的党派路线投票,将宽带重新归类为标题Ⅱ,使其有可能使用其对"公共运营商"活动的权威来实施网络中立原则。欧盟委员会宣布,它将对可证明的严重违反原则的投诉进行干预,但不会实施详细的规定。http://arstechnica.com/business/2015/02/fcc- votes- for- net- neutrality- a- ban- on- paid- fast- lanes- and- title- ii/. The commission's authority to impose "net neutrality rules" was upheld by the U.S. Court of Appeals of the District of Columbia Circuit in June 2016. Cecelia Kang, "Court Backs Rules Treating Internet as Utility, Not Luxury," New York Times, June 13, 2016, http://www.nytimes.com/2016/06/15/technology/net-neutrality-fcc- appeals-court-ruling.html.

45. We draw on the excellent overview of the limits on cloud computing imposed by government policies: Anupam Chander and Ulyen P. Le, "Breaking the Web: Data Localization vs. The Global Internet," April 2014, http://papers.ssrn.com/sol3/papers.cfm? abstract_id=2407858. Also see Anupam Chander, The Electronic Silk Road; Amir Nasr, "Data Localization Would Harm U. S. Economy, Tech Experts Warn," Morning Consult, July 13, 2016, https://morningcon- sult. com/2016/07/13/data- localization- would- harm- u- s-

economy-tech-experts-warn/.

46. For example, see the auto industry principles announced on December 9, 2014, http://www.autoalliance.org/index.cfm? objectid=865F3AC0-68FD-11E4-866D000C296BA163.

47. See Irene S. Wu, Forging Trust Communities: How Technology Changes Politics (Baltimore: Johns Hopkins University Press, 2015).

48. 理论上,这包括向国外发送电子邮件之前的书面同意。

49. 梅特卡夫定律指出:"电信网络的价值与系统连接用户数量的平方(n2)成正比。"它是由以太网的共同发明者罗伯特·梅特卡夫发现的。

50. W. Brian Arthur, The Nature of Technology: What It Is and How It Evolves (New York: Free Press, 2011).

51. Shelanski, "Information, Innovation," 2012.

52. Richard Gilbert and Willard K. Tom, "Is Innovation King at the Antitrust Agencies? The Intellectual Property Guidelines Five Years Later," Antitrust Law Journal, 69, no. 1 (2001): 43, 44.

53. 在这些模式中,寡头垄断的主导地位可能会下降,除非他们抓住新的技术机会。这促使领导者继续创新,否则将面临"创造性毁灭"。

54. A thoughtful comparison of the U.S. and EU approaches is Inge Graef, Sih Yuliana Wahyuningtyas, and Peggy Valcke, "Assessing Data Access Issues in Online Platforms," Telecommunication Policy, 39, no. 5 (February 2015): 375-387.

55. Astra Taylor, The People's Platform: Taking Back Power and Culture in the Digital Age (New York: Metropolitan Books, 2014).

56. 阿特金森和埃泽尔(创新经济学,2012)明确地指出,高创新行业可以有一些特殊的特征,可以在不损害消费者或竞争的情况下带来更高的利润率。

57. "Cloud Chronicles," The Economist, August 27, 2016, pp. 46-47, http://www.economist.com/news/business/21705849- how- open- source- software- and- cloud- computing- have- set- up- it- industry; Quentin Hardy, "Google Races to Catch Up in Cloud Computing," New York Times, July 24, 2016, http://www.nytimes.com/2016/07/25/technology/google- races- to-catch-up-in- cloud-computing.html? _r=0.

58. See Michelle Jones, "Google, Apple, Netflix: A Trifecta To Kill Amazon?" Valuewalk, August 4, 2014, accessed December 9, 2014, http://www.value-walk.com/2014/08/google- apple- netflix- trifecta- kill- amazon/. Also, Tamlin

Magee，"Cloud 'Pricing Wars'：Why Google，AWS and Azure Price Cuts Should Not Be Top Priority for Cloud Customers，" ComputerworldUK，March 1，2016，accessed May 21，2016，http://www.computerworduk.com/cloud-computing/ what- does- cloud- pricing- war- mean- for- business- in- 2016-3633765/.

59. 美国联邦贸易委员会(Federal Trade Commission)证实了有关谷歌搜索有利于通过谷歌或其他谷歌服务链接投放广告的指控。但它发现消费者的利益证明了这种做法是合理的。防止对竞争者的附带损害并不是反垄断保护的目的。http://www.huffington-post.com/2013/01/03/google-antitrust-settlement-ftc_n_2404721.html。

60. Robert Litan，Brookings Brief，December 10，2014. Alex Barker and Jeevan Va-sagar，"Incoming EU Digital Chief Lashes out at Google，" Financial Times，Oc-tober 29，2014.

61. 作为妥协，比尔特委员会，全球互联网治理委员会(比尔特委员会)，"一个互联网"，国际治理中心和皇家国际事务研究所的最终报告，2016，第62页，http://ourinter-net.org/report#chapter。如果用户希望拒绝收集用户的搜索数据，则敦促用户选择为搜索等服务付费。

62. 谷歌的浏览器 Chrome 在 2016 年 6 月占据了 48.65% 的全球份额(2015 年 8 月为29.49%)，在 2016 年 3 月首次超过 IE。在同一时期，IE 浏览器的使用率从 50.15%骤降至 2016 年 6 月的 31.65%。谷歌搜索引擎在移动端占据了将近 95% 的全球份额，在桌面端占据了超过 70% 的份额。

63. 此外，截至 2016 年 4 月，谷歌要求手机制造商包括谷歌插件，这些插件不是开源的，有限制性的许可规则。欧盟委员会指责了三个问题："希望预装谷歌 Play 的手机制造商必须在其他应用程序中加入谷歌搜索，并使其成为设备的默认搜索服务；如果他们想分享谷歌的广告收入，他们必须专门预装谷歌搜索；如果他们在任何一款机型上预装了谷歌的应用程序，他们必须承诺在每一款机型上只安装谷歌的标准版安卓系统。"欧盟认为这些政策扼杀了竞争，伤害了竞争对手，阻碍了创新。

64. Chander and Le，"Breaking the Web，" 2014，p. 12.

65. Chander and Le，"Breaking the Web，" 2014，pp. 15-16.默克尔总理一度表示，"我们将讨论为我们的公民提供安全保障的欧洲供应商，这样人们就不必跨越大西洋发送电子邮件和其他信息。相反，人们可以在欧洲内部建立一个通信网络。"

66. Patrick Lane，"Data Protectionism，The World in 2014，" The Economist，No-vember 18，2013，p. 118，http://www.economist.com/news/21589110-global-computing-cloud-geography- will-matter-more-data-protectionism.

67. 在 2015 年至 2016 年与高级 IT 高管的谈话中，他们反复向我们提出了这些观点，尽管他们对谷歌将如何处理风险的预测存在分歧。

68. Boris Marjanovic, "Facebook Is an Economic Castle Guarded by an Unbreachable Moat," Seeking Alpha, December 22, 2014, http://seekingalpha.com/author/boris-marjanovic/articles. Richard Walter, "Facebook Flexes Muscles over Digital Advertising," Financial Times, January 29, 2016, p. 13.

69. Brad Stone and Vernon Silver, "Google's European Nightmare," Bloomberg Business Week, August 10, 2015, pp. 50-57.

70. 美国出版商对如何与 Facebook 等社交媒体公司合作的担忧在第 2 章中已经提到。美国出版商作出了战略决策,它们的用户基础是否强大到足以让它们设置"付费墙",即对详细内容的访问收费。或者,它们是否需要满足于分享网站访问量产生的广告收入?

71. Estimate cited in Henry Mance, "Rewriting the Story," Financial Times, February 10, 2016, p. 7.

72. FT View, "Europe's Best Days on the Internet Could Lie Ahead," Financial Times, January 2, 2015, p. 6, http://www.ft.com/intl/cms/s/0/3da2fe12-844f-11e4-bae9-00144feabdc0.html#axzz3wokP2z5y.

73. Facebook could provide the platform to host the mobile version of the Washington Post's "front page." David Carr, "Facebook Offers Life Raft, but Publishers Are Wary," New York Times, October 27, 2014, p. B1. Mike Isaac, "2 Drug Chains Disable Apple Pay, as a Rival Makes Plans," New York Times, October 27, 2014, p. B1.

74. Mike Masnick. "Europe Is about to Create a Link Tax: Time to Speak out against It," Techdirt, June 14, 2016. European Commission, Digital Single Market— Commission Updates EU Audiovisual Rules and Presents Target Approach to Online Platforms," May 25, 2016, http://europa.eu/rapid/press-release_MEMO-16-1895_en.htm.

75. An astute, pithy overview of the biggest IT competition issues in the EU in mid-2015 is Nicholas Hirst, "Internet Offers Rich Pickings for Antitrust Regulators," Politico.EU, June 4,2015, p. 1.

76. A. B. Bernstein, Weekend Media Blast: "That Is What It Is Really All About," April 24, 2015.

77. Christopher Williams, "Google Faces Record- Breaking Fine for Web Search Monopoly Abuse," The Telegraph, May 14, 2016, accessed May 21, 2016, http://www.telegraph.co.uk/busi- ness/2016/05/14/google- faces- record-

breaking-fine-for-web-search-monopoly-abuse/.

78. Our thinking owes much to Tanjim Hossain and John Morgan, "Quality Beats First- Mover Advantage: The Quest for Qwerty," American Economic Review: Papers and Proceedings, 99, no. 2 (March 2009): 435-440; Tanjim Hossain and John Morgan, "When Do Markets Tip? A Cognitive Hierarchy Approach," Marketing Science, 32, no. 3 (May-June 2013): 431-453.

79. 一家资金充足的初创公司告诉我们,成本的下降允许专业化的架构。此外,谷歌利用其免费服务的方式需要妥协,这限制了它的灵活性。例如,Quixie利用谷歌在搜索结果中越来越多地使用付费链接的优势,为其专门的应用搜索引擎打开了一个突破口。从这个意义上说,Quixie更像是为寻找应用程序的消费者提供的匹配服务。Parker、Van Alstyne和Choudary认为,平台领导者面临的这些挑战可能是因为很难管理复杂的平台来为用户维持高质量的体验。

80. Paul Mozur, "A South Korean Copy of Snapchat Takes Off in Asia," New York Times, July 5, 2016, http://www.nytimes.com/2016/07/06/technology/snapchat-snow-korea.html.

81. Platforms and many of these hybrid products exemplify "two- sided markets." Evans, Hagiu, and Schmalensee, Invisible Engines, 2006.

82. 许多美国公司仍然使用支票支付大多数物品,但新的支付平台和处理程序,如AribaPay,正开始改变这种情况。在运营的第一年,AribaPay处理了50亿美元,减少了处理支付系统所需的员工数量。

83. Olga Kharif, "How Cloud Companies Are Killing Checks," Bloomberg News," March 12, 2015, http://www.bloomberg.com/news/articles/2015- 03- 12/cloud-companies-push-digital-payments-to-u-s-businesses.

84. 这次调查似乎是一个典型的反垄断问题,即主导生产商"捆绑",即要求用户在使用一款关键产品(如Android)时,还必须以歧视竞争的方式接受一系列其他产品。

85. See Janakiram MSV, "6 IoT Startups That Make Connecting Things to the Cloud a Breeze," Forbes, April 13, 2015, http://www.forbes.com/sites/janakirammsv/2015/04/13/6-iot-startups- that-make-connecting-things-to-the-cloud-a-breeze/#4110deb3308a.

86. Cowhey和Aronson在2009年的《全球信息转型》一书中指出,美国政府多年来对**信息和通信技术**(ICT)市场的干预模式塑造了该行业的模块化架构,并在某种程度上产生了巨大的效益。但美国政府试图避免由市场决定特定的技术选择,并让大部分新兴行为接受最低限度的监管。

87. Farhad Manjoo, "Tech's 'Frightful 5' Will Dominate Digital Life for the Fore-

seeable Future," New York Times, State of the Art, January 20, 2016, and Farhad Manjoo, "Global Battle Lines Form as U.S. Technology Companies Expand," New York Times, June 2, 2016, pp. A1, B7.

88. Ibid.

89. "How to Keep Roaring: Special Report on Business in Asia," The Economist, May 31, 2014.

90. Kenji Kushida, Jonathan Murray, and John Zysman, "The Gathering Storm: Analyzing the Cloud Computing Ecosystem and Implications for Public Policy," Communications & Strategies, 85, no. 1 (March 2012): 63-85. Steve Vogel, "Japan's Information Technology Challenge," in Breznitz and Zysman.

91. Return on Now, "2015 Search Engine Market Share by Country," http://return-onnow.com/internet-marketing-resources/2015-search-engine-market-share-by-country/; Brian Solomon, "Yahoo Sells to Verizon in Saddest $5 Billion Deal in Tech History," Forbes, July 25, 2016, http://www.forbes.com/sites/briansolomon/2016/07/25/yahoo-sells-to-verizon-for-5-bil-lion-marissa-mayer/#6e0e93a071b4.

92. 乐天还在全球范围内投资不同的信息服务公司。Bloomberg Business Week, "Japan's Billionaire Brawl," October 21-27, 2013. Our discussions with SoftBank and Rakuten executives and numerous leaders in Japanese cyberpolicy in 2015-2016 inform this discussion.

93. 乐天的首席执行官三木谷浩史(Hiroshi Mikitani)决心将乐天打造成一家全球性公司,因此他推行了"英语化"政策。"公司内部的所有会议、演讲、文件、培训课程和电子邮件都完全用英语进行。"The Japan Times, Opinion, "Rakuten Forges Ahead in English," May 23, 2015, http://www.japantimes.co.jp/opinion/2015/05/23/editorials/rakuten-forges-ahead-english/#.V5_cKTkrKrc.

94. 另一家日本社交网络巨头Niconico主要是基于日本在创造"可爱"角色方面的成功。Niconico, another Japanese social networking leader, mainly builds on Japan's success at generating "cute" characters. Keiichi Murayama, "Japan Technology and Innovation: Animated Bears and Bunnies Score a Hit with Bug Business," Financial Times, December 8, 2014, p. 3.

95. Ulrike Schaede, Choose and Focus: Japanese Business Strategies for the 21st Century (Ithaca, NY: Cornell University Press, 2008). Kana Inagaki, "Japan Technology & Innovation, Sharp Displays May Be the Shape of Things to Come," Financial Times, December 8, 2014, p. 1.

96. Leslie Picker, Mark Scott, and Jonathan Sable, "SoftBank Makes Bet on Internet of Things," New York Times, July 19, 2016, pp. B1, B3.

97. Tom Warren, "SoftBank completes $31 billion acquisition of ARM," The Verge, September 5, 2016, http://www.theverge.com/2016/9/5/12798302/softbank-arm-acquisition-complete.

98. 旧产业政策的一些元素会慢慢消失。当 Hyinx 在低利润率、资本密集型的 DRAM 内存芯片市场面临破产时,政府策划了纾困措施。

99. Song Jung-A, "Samsung Heir Faces Investor Test over Shake-up," Financial Times, December 1, 2014, p. 15.

100. Monica Alleven, "South Korea Pushes Forward on 5G, Promises Global Cooperation," Fierce Wireless Technology, October 23, 2014, http://www.fiercewireless.com/tech/story/south-korea-pushes-forward-5g-promises-global-cooperation/2014-10-23.

101. Return on Now, "2015 Search Engine Market Share by Country," http://returnonnow.com/internet-marketing-resources/2015-search-engine-market-share-by-country/.

102. Alexander Martin, "5 Things about Messaging App Line and Its IPO," The Wall Street Journal, June 10, 2016, http://blogs.wsj.com/briefly/2016/06/10/5-things-about-messaging-app-line-and-its-ipo/.

103. Chander and Le, "Breaking the Web," 2014, pp. 22-23. On broader controversies over cloud policy, see Information Technology Industry Council letter of July 3, 2013, to director Jung-tae Kim of the Ministry of Science, ICT, and Future Planning.

104. Research and Markets, "Cloud Computing Market in Korea, 2014-18," summarized at http://finance.yahoo.com/news/cloud-computing-market-korea-2014-190000124.html, posted April 13, 2014.

105. "Getting the Message," The Economist, May 31, 2014.

106. "Start Me Up," The Economist, August 6, 2011, pp. 45-47. Japan's SoftBank announced its intention to acquire ARM Holdings in July 2016.

107. Interviews in Paris and Brussels in the summer of 2016 supplemented official documents in this account. Commission Staff Working Document, A Digital Single Market Strategy for Europe— Evidence and Analysis, European Commission, SWD (2015) 100 final, June 5, 2015. Copenhagen Economics, "The Economic Impact of a European Digital Single Market, Final Report,"

March 2010, http://www.epc.eu/dsm/2/Study_by_Copenhagen.pdf.

108. Interviews, fall 2014.

109. 欧盟法规支持网络中立,并对主要电信运营商的所有竞争对手规定了严格的低价互连义务。

110. 美国的主要运营商有义务向规模较小的竞争对手提供网络容量,但监管手段的力度要轻得多。有线电视是地方一级的第二大网络基础设施,在整个欧盟范围内不那么普遍。

111. Alan Livsey and Robert Armstrong, "Lex In-depth: European Telecoms," Financial Times, November 19, 2014, p. 7; Daniel Thomas and Alex Barker, "Analysis: Scrambled Signal," Financial Times, July 7, 2014, p. 6.

112. Chander and Le, "Breaking the Web," 2014, pp. 15-16.

113. European Commission, "Digital Single Market: Audiovisual Media Services Directive," https://ec.europa.eu/digital-single-market/en/audiovisual-media-services-directive-avmsd.

114. 其他受到关注的问题包括推广欧洲作品,禁止仇恨言论,以及在视频分享平台上保护未成年人免受不良影响。它还规定了音像监管机构的独立性和欧洲音像媒体服务监管小组的作用。

115. 一些垂直行业应该受益,因为信息与生产颠覆(IPD)更新并加强了它们传统的工业控制系统。例如,西门子在工业设备方面的优势在于其对传统 SCADA 控制系统(一种用于控制工业过程(如动力涡轮机)的专业软件和计算系统)的掌握。

116. James Fontanella-Khan, "EU Approves Microsoft's Cloud," Financial Times, April 11, 2014.

117.《服务贸易总协定》的相关服务类别为"计算机及相关服务"。

118. 这是根据我们的采访得出的欧盟贸易谈判代表的立场。Joshua Meltzer, Supporting the Internet as a Platform for International Trade Opportunities for Small and Medium Sized Enterprises and Developing Countries (Washington, D.C.: Brookings Institution, February 2014).

119. Communication from the EU and the United States, Contribution to the Work Programme on Electronic Commerce, S/C/W/338, 13 July 2011 (US-EU ICT Principles).

120. 该决议的原文是:"跨境信息流:各国政府不应阻止其他国家的服务供应商或这些供应商的客户在国内或跨境以电子方式传递信息,访问公开可用的信息,或访问他们自己存储在其他国家的信息。"

121. 逐字逐句的文本是:"本地基础设施:政府不应要求信息和通信技术(ICT)服务供应

商使用本地基础设施或在本地设立办事处,以此作为提供服务的条件。此外,在使用当地基础设施、国家频谱或轨道资源方面,政府不应给予国家信息和通信技术(ICT)服务供应商优先或优惠待遇。"

122. 原文是:"开放网络、网络访问和使用:政府,最好是通过其监管机构,应促进消费者合法访问和分发信息并运行其选择的应用程序和服务的能力。各国政府不应限制供应商在跨境和技术中立的基础上通过互联网提供服务的能力,而应酌情促进服务和技术互操作性的提升。"

123. European negotiators contend that a final Trade in Services Agreement could be reached in late 2016. Interviews in Brussels, June 2016.

124. Communication from Australia, Suggestions on ICT Principles, Contribution to the Work Programme on Electronic Commerce, WTO, S/C/W/349, September 26, 2012.

第7章 网络安全的治理挑战

云治理与可信数字环境的构建紧密相关。因此，需要就如何加强隐私权和提高数字交易的安全性达成更广泛的共识。本章主要探讨商业所面临的网络安全挑战，并揭示简单的解决方案无法应对这些挑战的原因。这是由于集体行动问题导致技术解决方案不可行，且现有的激励机制还不足以驱动实质性自主改进行为。此外，许多实际问题的解决可能是针对特定部门的。因此，我们聚焦金融交易行业，通过分析两种构建可信数字环境的措施来检验不同的治理选择。[1]

第一个案例分析环球银行金融电信协会（Society for Worldwide Interbank Financial Telecommunications，SWIFT）。环球银行金融电信协会是一个特殊的**多利益相关方组织**（MSOs），该协会由国际金融机构组成，旨在保障跨境金融转移的安全。环球银行金融电信协会的案例可以帮助我们完善关于国际治理机制如何才能在复杂的技术动态空间中获得成功的观点。一项制度如果能够解决创建核心俱乐部的门槛挑战、权威性最低国际基准以及国家政策的部分趋同等问题就更有可能成功。健全的制度往往倾向于依赖拥有可靠专家、对重要利益相关方透明、对政府负责的**多利益相关方组织**。

环球银行金融电信协会强调了对这些论点的几项改进。它显示了**多利益相关方组织**对合作挑战的管理如何使协调变得更容易。同时，该案例阐释了影响准趋同国际基准选择和形式的各类因素。在该案例情境下，基准建立在由国际清算银行（Bank for International Settlements，BIS）审查通过的相互关联的跨境服务法规基础上。简而言之，环球银行金融电信协会案例说明了我们的指导方针是如何阐明这些情况的。

第二个案例研究了国际社会针对与信用卡交易相关的网络犯罪这一金融安全问题并不统一的反应。在该案例中，欧盟和美国在处理相关问题及与**多利益相关方组织**的互动中采取了不同的方式。想要通过安全保障协作实现网络犯罪的减少，既需要**多利益相关方组织**的领导力，也需要国家层面的政府支持。市场风险的影响主要集中在区域层面，对全球的影响较小。在市场和区域**多利益相关方组织**中存在相互重叠的全球行为体，欧洲和美国也存在类似的安全问题。这导致了规则的准趋同性。然而，考虑到风险的性质，更多的风险在于提高效率和调整风险，而不是防范国际金融市场的重大威胁。因此，对国际基线的需求受到了更多限制，因为大型市场中心的行动大致是一致的。《服务贸易总协定》（GATS）确立的"国际基准"的关键作用在于，它确保了更严格的安全措施不会明确地或在事实上歧视金融服务供应商的国籍，也不会阻碍国际金融交易。

7.1 共同的挑战

网络安全已成为日益严峻的社会问题。2014年年末，索尼（Sony）成为美国历史上最大规模商业黑客攻击的受害者。数以万亿字节的日期和电子邮件被窃取和公开。索尼的数据文件被清除，电脑本身也被摧毁。这次黑客攻击突出了四种威胁挑战：犯罪、隐私、网络战和间谍活动。[2]许多数据网络安全隐私方面的问题都是由这些安全问题导致的。虽然我们认识到这四种威胁是相互依存的，但本章的重点是网络安全治理和商业交易。[3]

对于新识别的公共安全威胁，其风险水平往往会被夸大，网络安全问题同样如此。对网络攻击的深入研究表明，对其经济损害程度的估计被系统性地夸大了，其中部分夸大是来自那些寻求采用防御性解决方案的人。[4]不过，即使没有夸大其中存在的风险，我们也有充分的理由去改进网络防御能力。辛格和弗里德曼提出，网络安全政策应该有四个目标：（1）保密性——对个人隐私至关重要；（2）完整性——如被黑客攻击的信号不应被发送到个人心脏起搏器上；（3）可用性——系统能够保持连续工作；（4）韧性——系统应具备在受到攻击后迅速恢复正常运行的能力。

为什么改善网络安全是一个艰巨的治理挑战呢？为建立有效防御，考虑以下三类问题是有益的。

（1）*信息与生产颠覆（IPD）的技术曲线为攻击者创造了重要优势，主要有以下三个原因。*

首先，信息技术的普及为直接和隐秘渠道的攻击创造了新机会。例如，现在可以通过联网打印机攻击计算机系统，或者利用互联网Wi-Fi链接入侵计算机中枢系统。此外，对互联网协议和软件模块化的日益依赖为设计网络攻击创造了一种更通用的"语言"。这反过来又提供了更大的目标市场，降低了设计专门针对车辆的网络攻击的成本。[5]

其次，没有"技术上完美"的安全解决方案，因为新的软件代码本身就存在错误和风险。此外，信息技术应用程序发展迅速，产生了大量具有未知副作用和漏洞的新功能。

最后，只要用户把密码放在电脑旁边，或者继续使用"1234"或"password"作为密码，那么没有任何"人防（human-proof）"系统可以免受"黑客"的攻击。

（2）*进攻比防御更容易，成本也更低。*以下四个原因导致很难确定攻击实施者并认定其责任。[6]

首先，进攻是有利可图且组织良好的。有大量的地下市场支持各种形式的网络犯罪，其中有许多涉及军事价值。[7]

第二，归因（"是谁干的？"）是困难的，尽管并非不可能。网络空间是全球性的，这为原始嫌疑人创造了广阔的空间。即使可以确定发动攻击的计算机，这台计算机可能是被另一方入侵的。

第三，防御是困难的，因为对攻击的检测可能被延迟，且是不完善的。识别和认定一个漏洞可能需要相当长的时间。即使网络监控器检测到"发生了一些事情"，仍然会存在出于各种目的和原因产生的大量事务。最初，确定攻击是否正在进行可能是一个重大挑战。[8]

第四，国际网络攻击信息共享机制和网络犯罪调查机制较为薄弱，而我们需要这些机制来缩短响应时间和遏制攻击。目前，只有欧洲委员会（Council of Europe）在2004年出台的《网络犯罪公约》（Convention on Cybercrime）规定了信息共享和网络犯罪执法合作的相关程序（通过司法互助协议授权电子监控）。[9]

（3）制度激励机制使得人们很难找出降低网络安全风险的正确策略组合。[10]为缓解网络安全问题，参与者需要改变投资和行为方式，但市场激励机制与这种改变并不匹配。四个经典的激励问题说明了这一点。[11]

第一，针对消费者和生产者的举措可能会引发*错位激励*。例如，信用卡和账户持有人通常不会因信用卡和金融账户被黑客攻击而遭重大财务损失，因此相对安全性，消费者可能更看重速度和易用性。同样，由于网络攻击的"攻击性优势"，网络防御需要不断进行更新，但许多公司为避免高昂的前期成本往往会在网络防御方面投资不足。它们赌的是，损失会在晚些时候才出现，并且是在可控范围内的。此外，即使是出于安全目的而进行的常规软件更新也可能需要付出极高的代价，因为这一过程可能需要关闭关键系统数小时。更糟糕的是，这些更新可能会造成与网络攻击无关的意外问题。同样，特定的保护措施（如美国社会安全码等专门信息保护措施）可能需要采取比最初设想的更大规模的安全措施来实现一个较小范围的目的，或者偏离原有的网络策略，以牺牲更多的系统防御能力为代价去防御少数风险。

第二，信息不对称是一种普遍现象。1970年，乔治·阿克洛夫（George Akerlof）提出并阐释了著名的二手车"柠檬市场"问题，原因是消费者无法验证哪种车更好。[12]因此，二手车市场低估了"高质量"汽车的价值，而在销量和价格上高估了"柠檬"汽车的价值。同样，在IT安全领域，消费者面临着选择哪种保护方案更好的问题，他们往往会低估最佳方案。此外，由于企业担心负面宣传或诉讼的前期成本，低报网络攻击损失的现象是长期存在的。这些担忧限制了解决问题的动机，同时阻隔了向其他市场参与者提供关于风险的宝贵信息。[13]

第三，外部性比比皆是。在降低网络安全风险方面存在集体行动问题。源自互联网的风险和其他系统性问题面临着"最薄弱环节"的问题——风险保护程度较为薄弱的参与者可能会引发风险，继而削弱保护性投资的价值。从社会角度来看，消费者对风险保护措施进行投资的社会最优激励减少了，这是因为风险保护程度较强的参与者可以产生正外部性，从而使整个系统的保护受益。然而，"优秀"参与者的行为并没有得到充分奖励，有一部分人则从中免费受益。最后，网络效应是一个经典的外部性因素，随着用户的增加，它会增加产品的价值。这阻碍了对安全工程的投资。因此，软件制造商面临着在快速、高影响力的商业部署（快速增加用户）和耗时的安全工程之间进行权衡的问题。IT通常会选择更快的商业部署来获得领导地位。

第四，出于合理的原因，当各国和全球法律法规允许政府有相当大的自由度来应对安全风险时，就会产生复杂的动机。这种自由可能会催生侵犯自由和隐私的新安全政策。当商业领域使用安全理由来实施有利于特定企业的措施时（如国有企业对抗外国竞争者），公共利益将如何得到保护？例如，美国公司担心欧盟的安全标准可能是在出于限制美国公司进入的规则下制定的，尽管欧盟作出了相反的保证。[14]

网络安全这类复杂挑战需要多管齐下的战略。其中，重要的是加强对防范或应对网络突发事件公共能力的投资，同时调整市场激励机制，以满足保密性、完整性、可靠性和韧性目标。两个主要问题是：我们如何在不降低市场生产率和创新性的情况下实现协调？我们如何确保安全不会被用作借口，从而以不合理的方式侵犯其他重要的价值观？[15]

政策没有灵丹妙药。当然，研发始终是一项选择。增加政府对研发技术的投资来应对特殊网络威胁可以减弱部分特定风险。信息共享是第二种工具。所有主要国家的政府都成立了针对不同部门的工作组来开展公私合作。其中一些组织向企业提供机密信息，帮助它们识别攻击者。隐私权拥护者担心，这种交换可能会将私人部门掌握的公民信息提供给情报和监控机构。与此同时，领先的IT公司开发了新的私人威胁交换机。大约有250家美国的主要IT公司在共享它们的实时威胁监控日志的信息。国土安全部的代表和负责反垄断的内部法律顾问负责监督这些公司的活动。第三种应对方式是通过创造新力量来增强韧性。新的网络应急响应小组和国际网络协作正在由此产生。[16]第四种策略是修改刑法和执法协作程序，包括国际条约，以增强刑事司法的威慑力，推动缓慢且令人沮丧的法律互助条约进程。[17]

第一部分所概述的物联网（Internet of Thing，IoT）将无处不在。大型和小型公司将共同争夺市场份额。在消费品领域，网络安全条款，特别是那些影响小型新进入者的条款，可能无法很好地平衡安全与创新。不可避免的是，网络安全工具包将包括提高技术标准以加强安全的一系列措施、对网络安全产品进行认证，以及制定针对违反网络安全行为的新责任规则，如披露违反网络安全行为的相关规则。

这些措施都是合理的。但它们如何真正起作用呢？例如，要求新的物联网产品接受严格的测试和认证似乎很有吸引力。这样的先例是存在的。传统的家用电器机构，例如由保险公司资助的保险商实验室（Underwriters' Laboratory，更名为UL），成功地为新产品提供了简单、快速且廉价的测试。然而，较小的公司可能会因此却步，因为物联网产品涉及复杂的软硬件组合，可能会使认证测试变得更慢且更昂贵。此外，物联网安全的有力维护有赖于软件的定期更新，但许多新产品使用了开源软件，以降低开发新产品的成本和速度。[18]这鼓励了创新，但是开源软件的安全更新常常是不均衡的。要寻求最大限度地降低物联网消费者产品的风险，可以将市场的控制权转移到更有能力处理认证的复杂性和成本并能够承担可能的责任风险的现有大型公司。[19]

物联网的例子说明了为什么在评估如何加强网络安全时，评估风险回报比非常重要。良好的网络安全规则是在对其商业后果和公共风险程度进行严密评估后发展起来的。许多行动必然只针对特定行业，因为风险因行业而异。由于我们对全球治理的关注，我们现在转向全球经济的高风险部分——金融支付。

首先，我们考察了全球和各国为应对危机在建立全球共享能力方面所作出的努力，这种共享能力由央行作为事实上的安全监管实现有效执行。其次，我们研究了事后责任规则，这些规则要求某些安全措施来保护公司免受网络犯罪的责任，并展示了强制性披露规则如何有助于传播网络安全。[20]但是这些能力并不是凭空想象出来的，它们需要反复试错，并配以相关政治和经济战略安排。

7.2　环球银行金融电信协会的故事

国家和全球金融机构之间的资金流动是巨大的。近几十年，其流量规模远远超过了贸易流量以及全球年度GDP。这些支付体系支撑着整个世界经济。如果它们出现问题了，金融市场的可靠性将全面崩塌。在所有治理良好的国家的国内市场中，都有一个由国家中央银行组织的、被高度监管的集中支付系统。

相比之下，国际金融流动体系在传统上更加分散，且组织较差。例如，国际电传系统是建立在主要金融中心少数银行之间的双边关系之上的。它速度慢、交易量低，而且使用成本高。此外，这些交易属于劳动密集型，既耗时又缺乏灵活的通用"格式"来应对日益复杂的金融交易。20世纪60年代和70年代，资金跨境流动加快，金融机构（主要是货币中心银行）寻求一种更健全、更有效的机制。[21]它们开始探索当时新兴的计算机网络领域，以提供一种比公共电信网络更有效的系统。

最终，1973年，在固定汇率制度退出历史舞台后，这些银行创建了环球银行金融电信协会。这是一个全球性的非营利机构，负责监督和管理跨境支付基础设施。各会员机构共同拥有环球银行金融电信协会，其"负责提供使会员机构能够交换财务信息……的网络、标准、产品和服务"[22]。截至2016年，其成员覆盖了超过200个国家和地区，以及超过1.1万家的金融机构。2015年，环球银行金融电信协会处理了超过61亿条安全信息。[23]

环球银行金融电信协会成为全球支付系统的支柱。它的标志性基准是可靠性、保密性和完整性。这些标准与健全的国内支付基础设施的标准一致。然而，环球银行金融电信协会从不参与实际的金融交易——它是一个支付网络，而不是金融机构。

SWIFT运营着自己的专业网络，而且所做的不仅仅是保证效率。由其所有者施加的责任和义务加强了其声明的安全目标。如果在信息传递任务中出现错误，SWIFT将对损失承担有限责任。它也有义务维护它所处理交易的机密性。为了完成这些任务，SWIFT会在交易完成验证后立刻销毁交易数据。大家都认可SWIFT成功地完成了各项任务。在2016年上半年的高峰期，它处理了近2 830万条跨境资金流动信息。作为一种技术基础设施，SWIFT是快速的，它的规模随着交易量的增长而扩大，同时每笔交易的成本不断下降。这种"金融工业化"已经大幅降低了交易成本，并且该趋势将继续持续。2001—2012年，交易成本从0.26美元降至0.04美元，降幅达到近85%；2010—2015年，SWIFT的价格降低了57%。[24]随着价格

的下降，流量在同期实现了大幅增长。图 7-1 显示了 1991—2014 年
SWIFT 收费与流量增长的对比。

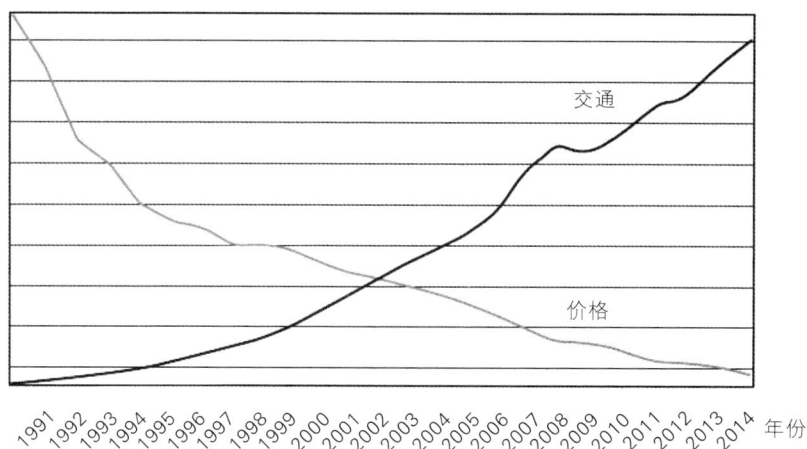

图 7-1　20 余年间 SWIFT 所有成员的成本持续下降

　　为了在全球金融市场中保持竞争中立，SWIFT 还被设计并定期修改。
尽管 SWIFT 看似是一个卓有成效的协调典范，但它实际是一个更为复杂
的政治经济故事的产物。我们首先讨论**多利益相关方组织**核心俱乐部的创
建和更大的利益相关者社区的成长。

　　在用于支付的计算机网络出现之初，银行家们非常关心可靠性和保密
性，但并不关注网络安全。[25]银行希望以更灵活、更有效的方式实现更高
的交易量。然而，对增强长期能力进行协调投资所产生的潜在技术优势并
不足以建立 SWIFT。它的支持者面临着一个常见挑战，即短期成本往往超
过长期收益，特别是在处理长期以来被金融机构视为纯粹"成本"的职能
时。此外，还不确定是否会有足够多的重要参与者愿意参与合作，这引发
了人们对网络安全投资可能会因网络不完善而搁浅的担忧。1973 年，
SWIFT 的成立跨越了这一门槛。因为它是一种服务设施，而不是寻求利润
最大化的实体，盈余会返还给合作者（2015 年短信费用返利为 3 200 万欧

元，约为10%）。[26]

SWIFT是如何克服门槛问题的呢？它最初的兴起是因为它解决了两个短期问题，这两个问题决定了金融交易的选择。

第一个是与主要货币中心银行竞争的问题。它们是如何取代第一国民城市银行（First National City Bank，1976年更名为花旗银行）的呢？第一国民城市银行当时是国际汇款代理银行的领导者，也是银行电脑化的先驱，包括安装了自动取款机（ATM）。它计划建立自己的国际支付网络来为行业提供服务，这将在国际资金流动迅速增加的时代为其提供一个新的竞争优势来源。SWIFT的创始人计划提供这些功能，是为了建立一个有竞争力的市场来取代第一国民城市银行，而不是为了解决安全或隐私问题[27]。SWIFT在成立之初拥有来自15个国家的239个成员银行。

SWIFT还因解决了一个阻碍建立单一欧洲市场的紧迫政治问题而受益，即统一欧洲共同市场（European Common Market）各成员国各自为政的金融支付系统。欧盟委员会成为SWIFT的主要支持者，将它作为实现内部市场统一的解决方案的一部分。[28]为使之切实可行，SWIFT必须长期保持利益相关者之间的信任，特别是通过透明度和问责制。总部的选址是朝这个方向迈出的第一步。之所以选择布鲁塞尔，是因为它拥有利于合作的法律体系，而且在伦敦和纽约银行之间以及英美银行与欧洲大陆银行之间的竞争中，布鲁塞尔被视为中立之地。在布鲁塞尔，美联储（Federal Reserve）、英格兰银行（Bank of England）或是它们最有权势的欧洲同行不会暗中否决监管机构的决定。[29]这一点很重要，因为当时还没有针对跨境金融流动交易的国际通则，无法为面临艰难选择的国家监管机构提供依据。

所有权制度的设计进一步推动了透明度和问责制。SWIFT巧妙地平衡了这样一个事实：正式成员在全球组织的管理下由各国进行监管。董事会席位则根据各国的交易份额分配。交易量最大的6个国家各分配两个席位，接下来的10个国家各拥有一个席位，所有其他国家将投票决定剩下的 3 个席位由哪些国家填补。董事会席位的分配会随着市场份额的变化而调整。因此，随着时间的推移，各国的影响力会被重新定义，一个强有力并活跃的董事会可以确保决策的透明度。为了支撑董事会作为信息和消息来源的作用，SWIFT 创建了一个年度论坛——环球银行金融电信协会国际银行业务研讨会。自 1978 年以来（除了 2001 年会议因 "9·11" 事件而取消），每年都有数千人聚集在一起讨论各项业务和市场，并就可能影响 SWIFT 规划的全球金融趋势交换意见。同时，论坛成为营销 SWIFT 新产品的一个渠道。

最初，SWIFT 依靠从各大银行挑选的跨国领导团队以及对计算机网络技术的公开采购招标，克服了专业知识方面的挑战，这为其发展提供了可靠的途径。招标还缓解了另外一个隐忧，即选择 IBM 将有助于美国主要银行的技术计划。最终的赢家——伯勒斯（Burroughs）被认为是有能力的，尽管略落后于领先的 IBM，但它足够好且足够小，可以适应新成立的客户。

SWIFT 也成为为许多国际金融支付交易制定标准的国际标准化组织（ISO）论坛，这巩固了它在行业技术咨询网络中的中心地位。正如网络分析显示的那样，这使 SWIFT 能够对网络拥有重大影响。[30]国际标准化组织通过引入独立规则增强了环球银行金融电信协会 的可信度，使其作为标准论坛对更广泛的公司实现透明化和问责制。**多利益相关方组织**（MSOs）中越来越多的制度检查和审查程序补充了政府对具有特定利益的非政府组织的监督，因为**多利益相关方组织**本身代表了更广泛的利益相关方和专业知识。[31]

随着金融市场的日益复杂，新的主要参与者不断进入，这带来了一个新的利益相关者挑战。这些参与者不是传统的银行，但有大量的支付流并需要一个支付系统。这样就产生了两个新的挑战。首先，非银行金融机构可以被授予哪些使用 SWIFT 系统的权利？其次，网络系统可以被设计以处理复杂的业务吗？（与传统的银行间转账相比，这些新业务的高复杂性增加了质量控制和监管报告的难度）这两个挑战考验了政策的适应性和专业知识的持续可信性。

一种双重解决方案逐渐出现。首先，SWIFT扩大了正式会员和授权网络用户的范围，覆盖了所有接受严密监管的机构，如证券经纪商和交易商。它给予监管较弱的金融机构较少的权利，这些金融机构可以通过联系正式成员进行付款，但不能从事SWIFT的其他业务。SWIFT还允许已明确识别的特定用户群体（如大型跨国公司的财务主管等实体）使用该网络进行彼此的交易。其次，SWIFT重新设计了新的联网网络标准和结构，以将传输功能从纯粹的交易业务细节中分离出来。回想一下，这种"混搭"的标准化接口（"模块化"）是产品信息强度日益增大的核心特征。在采用模块化设计的同时，调整成员资格和政策的一个副产品是，SWIFT避免了金融业标准制定的分裂，并始终是全球资金流动的支柱。2015年，**多利益相关方组织**的利益相关者似乎仍是满意的。

显然，直到2015年还没有人"破解"SWIFT的网络，但即使在那之前，SWIFT提供的将"消息模块"与完成转账的约定信息整合在一起的服务也是存在问题的。一家全球银行的安全主管告诉我们，当交易信息"低于保证的准确性"或交易超过一定规模时，就会有一个熟练的团队检查这些交易。审查之后，审查小组决定是否接受或拒绝该业务。[32]网络犯罪是一种主要的担忧，因为现在所有的主要金融机构每天都要应对大量针对其安全系统的调查。[33]即使SWIFT执行的功能中没有传输错误，交易也可能因为其他错误而存在缺陷。

2016年2月，孟加拉国央行在纽约联邦储备银行的账户被盗8 100万美元。此后不久有报道称，2015年12月一家越南商业银行遭遇了一起类似的、规模小得多但可能相关的攻击。这两个案件均使用了复杂的恶意软件来模仿SWIFT的信息，并说服接收银行转移资金。[34]此后，2016年5月一起诉讼的提出标志着第三起类似的欺诈入侵事件。2015年，网络犯罪分子诈骗富国银行（Wells Fargo Bank）操作了一笔1 200万美元的转账，富国银行认为这笔转账是来自厄瓜多尔 Banco del Austro 银行的指示。在诉讼中，Banco del Austro 银行主张富国银行应识别出接收到的 SWIFT 信息是伪造的；富国银行反驳说，是 Banco del Austro 银行使窃贼能够破坏其安全系统，获得合法凭证，并传输经过身份认证的 SWIFT 信息。[35]关键是，在这 3 起事件中，黑客都设法冒充合法的 SWIFT 用户，甚至破坏了消息确认保护措施，但传输系统本身并未受损。SWIFT 面临的挑战推动了它通过加强信息认证系统、安全认证和信息共享等方式改进最优做法，从而更新了网络安全的经典工具。[36]

这段历史表明，一个行业的网络安全保障命运与商业现实密切相关。展望未来，随着金融商业模式的演变，SWIFT 系统将面临长期的技术挑战。SWIFT 安全系统的核心是一种"公钥"加密系统，它在银行之间按需打开了一条加密通道。除了刚才提到的伪装问题之外，这种方法的挑战在于，尽管它对大额支付具有成本效益，但它可能无法适应每天来自移动设备的数十亿"微型金融交易"。同时，它可能无法处理无人操作的网络设备之间的大量交互。海量交易的管理以及微型交易的激增可能会使公钥技术在未来变得过于烦琐和昂贵。此外，随着财务首席信息官开始寻求全面的系统安全方法，而不仅仅是短期修复，不满情绪可能会上升，因为公钥加密技术无法解决支付中的人为风险因素。即使密钥从未被侵犯，也不能证明交易的其余部分没有遭受损害。市场正在探索各种各样的技术，包括由大银行资助的区块链技术项目，以满足安全、物流和成本管理目标。[37]

那么，SWIFT 系统如何才能既保持灵活性，又对各国政府保持更广泛的问责制呢？中央银行绝不会给商业参与者完全的行为自由，因为它们可能给金融市场带来危险。此外，SWIFT 必须与多家央行合作，而不仅仅是一家。它如何实现问责制呢？[38]

由于股东代表是根据相对国家交易量份额计算的，SWIFT 面临着这样一个商业和政治现实。除非主要的商业参与者都信任 SWIFT，并相信其观点会被考虑在内，否则它们将退出。此外，拥有最大市场中心的各国政府必须相信，它们的金融机构将在协会的治理中拥有发言权。

代理人（如参与董事会治理的主要国家的重要私人银行）的监督，不足以让那些担心SWIFT"系统性特征"的谨慎的央行行长们满意。[39]因此，各中央银行组织在一起，来提供更直接的问责。自1998年以来，十国集团（G10）的中央银行认同由比利时中央银行牵头审查SWIFT的业务，以评估其安全性和可靠性。此外，随着成员国不断扩大以应对金融复杂性，监管机构认识到越来越多的国家在全球金融体系中发挥着重要作用。2012年，最具有影响力的几家央行共同创建了环球银行金融电信协会监管论坛，以审查系统风险、基础设施完整性和数据保密性等项目。SWIFT董事会还要求对其安全系统进行年度外部审计。[40]尽管一些央行还想要实施更多的控制，但这些措施已经足够了。

对SWIFT的完整性和可信度的一个潜在威胁是，人们担心部分政治领导人可能会指示本国央行将一个或多个国家的银行驱逐出该俱乐部，继而导致在全球经济中进行大规模交易变得困难或不可能实现。这种情况以前发生过一次。2012年2月，美国参议院银行委员会威胁要对SWIFT实施制裁，以迫使它切断与列入黑名单的伊朗银行的联系。在经过最初抵制迫使它制裁伊朗银行的努力后，SWIFT于2012年3月切断了30家被认为违反欧盟现有制裁措施的伊朗银行与国际网络的联系。[41]在制裁解除后，伊朗银行于2016年2月恢复与该网络的连接。[42]

同样，从2014年年底开始，为回应俄罗斯对反乌克兰政府力量的积极支持，美国和欧盟加大了对俄罗斯的制裁力度。越来越多的人猜测，作为最后的手段，俄罗斯及其银行可能被驱逐出SWIFT。如果动用这一所谓的"核选项"，俄罗斯将会被孤立，但也会进一步削弱SWIFT作为一个独立、值得信赖的机构的地位。[43]俄罗斯威胁将会进行报复。[44]这一次，由于担心这样的行动可能危及其网络和业务的完整性，SWIFT坚决抵制了要求其切断俄罗斯银行网络的压力。[45]

环球银行金融电信协会的审查程序也在一个事实上具有权威性的规则

体系内运作。主要的中央银行根据国际清算银行（Bank for International Settlements，BIS）和其他金融当局发布的原则处理支付系统的问题。这有助于锚定各国规则实现趋同，使由一家主要央行对 SWIFT 进行监督成为可能。[46]

国际清算银行是一个不同寻常的机构。该机构成立于 1930 年，最初是为第一次世界大战后德国支付赔款提供便利服务的工具。它不是一家主要为自己的账户开展金融业务的传统私人银行。如今，它是央行成员的代理人，也是某些金融交易的代理人。国际清算银行也是一个促进论坛，并为主要中央银行讨论国际金融监管提供分析支持系统。因此，国际清算银行是一种混合的**多利益相关方组织**。

国际清算银行不是一个全球性的会员组织，但它代表着世界最大的金融市场。[47]它的建议和原则是由其工作人员在与各国中央银行进行深入磋商后制定的，这些建议和原则不具有国际条约的效力，但得到了主要金融国家的支持。此外，跨境金融交易属于各国监管范围，因此就全球监管达成一致是具有挑战性的。中央银行的监管能力体现在 1975 年国际清算银行的《巴塞尔协议》（Basel Concordat）中。该协议规定，银行的所属国负责监管以实现财务的健康稳定，同时外国银行的所在国也有权对其在该国的业务进行监管。[48]该协议规定，如果一个国家被认定其对金融稳健性的监管不足，则各国有权拒绝来自这个国家的银行进入本国。这意味着，主要金融市场的中央银行可以在双方同意的情况下，单方面推行支付系统的指导方针。正如前面定义的那样，这些指导方针是具有"权威性"的。

监督和监控在各个领域都是专门性的。大型机构要接受多个监管机构的审查，但这些监管机构之间往往不会进行定期沟通。SWIFT 的这种各领域的专门化处理导致了一种错综复杂的局面，反映了"9·11"事件后隐私问题如何与跨境数据流和安全问题紧密交织在一起（见第 8 章）。

直到 2016 年，SWIFT 似乎都是安全的，并且擅长解决有关隐私（银行业术语中称之为"机密性"）的争议。它谨慎地将市场利益相关者的激励措施与专业知识结合起来，并灵活开展工作，同时增强透明度和问责制。SWIFT的股东通过让SWIFT为交易安全承担责任来强化其使命。争议是存在的，但SWIFT在不断调整适应。SWIFT的运作体现了协调的重要性，但协调之所以能够实现是因为SWIFT解决了合作的问题。其中，协调是通过谨慎的战略定位实现嵌入的。此外，SWIFT是在各国政府和政府间的监督下运作的。

展望未来，SWIFT仍然可以为全球网络安全管理提供重要支撑。一方面，其国家商业会员资格受到严格的国家监管；另一方面，各国央行采取了一些集体行动，尽管有些是非制度化的。SWIFT还解决了一个重要的技术问题——确保严格控制功能的安全和可靠性。这是切实可行的，因为有少数成熟的机构在专门解决一个众所周知的全球问题——标准。因此，尽管有关全球金融政策实施的重大问题始终存在，但SWIFT重点关注的范围很小，而且最大的几个参与者也保持了一致。

总之，SWIFT反映了在第5章中概述的动态，但引入了5项改进。

（1）*临时妥协促成了一个足够有分量的政治经济联盟的出现，从而跨越了俱乐部的门槛挑战。*

（2）*多利益相关方组织的核心组需要努力维持和保持其内部激励的一致性、使命和信任，同时在核心组之外发展利益相关者社区。随着时间的推移，政府当局也在积极赋予SWIFT更多的权力并对其进行监督。*

（3）*SWIFT的经验表明，必须要考虑组织的复杂性，因为它可能阻碍多利益相关方组织快速适应变化的技术环境。*

（4）*趋同的国际基准可以从重要国家央行对协调问题的管理和并行的区域监管部门事实上的部分趋同演变而来。这条基线从未被正式列入国际规则（国际清算银行的准则不具有法律约束力，但通过纳入具有约束力的国家政策，对全球大多数主要金融机构产生约束力）。*

（5）*信息与生产颠覆治理的安全挑战可能使不能充分利用公众社会能力的多利益相关方组织的监督复杂化。可能需要采取措施澄清法律管辖范*

围，然后制定跨政府措施，通过透明度和国家间的监督增强信任。

为跨境流动提供安全保障是金融体系的一个群体性弱点。人们相信**多利益相关方组织**可以制定出详细的解决方案，但它也需要接受集体商定标准下的严格审查。SWIFT有责任保护支付系统的技术基础设施，这意味着贸易规则对央行银行家的重要性最低。重要的是，各国的做法应以中央银行家俱乐部（以及相关的监管机构俱乐部）正在开展的工作为基础，这些俱乐部有能力就支付系统的总体原则进行协调。在这个由政策和政府监督组成的结缔组织中，SWIFT对技术任务的管理拥有极大的操作自主权和政治经济灵活性，从而减弱了可能破坏协调机制的争议。

7.3 数字时代的消费者保护和信用卡欺诈

现在我们转向与消费者信用卡和网络犯罪相关的金融网络安全风险。建立为消费者金融服务提供网络安全服务的"国际治理机制"的可能性，取决于国内政策机制的准趋同性。其风险是巨大的，但不会危及全球整体信用卡服务系统。此外，由于全球商业参与者核心组的建立，实际上政策机制已经实现趋同。下面这个小案例比较了美国和欧盟的决策制定过程。

美国的市场监管在一定程度上是美国分权联邦制、权威碎片化和监督结构构成的宪政体制的产物。例如，为了保障关键的网络基础设施的安全，每个部门都有自己的安排部署。然而，近年来在联邦一级出现了针对各部门的统一模式和法律机构。[49]一个由重要政府机构和各部门"领导机构"组成的部门协调委员会负责网络安全行动。此外，工业部门咨询委员会作为美国政府–私营部门利益相关者的论坛来分享关键的网络安全信息，并倡导最佳实践。

随着网络和电子商务的发展，消费者金融服务成为早期网络安全的焦点。电子商务引发网络安全问题的原因主要有两点。首先，越来越多的商业活动在网上开展，导致黑客攻击电子金融交易成为一个重大风险。其次，经验丰富的零售商和保险公司会出于各种目的保留客户的财务数据。与金融或**信息和通信技术（ICT）企业**相比，零售商和保险公司似乎需要更长的时间才能认识到大力投资数据保护的必要性。这些企业比那些已在前期进行安全保护投资的企业更容易受到出于犯罪目的的外部黑客的攻击。

相比之下，金融部门在传统上就被要求其服务的保密性和可靠性。金融机构持有他人的资金，而不仅仅是他们的数据。在极端情况下，网络攻击成为银行抢劫的一种新形式。因此，网络安全对长期政策和业务需求提出了新挑战。所以，1999年成立的第一个行业服务咨询委员会就是为金融服务设立的，这并不令人奇怪。

基于在消费者保护方面的长期作用，联邦贸易委员会（Federal Trade Commission，FTC）成为美国打击消费者网络金融犯罪的主要机构。当网络问题变成众多参与电子商务的中高收入群体的重要问题时，国会将立法保护作为对消费者的回应。国会通过立法保护消费者，新规定使消费者几乎不会因信用卡欺诈而受到损害，这降低了消费者为防范欺诈而投入资源的积极性。[50]相反，消费者的主要动机是避免更换信用卡和更新记录的麻烦。这些法律还保护商家免受重大责任，只要它们作了最低限度的尽职调查，如检查店内交易的信用卡凭证、对网络交易要求安全码验证。主要责任在信用卡支付处理机构和发行信用卡的银行/金融机构身上。[51]以美元计算，维萨（Visa）和万事达（Master Card）在1984年共占据全球市场份额的84%（2015年为83%），它们代表并提供了发行信用卡的庞大金融机构网络。美国运通（American Express）是一家独立的公司，它发行独立于银行的签账卡。[52]由于发卡机构风险最大，它们也最有动力进行投资去打击网络犯罪。[53]

主要的信用卡公司及其主要的金融机构会员/合作伙伴构成了**多利益相关方组织（MSOs）**的核心组。由于商户对不同类型的支付卡使用相似的设备或程序，信用卡行业需要采取足够协同一致的行动才能驱使商家作出必要的改变。个别信用卡发行机构的行动要么在技术上不可行，要么可能使其市场份额被其他信用卡发行机构抢走。

简而言之，支付卡系统的数量是较少的，但集体行动的动机是巨大的，这使得满足门槛挑战变得更容易了，并在2006年9月成功启动一个新的实体——支付卡行业安全标准委员会（Payment Card Industry Security Standards Council）。[54]这个新的**多利益相关方组织**创建并管理了一套"数据安全标准"。信用卡金融机构更改了它们与商户的合同，要求商户遵守标准，其中规定了12条一般安全规则。该组织随后发布了具体的实施指令（如商户不应存储客户的安全码信息），监控各商户的规则遵守情况，并允许在标准没有实施的情况下采取依照合同执行的方式。

但问题依然存在。商户们接受新合同的速度很慢，因为这些规则要求商户们在设备、软件、培训以及商业体系改革方面进行新的投资。[55]此外，该方案认识到，对商户来说，遵守规定的激励措施在很大程度上仍依赖监督和执行机制。[56]这些机制难以执行，因为监督成本很高。当网络入侵发生时，关于商户是否遵守了标准或标准是否有缺陷存在争议。回想一下，这些标准来自一个不代表商户和消费者的贸易组织。此外，这些标准涵盖了涉及许多分散业务的各种商业类型。可以预见的是，还会有一些持续存在的重大问题。

此外，公共问责制以及**多利益相关方组织**与政府当局之间的关系也很重要。2005年，联邦贸易委员会一直在寻找解决与签账卡和信用卡有关的网络犯罪的方法。它审查了支付卡行业的规则，并将它作为联邦强制保护网络犯罪的基础。[57]实际上，联邦贸易委员会决定将根据商户是否符合支付卡行业标准来判断商户在网络犯罪中的责任。分析人士称，这一信号大幅提高了新标准的遵守比率，因为它使合同问题变得无关紧要，同时增加了执行风险。随着损失的持续攀升以及公众对风险感知的不断升级（因为客户身份被盗，其财务数据被黑客入侵），零售商意识到它们需要重新计算自己的利益。因此，美国监管机构制定了新的规则，规定在 2015 年 10 月之前未采用芯片和密码技术的商家必须承担责任。刷信用卡的方式将被逐步淘汰；在美国，微芯片将取代几乎所有卡片背面的磁条。[58] 可以预见的是，这一转变将是坎坷的，因为零售商已不堪改用新的芯片卡的成本负担，并抱怨银行从中得到了大部分的好处。[59]

联邦贸易委员会的行动符合当代的监管惯例。例如，联邦能源监管委员会（Federal Energy Regulatory Commission）将制定新的系统可靠性（包括网络安全）操作标准的任务委托给北美电力可靠性公司（North American Electricity Reliability Corporation）。联邦能源监管委员会有权批准或复审该标准以开展下一步工作，并可以要求北美电力可靠性公司为解决特定问题专门制定标准。如果执行滞后，联邦能源管理委员会有权强制执行标准。[60]

与此同时，面对信用卡安全漏洞数量的激增，金融机构开始对商户提起诉讼，以挽回它们因商户违规而遭受的损失。这一策略很可能代价高昂，而且会导致长期商业关系陷入敌意。因此，支付卡行业建立了一种争端解决机制，以解决信用卡和签账卡公司、商户和银行之间关于债务和赔偿的争议。这种形式的争端解决机制通常会通过小规模的快速谈判达成妥协，从而减少对双方关系的长期压力。

新出现的私人和公共权力的复杂组合，引发了人们对谈判在提高保护力度方面过于缓慢的抱怨。此外，这些激励措施仍然存在偏差，促使信用卡和签账卡行业采取重大行动，而商家和消费者较少采取行动，这影响了对加强保护方案的选择。例如，为了增强信用卡交易的安全性，信用卡业界达成了要求进行多种身份验证的协议。然而，对于最具成本效益和技术智能的解决方案应由什么构成仍存在争议。这一决定是不平衡的，因为商户承担的责任更小，因此它们不愿为使用了具备附加验证功能的芯片和密码系统的新卡终端进行资本支出。

欧盟面临着更为紧迫的问题，并采取了不同的决策路线。欧盟的信用卡诈骗比美国要严重得多（在引入安全措施之前，2004年英国的损失率约为每百美元0.14美元，而同年美国的损失率约为每百美元0.05美元[61]）。欧盟认识到，责任制度倾向于由信用卡行业承担责任，让商家和消费者团体参与进来，可能会产生更大的合法性和政治紧迫性。为了推动这一进程，欧盟启动了一项公众咨询程序，以确定可以提供更多安全保障的替代方案。那时，芯片和密码系统作为改善交易认证的最佳方式已在美国得到了广泛的支持。最有力的支持来自美国的主要信用卡和签账卡公司。因此，专家群体和业务核心组围绕之前的解决方案达成一致。随后，欧盟委员会利用这一势头努力推动单一欧洲支付体系的建立，以促进欧洲的金融统一。2015年，欧盟要求加强加密和认证，解决了欧盟长期以来公众对电子支付系统信任度低的问题。[62]

欧盟从未强制要求使用芯片和密码技术，但它非正式地表示，只要这些技术仍是无害的，欧盟将乐于看到信用卡系统要求商户使用这些技术。这种转变需要时间，但超过70%的终端在几年内就达到了标准。这个关于网络犯罪和消费者金融服务的例子强调了六个要点。

第一，大西洋两岸对问题的共同诊断促进了事实上的趋同。美国和欧盟关于信用卡和签账卡诈骗的责任规则推动了信用卡供应商、中间商和客户对网络犯罪的应对。在这两个司法管辖区，规则最初倾向于为消费者提供最大限度的保护，然后是对商户，最后是对信用卡供应商。因此，相似的责任处理方法以及由此产生的一些不良后果为安全制度的演变奠定了基础。

第二，各区域**多利益相关方组织**（MSOs）的核心成员存在重叠。围绕支付卡行业建立的美国和欧盟私人利益相关者协会积极推动引入增强版安全性，在本质上定义了升级安全性的选项。信用卡供应商承受了金融风险的冲击，但它们认识到，解决方案需要一个更大、更自主的组织者群体，以增强透明度和合法性，同时提供充分的公共责任。支付信用行业规则首先出现在美国。欧盟则出现了一种更为正式的公私协商程序。

第三，**多利益相关方组织**依赖美国或欧盟监管机构的支持。这两个地区的有关公共机构与**多利益相关方组织**合作，共同推动改革，但它们的方法略有不同。联邦贸易委员会举行了听证会，决定采用支付卡行业标准作为评估消费者保护法下责任索赔的基础，这些法律比网络犯罪保护更普遍。欧盟的磋商过程促使欧盟委员会表示，信用卡行业的提议有助于推动欧洲统一支付市场的发展，是可以接受的政策。这两个程序都规定了公共问责制，并降低了纯粹自愿谈判在提供社会最佳保护水平方面滞后的风险。美国和欧盟都投入了大量的时间和试验以确定最有效的方案。这些规则都是从实践中学习而来的。[63]

第四，历史塑造了政府行动的最简捷路径。美国政府主要将此视为消费者保护和隐私问题。即使在监管金融问题的美国机构中，这也不是已经统一的全美国金融市场运行的核心。相关法律授权在于消费者保护，这是联邦贸易委员会的一个重要支点。相比之下，欧盟将此作为实现共同金融市场的持续努力的一部分。消费者保护和隐私是次要的，这使得该问题在欧盟整体政策议程中的地位高于它在美国的地位。

第五，市场问题在美国主要被视为国内问题，而在欧洲被视为欧盟问题。这是因为支付卡发卡机构的客户受到客户本国市场的国家规则的保护，尽管还有一些主要的共同参与者，包括一些国际信用卡和签账卡公司和银行。此外，对于那些拥有"跨国"客户（其中一些持有多个国家的信用卡）的规模较小但财富充足的市场来说，美国和欧盟的规则已足够趋同，其差异是可控的。同时，改革也在趋同。但加强安全的措施在执行上有所不同——芯片和密码系统早在2014年之前已在欧盟普及，但美国直到2015年年底才强制采用。这两个地区都加强了对消费者数据的保护，增加了对银行卡"认证"的要求，同时增强了对金融风险的防范。简而言之，各国规则的趋同和有限范围内的域外影响减少了制定共同国际规则的必要性。

第六，国际贸易规则作为背景框架，减少了外国公司因监管加强而面临的风险。在监管和贸易政策这一专业领域，每个人都在寻找微小的有意或无意的风险，而贸易规则缓解了其中的一些风险。例如，《服务贸易总协定》中的金融服务协定，在国民待遇原则之外还制定了"最低贸易限制"规则。[64] 该协定规定的义务还要求金融服务发展的透明度，以及美国和欧盟国家对金融服务的承诺，确保了支付卡组织的市场准入及在大多数情况下开展跨境转移支付的权利。尽管有WTO规定的义务，但不良行为的风险仍然存在。因此，至少在复杂的政府机构中，国家政策制定者倾向于根据"测试"来设计政策，除非他们想违背世贸组织的精神。这些义务为简化谈判问题的潜在解决方案建立了规范。最终，全球信用卡行业可能更倾向于采用一种统一的方式，但它在并行的主要市场上大幅调整负债激励措施。与此同时，美国和欧盟在处理本国经济的方法方面略有不同。此外，信用卡和签账卡行业及其用户继续在全球范围内开展业务，因为这些解决方案是相似的，不会因国界而限制信用卡交易的流动性。

我们从中学到了什么呢？尽管目前关于在网络安全问题上开展全面合作的国际文件很少，但本书对管理网络安全问题举措的回顾提炼出了一些经验教训。撇开国防问题不谈，即使在商业市场上，大多数行动也只是针对特定行业展开的。一些更为通用的方法可能会带来改进，比如信息共享以及改进应对网络威胁的法律援助条约。但个别市场的具体挑战可能会导致并行的特殊安排。对于网络风险背后的许多因果关系，人们也达成了广泛的共识。这种对因果问题的共识导致了部分在特定部门和市场上并行的治理应对措施。

上述两个案例中的治理安排都对此前市场监管安排的遗留问题以及安全挑战涉及的全球依存程度很敏感。跨境支付的资金流动需要一个共同的国际解决方案。环球银行金融电信协会（SWIFT）是在一个中央银行对国家支付系统进行严格监管的市场中发展起来的，它必须符合中央银行的期望和监管能力。同样，信用卡和借记卡支付的网络诈骗主要被视为国内问题。由于联邦贸易委员会的法律授权，美国将网络欺诈定义为消费者保护问题。欧盟将它视为保护消费者和整合欧盟内部金融市场的问题。因此，网络欺诈在欧盟的政策议程上占据了更高的位置。

　　多利益相关方组织推动了实际问题的解决，会员动态也很重要。它们的会员动态（信用卡会员制的重叠，以及SWIFT精心管理的全球会员和董事会制度）降低了以安全名义操纵市场的动机，并为治理提供了一个由忠实参与者组成的可信俱乐部。**多利益相关方组织**依靠政府的支持使其建议生效，也接受政府监督的问责。环球银行间金融电信协会尤其体现了为在重大问题上发挥重要作用的**多利益相关方组织**找到正确的政府间问责安排所面临的挑战。

注释：

1. 我们关于全球金融标准及其实施的思考受到了 Layna Mosley 文章的启发。Layna Mosley, "Regulating Globally, Implementing Locally: The Financial Codes and Standards Effort," Review of International Political Economy, 17, No. 4 (October 2010): 724-761; Büthe and Mattli, The New Global Rulers, Chaps. 4 and 5.

2. 我们的分析没有涵盖关于网络战的四个特殊问题：(1)在处理网络战时，难以衡量风险的复杂性(保护什么，由谁保护，有什么后果)。(2)跨域问题——网络战不是发生在军事真空中——与热战的潜在联系增加了其复杂性。(3)不明确的战略环境——没有什么比为战略核算找出"焦点"(如某些国家边界或"不首先使用"核武器的规范)更重要的了，包括冷战后期出现的关于网络战是什么的共识概念。(4)网络战和网络间谍之间的界限模糊。Ronald J. Deibert, Black Code: Inside the Battle for Cyberspace (Toronto: Random House, Canada: 2014). P. W. Singer and Allan Friedman, Cybersecurity and Cyberwar—What Everyone Needs to Know (New York: Oxford University Press, 2014), pp. 34-36.

3. William J. Lynn III, "Defending a New Domain: The Pentagon's Cyberstrategy," Foreign Affairs, 89, No. 5 (September/October 2010): 97-108; Joseph Nye, "Nuclear Lessons for Cyber Security," Strategic Studies Quarterly (Winter 2011): 18-38, https://citizenlab.org/cybernorms2012/nuclearlessons.pdf.

4. Ross Anderson et al., "Measuring the Cost of Cybercrime," http://www.econin-fosec.org/ archive/weis2012/papers/Anderson_WEIS2012.pdf.

5. David D. Clark and Susan Landau, "Untangling Attribution," Harvard National Se-curity Journal, 2, No. 2（2011）：25-40, http://harvardnsj.org/wp-content/up-loads/2011/03/Vol.-2_ Clark-Landau_Final-Version. pdf. For a comprehensive statement of all risks see：Marc Goodman, Future Crimes（New York：Knopf Doubleday, 2015）.

6. 网络战的问题涵盖了许多与犯罪和企业网络攻击的相同点。参阅 Richard A. Clarke with Robert K. Knake, Cyber War：The Next Threat to National Security and What to Do about It（New York：Ecco, 2010）.

7. 这包括以间谍/军事/恐怖主义为目的的"零日"攻击市场。零日攻击源自未被发现的漏洞,这些漏洞可以打开系统进行攻击。它们可能被秘密出售给相关方,包括以秘密拍卖的形式。Charlie Miller, "The Legitimate Vulnerability Market：Inside the Se-cretive World of 0-Day Exploit Sales," Workshop on the Economics of Informa-tion Security, 2007, http://weis2007.econinfosec.org/papers/29.pdf.

8. Singer and Friedman, Cybersecurity and Cyberwar, 2014, p.75.

9. 除了欧盟,非欧盟的签约国还包括美国、日本、澳大利亚和少数几个小国。 Michael Vatis, The Council of Europe Convention on Cybercrime, Proceedings of a Work-shop on Deterring Cyber-attacks：Informing Strategies and Developing Options for US Policy（Washington, D.C.：National Academies Press, 2010）.

10. Kenneth Cukier, Viktor Mayer-Schönberger, and Lewis Branscomb, Ensuring （and Insuring）Critical Information Infrastructure Protection, Kennedy School of Government, RWP05-055, October 2005, http://papers. ssrn. com/sol3/pa-pers.cfm? abstract_id=832628.

11. 我们对激励的讨论遵照了 Tyler Moore 的观点, "The Economics of Cybersecu-rity：Principles and Policy Options," International Journal of Critical Infrastruc-ture Protection, 3-4（December 2010）：103-117. Also see Tyler Moore and Ross Anderson, "Economics and Internet Security：A Survey of Recent Analyti-cal, Empirical and Behavioral Research," in Martin Peitz and Joel Waldfogel （eds.）, The Oxford Handbook of the Digital Economy（New York：Oxford Uni-versity Press, 2012）.

12. George A. Akerlof, "The Market for Lemons：Quality Uncertainty and the Mar-ket Mechanism," The Quarterly Journal of Economics, 84, No. 3（1970）：488-500. Carfax reduced the information gap.

13. Singer and Friedman Cybersecurity and Cyberwar, 2014.

14. 同上。

15. European Union, "The Directive on Security of Network and Information Systems（NIS Directive）, July 6, 2016, https://ec. europa. eu/digital-single-market/en/network-andinformation-security-nis-directive.

16. 欧盟的 NIS 指令同样要求响应团队以及行业特定组织的合作。

17. Nicole van der Meulin, Eun Jo, and Stefan Soesanto, "Cybersecurity in the European Union and Beyond: Exploring the Threats and Policy Response" (New York: RAND Corporation, 2015), http://www.rand.org/pubs/research_reports/RR1354. html. Jonah Force Hill, "Problematic Alternatives: MLAT Reform for the Digital Age," Harvard National Security Journal, January 28, 2015, http://harvardnsj.org/2015/01/problematic-alternatives-mlat-reform-for-the-digital-age/.

18. UL 启动了一个网络安全保证计划（Cybersecurity Assurance Program），以检查产品是否有合理的安全实践和软件保障。但是,它不能确保产品是"安全的"。

19. 我们在与几位网络安全专家讨论后组织了这个示例。特别感谢 Stefan Savage。也请参阅 Singer and Friedman, pp. 176 and 205; Shane and Hunker. Federal Trade Commission, "FTC Report on Internet of Things Urges Companies to Adopt Best Practices to Address Consumer Privacy and Security Risks," 2015. Karen Rose, Scott Eldridge, and Lyman Chapin, "The Internet of Things: An Overview," The Internet Society, October 2015.

20. As early as 2000 urged, "Liability should be assigned to the parties best able to manage the risk." 早在 2000 年,Hal Varian 就主张:"责任应分配给最有能力管理风险的各方。"参阅 Susan Landau, "Managing Online Security Risks," in Surveillance or Security? The Risks Posed by New Wiretapping Technologies, New York Times, June 1, 2000, (Cambridge, MA: MIT Press, 2013), p. 242.

21. 1961 年,只有 8 家美国银行在美国境外设有分支机构。其中只有 4 家银行拥有 4 个以上的分支机构:第一国民城市银行(花旗银行)77 家,大通银行 24 家,美国银行 14 家,第一波士顿国民银行 10 家。这一时期,外汇领域是一潭死水,因为布雷顿森林体系(Bretton Woods System)建立的固定汇率通常是稳定的。Jonathan David Aronson, Money and Power: Banks and the World Monetary System (Thousand Oaks, CA: Sage, 1978).

22. 虽然分析框架是我们构建的,但关于环球银行金融电信协会(SWIFT)历史和运营的实证在很大程度上借鉴了环球银行金融电信协会具有启发性的历史: Susan V. Scott and Markos Zachariadis, The Society for Worldwide Interbank Financial

Telecommunication (SWIFT) —Cooperative Governance for Network Innovation, Standards, and Community (New York: Routledge, 2014).

23. https://www.swift.com/about-us, accessed June 4, 2016.

24. https://www.swift.com/insights/press-releases/swift-announces-major-price-reductions-for- 2014. https://www. swift. com/insights/press-releases/swift-to-deliver-a-57_price-reduction-by-the- end-of-2015. The phrase and cost analysis is from Scott and Zachariadis.

25. 对可靠性的担忧是有道理的。事实上,在环球银行金融电信协会成立一年后,1974年6月26日的下午,举步维艰的赫斯塔特银行(Bankhaus Herstatt)被德国监管机构强制清盘。当天早些时候,赫斯塔特银行在法兰克福收到了来自纽约的一笔大额德国马克付款。赫斯塔特银行曾承诺向纽约的汇款银行支付相应美元。时区的差异导致赫斯塔特银行在倒闭之前收到了资金,但在倒闭后无法将美元交付给对手银行。由此引发了一场重大的金融危机,该事件促成了一个新的全球结算系统的实施,以确保银行之间的支付能够实现实时完成和执行。

26. https://www.swift. com/insights/press-releases/swift-announces-10_rebate-on-2015-messaging.

27. Scott and Zachariadis, The Society for Worldwide Interbank Financial Telecommunication, 2014, p.16.

28. Dominic Broom, "Forging a Path to the Future of Payments," Swift Connectivity for Corporate Treasurers, 2014, pp.5-8.

29. 这个问题一直困扰着像互联网名称与数字地址分配机构(ICANN)这样的机构,因为它是在美国注册的,这使其他国家认为美国政府拥有优势,因为其法律和司法体系是围绕其政策倾向建立起来的,从而加强了美国政府的主导地位。

30. 对网络文学的一个令人信服的综述来自 Miles Kahler 撰写的《网络化政治:机构、权力和治理》(Networked Politics: Agency, Power and Governance),这是他编辑的同名卷的开篇文章。

31. Brown and Marsden, Regulating Code, 2013.

32. 2014年10月,于巴黎,与一家国际银行的安全主管的讨论。

33. 2015年2月,有消息称,一个资深的国际黑客组织从俄罗斯、东欧和其他地方的银行骗取了数亿美元,经常致使ATM向已在机器前等待的犯罪同伙吐出大量钞票。这不是对环球银行金融电信协会(SWIFT)的破坏,而是对银行的直接欺诈。David Sanger and Nicole Perlroth, "Bank Hackers Steal Millions via Malware," New York Times, February 15, 2015, p.A1, 11, http://www.nytimes.com/ 2015/02/15/world/bank-hackers-steal-millions-via-malware.html? _r=0.

34. "Heist Finance," The Economist, May 28, 2016, p.67; Michael Corkery, "Hackers' $81 Million Sneak Attack on World Banking," New York Times, April 30, 2016, http://www.nytimes.com/2016/05/01/business/dealbook/hackers-81-million-sneak-attack-on-world-banking. html; and "Once Again, Thieves Enter Swift Financial Network and Steal," New York Times, May 12, 2016, http:// www. nytimes. com/2016/05/13/business/dealbook/swift-global-bank-network-attack.html.

35. Devlin Barrett and Katy Burne, "Now It's Three: Ecuador Bank Hacked via Swift," The Wall Street Journal, May 19, 2016, http://www.wsj.com/articles/lawsuit-claims-another- global-banking-hack-1463695820.

36. SWIFT, Customer Security Programme, May 27, 2016, https://www.swift.com/ordering- support/customer-security-programme-csp.

37. 与网络安全行业企业家的访谈显示，许多公司声称新技术带来了性能优势。

38. J. Lawrence Broz 和 Michael Brewster Hawes 的类似观点。J. Lawrence Broz and Michael Brewster Hawes, "U.S. Domestic Politics and International Monetary Fund Policy," in Hawkins, Lake, Nielson, and Tierney.

39. Scott and Zachariadis, The Society for Worldwide Interbank Financial Telecommunication, 2014, p.43.

40. 环球银行金融电信协会（SWIFT）需要顶级的网络安全冗余保护。相比之下，SITA是为航空运输成员及其成员之间提供高速网络通信服务，处理的资料相对敏感性较低，不需要相同级别的网络安全保护。参阅 http://www.sita.aero/solutions-and-services/solutions#sthash.NcylWcUS.dpuf.

41. Jonathan Fahey, "European Sanctions Have Begun to Block the Iranian Banking System off from the Rest of the World," Business Insider, March 15, 2012, http://www.businessinsider.com/ iran-banking-swift-2012-3.

42. Andrew Torchia, "Iranian Banks Reconnected to SWIFT Network after Four-Year Hiatus," Reuters, February 17, 2016, http://www. reuters. com/article/us-iran-banks-swift-id USKCN0VQ1tfD.

43. Valentin Schmid, "Financial Sanctions against Russia: The Nuclear Option," Epoch Times, March 29, 2014, http://www. theepochtimes. com/n3/column/588433-financial-sanctions-against- russia-the-nuclear-option/.

44. "Russia Threatens SWIFT," The American Interest, January 26, 2015, http://www.theamerican-interest.com/2015/01/26/russia-threatens-swift/.

45. 在同一份声明中，环球银行金融电信协会（SWIFT）拒绝了切断以色列银行网络的要求。"SWIFT Sanctions Statement," October 6, 2014, https://www.swift.com/insights/press-releases/ swift-sanctions-statement.

46. 澳大利亚中央银行的一份报告阐释了共同原则、国家支付系统和SWIFT集体监督之间的联系："2012年4月,国际清算银行支付和结算系统委员会(CPSS)和国际证监会组织技术委员会(IOSCO)发布了《金融市场基础设施原则》。这些更新、协调和加强了现有的支付、清算和结算系统标准,包括CPSS的《重要支付系统核心原则》……迄今为止,澳大利亚支付系统已经执行了自我评估……这个新的机构——环球银行金融电信协会(SWIFT)监督论坛——由来自25家中央银行和货币当局的代表以及CPSS秘书处主席组成。" Reserve Bank of Australia, Payments System Board Annual Report, 2012, accessed November 24, 2014, http://www.rba.gov.au/publi- cations/annual-reports/psb/2012/html/oversight-high-value.html.

47. 截至2016年,有60家中央银行是国际清算银行的成员。它们加在一起约占全球GDP的95%。董事会最多可有21名成员,包括6名当然董事,由比利时、法国、德国、意大利、英国和美国央行行长组成。每名当然董事可委任同一国籍的另一名委员。其他成员央行的9名行长可当选为董事会成员。" https://www.bis.org/,访问于2016年6月4日。

48. Carl Felsenfeld and Genci Bilali, "The Role of the Bank for International Settlements in Shaping the World Financial System," University of Pennsylvania Journal of International, 25 Economic Law 945. Michele Fratianni and John Pattison, "An Assessment of the Bank of International Settlements," Paper for the International Financial Advisory Commission, December 26, 1999.

49. Jeffrey Hunker, "Global Leadership in Cybersecurity: Can the U.S. Provide It?" in Shane and Hunker.

50. 中高收入的公民更有可能投票,因此国会更关注他们的利益。参阅 Moore and Anderson, Economics and Internet Security, 2012.

51. 2015年,维萨(Visa)约占全球信用卡市场份额的55.52%,其次是万事达(MasterCard)26.27%,中国快速增长的银联(UnionPay)占12.79%,美国运通(American Express)占3.21%,日本JCB占1.23%,而大来(Diners)/发现(Discovery)的市场份额则下降至0.98%。Yahoo! Finance, "The Nilson Report Releases Global Card Report 2015," May 9, 2016, http://finance.yahoo.com/news/nilson- report-releases-global-cards-153000667.html.

52. 支付卡有两种不同的类型——签账卡和信用卡——经常被混为一谈。签账卡,如美国运通卡(American Express),允许持卡人购物,并由发卡人支付。这就形成了持卡人对发卡机构的债务,这些债务通常要求按月全额偿还。信用卡,如维萨(Visa)

和万事达（MasterCard），通常与银行和其他金融机构挂钩。他们向持卡人提供循环信贷。如果每个月都支付指定的最低还款额，则不产生滞纳金，但会对未支付的余额收取利息，通常可追溯至购物之日。

53. 据维萨（Visa）称，每100美元的销售额中，约有6美分会因欺诈和犯罪而遭受损失。Mark MacCarthy, "Government and Private Sector Roles in Providing Information Security in the U.S. Financial Services Industry," in Shane and Hunker, p.92.

54. 支付卡行业安全标准委员会的创始成员是美国运通（American Express）、发现金融服务公司（Discover Financial Services，由 Dean Witter 创立，自2007年起独立）、JCB（日本信用局）、万事达（MasterCard）和维萨（Visa）。该委员会声称它独立于其成员，旨在管理支付卡行业的发展。

55. 文化差异和客户对安全和隐私不同程度的担忧也随之产生。例如，在欧洲大部分地区，商户将终端提供到顾客桌前是一种惯例。顾客从不交出他们的卡。大多数美国人会欣然把他们的卡交给服务员，由服务员把卡拿走，再把卡连同付款单一起送回。美国人相信餐馆工作人员不会窃取他们的卡号和密码。在韩国，通常是顾客把卡拿到收银台，这样他们就不会和卡分开。

56. 信用卡诈骗持续上升。在全国零售商塔吉特（Target）和家得宝（Home Depot）的信用卡数据遭到大规模黑客攻击之后，不利于大商家的宣传因素可能会促使它们加强安全保护，因为这可能会导致它们失去市场份额。2015年2月，健康保险巨头安塞姆（Anthem）多达8 000万份客户记录被黑客窃取，对公众信心造成了更为沉重的打击。健康识别记录在黑市上比从零售商和商业网站窃取的信息更有价值，因为这些记录可以用来提交虚假的医疗索赔。

57. 这篇文章引用了MacCarthy的观点。MacCarthy, "Government and Private Sector Roles," 2012, pp.69-100.

58. 美国银行行业将在2015年10月之前转换到新的Europay、MasterCard和Visa（EMV）标准，用于电路卡系统的互操作。EMV将使用微芯片信用卡。银行可以发行需要个人账户密码而不是签名的银行卡，但不要求现有信用卡于2015年10月全部转为个人账户密码。"October 2015: The End of Swipe-and-Sign Credit Card," The Wall Street Journal, February 6, 2014, http://blogs.wsj.com/corporate-intelligence/2014/02/06/october-2015-the-end-of-the-swipe-and-sign-credit-card/.

59. Rachel Abrams, "Chip Cards Give Stores New Gripe vs. Banks," New York Times, November 17, 2015, pp.B1, B6, http://www.nytimes.com/2015/11/17/business/chip-credit-cards-give-retailers-another-grievance-against-banks.html.

60. Hunker, pp. 48-49, in Shane and Hunker, Cybersecurity, 2012.

61. Mark Scott, "A More Secure Credit Card, European Style," New York Times, December 2, 2014, p.tf5, http://bits.blogs.nytimes.com/2014/12/02/preparing-for-chip-and-pin-cards-in- the-united-states/.

62. Noëlle Lenoir 认为，这是隐私保护为欧洲支付系统创造了商业优势的一个经典案例："Data Protection in Europe vs. the United States," Politique Internatio-nale," No.151 (Spring 2016)：77-83.

63. MacCarthy, "Government and Private Sector Roles," 2012.

64. Wendy Dobson, "Financial Services and International Trade Agreements," pp.289-337, in Mattoo, Stern, and Zanini; World Trade Organization, Council for Trade in Services, Committee on Trade in Financial Services, Financial Services, Background Note by the Secretariat, S/C/W/ 312, S/FIN/W/73, February 3, 2010.

第8章 数据隐私

我们能否就如何运用全球治理推进可信数字环境建设达成共识？第7章研究了网络安全的动态。在本章，我们将对隐私权辩论进行分析，这些辩论涉及公民权利这一长期敏感的问题，但这个领域并不完全属于经济政策的范畴。因此，隐私权是全球经济治理面临的一个重大挑战。

我们认为，尽管存在强大的政治压力，但俱乐部建立国际隐私治理机制所需的许多必要因素已经存在。我们首先识别这些要素，然后确定缺少哪些要素。接着，第9章提出了一种方法，将隐私管理规制的要素与数字经济的贸易规则联系起来，包括云生态系统。

我们的分析分为5个小节。

第8.1节回顾了隐私挑战的整体逻辑。市场激励机制的缺陷削弱了利用自愿协议实现社会最优隐私保护的效果。因此，一定程度的治理干预是必需的。幸运的是，国际治理措施可以解决导致隐私保护失效的常见原因。其余的政策缺口是受宪法权力和政治经济条件综合作用引致的，这是所有国际协议都需要考虑的一点。

第8.2节考察为达成隐私保护国际协议，通过经济合作与发展组织（OECD）以及后来的亚太经济合作组织（Asia-Pacific Economic Cooperation，APEC）所作的努力。我们主要介绍那些可以推动就制度行动的"因果理论"达成共识的原则。虽然这些原则不具权威性，但它们确立了建立共同国际基线的可能性。

第8.3节分析美国与欧盟间的隐私争议，以及相互承认各自隐私保护制度和监视做法的可能性。我们审视了导致2015年10月欧洲法院否决《美国-欧盟安全港协议》（US-EU Safe Harbor Agreement）的相关事件，以及2016年2月初宣布取代该协议的新协议。有关分析显示了法律传统和政治经济因素如何导致经济合作与发展组织原则（简称OECD原则（OECD Principles））的应用成为持续紧张局势的根源。我们还研究了使用联盟国家监管措施来建立国际基线的可行性。

第8.4节关注全球"公民社会"的创新如何影响隐私治理。我们回顾了环球银行金融电信协会（SWIFT）的历史，从一场涉及政府监控的跨大西洋隐私纠纷的处理事件中吸取更多教训。然后，我们展示了来自公民社会的市场调节和治理创新如何使政府政策框架的差异变得模糊。随着实际情况的变化，创造性治理适应的空间也在扩大。

最后，在第8.5节中，我们重点分析现有原则中缺乏的一个必要要素——理想制度。

8.1　隐私政策的逻辑

隐私在法律分析中是一个复杂的领域。我们不会无意分析那些最微妙的法律细节。相反，我们探究将隐私第一原则作为国际治理基础的逻辑和政治经济学依据。我们通过简化问题来阐明其基本原理。首先，隐私部分取决于网络安全的状况。网络攻击或常规数据安全操作中的失误都可能导致机密数据的泄露。在这种情况下，需要确保何种程度的安全保护才能满足隐私要求呢？这一挑战还存在很多棘手的操作问题。第二个挑战在政治上更加困难：个人数据需要哪些隐私保障？[1]

随着商业和政府越来越多地使用大数据分析，人们对隐私的担忧也在与日俱增。数据泄露的激增进一步加剧了人们对隐私问题的担忧。[2]为了阐明隐私问题的核心逻辑，首先假设完美的网络安全是可能的。如果只有获得适当授权的人士才可以查阅资料，那么个人资料的持有人会承诺保护哪些资料呢？法律又会要求他们保护哪些资料呢？

这引发了2个问题。第一个问题涉及"公民对政府"的隐私保护。政府在未经同意的情况下如何以及何时可以传唤或使用秘密手段来获取个人数据？简而言之，哪些个人资料是禁止司法部门在未经事先同意的情况下查阅的？正如第8.3节中美国与欧盟的对比所示，这是一个安全/法律执行问题，而不是隐私问题。它与涉及隐私价值的法律和宪法传统密切相关。

第二，法律和行政框架是否为隐私政策赋予了意义？谁来决定惩罚措施？惩罚措施是否应该包括对数据准确性不满或数据公开后造成的名誉损害的赔偿？第二个问题涉及商业领域"公民对公民"的隐私保护。在日常商业交易中，应保障哪些类型的私人信息？个人信息的高度保护是应该只针对医疗信息，还是应该包括所有个人信息？保护的具体形式是什么？原始数据收集者何时可以共享数据？

为了进一步阐明市场中普遍存在的"公民对公民"的隐私问题，设想存在一个共同的全球宪法框架。但即使是在这样一个统一的法律体系中，隐私问题仍然难以解决，因为存在5种由经济学家证实会扭曲市场表现的情况。

（1）个人信息具有集体财产属性，因为它是非竞争性的（不因一次使用而耗尽），并且许多人可以继续使用它。 正如在第2章中所讨论的，这会产生一种外部性，它为出于最初目的的信息原始收集者带来了价值，同时也带来了尚未确定用途的附加价值。但是用户对信息用途的变化和风险并不完全了解。他们不清楚自己个人信息的价值，对于如何评价那些随时间而变化的信息价值也存在不一致的观点。[3]这些困难往往会削弱市场交易的效率。如果用户完全依赖市场手段，就不太可能达到最佳的个人数据隐私水平。

（2）**私人信息缺乏明确的产权会带来挑战**。当存在明确的产权时，复杂的社会动态就更容易解决。当产权属于国家或社区时（如部落对渔业的权利），成本和收益的分配及其后果的协商就变得更为简单。[4]同时，产权使权利的转让更加高效。不幸的是，隐私产权尚不清晰。

（3）**治理补救措施可能会过度封锁个人信息，从而无法提高消费者福利**。经济和法律分析表明，个人可能会从信息披露中受益。一个典型的例子是，消费者希望被"知晓"自己拥有良好的信用风险。较高的信用评分可以降低贷款机构的风险，使它们可以以更优惠的条件发放贷款，从而为部分消费者提供便利。因此，当个人信息被设定为一种持续的"给予—接受"关系时，个人可以从中获益最多。"免费搜索"和其他网络应用程序的兴起增加了一个新的因素。特别是搜索，已经从根本上改变了信息塑造我们生活和商业的方式。然而，它的资金来源主要是利用搜索用户产生的数据来销售显示在搜索引擎上的广告。类似的情况也适用于其他网络应用程序。这是一种以信息共享为交换条件的市场免费服务，或者就像硅谷常说的那样："如果你不付钱，你就是产品。"

（4）**随着技术的变化，价值关系也在变化**。3个例子说明了技术的影响。首先，随着数据分析能力的增强，来自不同交易、用于不同目的的数据可以被重新分类，以建立个人档案，而这些个人档案所揭示的信息可能超出了他们想要揭示的内容。[5]其次，强大的数据分析引致了越来越多的价格和服务歧视，比如在"忠诚"项目中提供的奖励或折扣。[6]通过出让信息，个人可能会得到更好的交易。最后，信息的使用在演变。蒸汽印刷机的发展推动了20世纪初报纸的普及。这些报纸对用户释放了大量信息，从而使有关知名人士和公司的信息"国有化"。[7]今天，网络搜索引擎可以更有效地执行同样的功能。此外，公民对公民的私人信息的披露也会影响社会回报的分配。更广泛地传播"有新闻价值"的个人和公司的信息可能对他们有利，也可能有害。不管怎样，从以八卦为主导的媒体的激增来看，公众对信息的需求非常高。[8]

（5）**监管会给整个社会带来成本**。合规和监控是昂贵的。效率损失随之而来，因为鲜有规则对所有市场交易都完全有效。正如第6章所述，在**信息与生产颠覆**（IPD）中，限制对数据和数据支持服务及产品的灵活探索可能要付出高昂的代价。这对隐私限制最为严格的欧盟来说是有风险的，因为欧盟的经济数据密集程度远低于美国。研究表明，根据不同的规则组合，欧盟的隐私和数据本地化规则可能导致进一步的经济损失，占到GDP的2.3%~5%以上。[9]无论这些估计是否正确，无论抵消的社会利益如何，这些规则对社会的影响都超出了个人成本和效益的范围。[10]

总而言之，治理有助于优化隐私信息市场的社会回报，但实现成本和收益的适当平衡是困难的，并且是不断变化的。如第6章所述，云计算意味着有关隐私的域外纠纷的发生率将显著提高。这对国际隐私治理机制有何影响呢？接下来，我们将探讨如何就国际治理达成共识。

8.2　寻找国际基准

回想一下，国际治理机制需要原则（关于集体努力如何介入以解决问题的理论）和规范（预期的可接受行为）。

界定国际隐私保护基准的努力始于1980年，当时经济合作与发展组织（OECD）针对早期计算机网络的运行制定了8项解决问题的指南。它们很有远见，解决了隐私管理中的许多关键难题。[11]随着人们越来越关注大数据对隐私的影响，特别是当大数据跨越全球边界时，修订OECD原则的呼声也随之而来。2011年，亚太经济合作组织（APEC）在《跨境隐私规则》中进一步增加了治理实践。[12]2013年的OECD原则修订版又新增了4项准则（这些指导方针、原则和规则列于本章附录）。这些准则可能会演变成包括亚洲主要经济体和几个拉美国家在内的APEC成员期望的行为基础。印度不是 APEC 成员，但也可能会遵守这些规则。

我们对这些准则进行整合和重组，以澄清它们的统一逻辑，因为它们已经成为大多数隐私指南的基准，包括那些由**多利益相关方组织（MSOs）**制定的准则。OECD 和 APEC 共同建立了一个因果理论，通过 5 个基本组成部分来促进隐私权的发展（前 3 项出自 1980 年 OECD 的声明）。

其中，核心前提是"同意原则"，即收集个人资料需要征得用户同意。这应用了标准契约思维的问题解决逻辑（我同意用我的数据交换供应商提供的我想要的东西）以及消费者保护法保护隐私的条款。数据只能用于原始同意书中指定的条款，或用于为实现同意书中的目的所必需的用途，或"与这些目的不相抵触"的用途。尽管对该术语的解释可能存在一些偏差，但"使用限制"条款进一步澄清，若要将数据用于原始协议所涵盖的用途以外的用途，必须要再次获得个人或政府机构的同意。我们经常在电子商务网站上签订这样的合同。

同意还包含一个附加条件，其作用在某种程度上类似于消费者保护法对购买汽车的销售合同条款的限制。它们通过确保用户自动得到某些保护，解决个人用户和数据采集公司之间的信息不对称问题。具体来说，"同意"只包括那些法律允许的、与用户同意的目的一致的、准确的数据收集。这些限制解决了这样一个问题：用户无法预知某个任务需要什么信息，也无法轻易地探知到所有信息可能被收集的方式。这些情况使资料收集者有责任遵守所有法律规定，并以符合用户在知情情况下合理期望的方式行事。

第二个组成部分构成了一种持续的实际权利；必须有一个可识别的"负责代理"（数据控制器）。数据控制器必须确保数据始终受到合理的安全措施的保护，即使是在与另一方共享的情况下。数据可能不会提供给没有类似安全措施保障的机构。控制器还必须对其不断变化的数据收集和策略保持透明。它还可以处理用户的问题，并为有关数据的投诉提供有效的补救措施。这种主动的措施不仅针对个人投诉，还允许用户了解其信息的使用是如何随着时间变化的。

　　第三个组成部分是适当的数据安全保护。2013年OECD原则明确了新的安全义务，支持基于风险评估实践的隐私保护。"根据隐私风险评估提供适当保障措施"的隐私管理计划被纳入公司治理结构，该计划还建立了内部监督机制。[13]可与之分享数据的所有其他组织也应采用这一办法。这一原则与应根据不断变化的风险评估调整保护优先事项的想法是一致的。没有绝对的保护要求同等适用于所有数据的所有风险。2013年，OECD还新增了"审查"和"通知"条款，呼吁与适当的隐私执法或监督机构合作，以评估风险管理方案。审查可以由政府认可的**多利益相关方组织**承担。此外，它还引入了通知隐私执法机构安全漏洞的义务，这解决了前面提到的问题。[14]如果个别公司不需要向有关政府部门充分披露违规情况，安全管理的激励就会减弱。

　　第四个组成部分也是在2013年的义务延伸中提出的，该组成部分建立了对国家能力要求和政府负责部门的软规则预期。正如第4章和第5章所指出的，在国际治理机制中，关键是要确定由谁负责，并确保参与国政府有能力实现该机制的原则和规范所产生的预期目的。与世贸组织的《基础电信协议》（BTA）一样，这些原则为政府机构的确切形式留有余地；在这种情况下，数据保护机构或监管委员会（如联邦贸易委员会）都符合预期。但是，该机构必须是独立的，并具有足够的专业知识和权威（正如稍后将讨论的那样，欧盟对联邦贸易委员会是否有足够的权力来保障欧盟的隐私规则持有重大保留意见）。这些条款还呼吁建立国际隐私执法合作能力，特别是那些加强信息共享和制定隐私保护共同标准的执法能力。

　　APEC规则有了新的突破。它们概述了政府创建治理能力的义务，并支持政府将一些隐私工作委托给**多利益相关方组织**。它们为**多利益相关方组织**创建了一套明确的"识别标准"，这些**多利益相关方组织**想要获得认证各方是否遵守APEC规则的权力。认证需要APEC成员经济体隐私管理机构的认可。（这与第5章的规定一致，即**多利益相关方组织**必须对政府负责。）APEC 规则也从纯粹的自愿性转变为"权威性"，因为它们为各成员经济体提供了一种合作机制，通过建立一个规则联合监督小组，帮助他们执行和实施隐私规则。[15]尽管如此，仍有许多工作要做，因为欧盟对 OECD 原则的应用仍存在实际分歧，而且即使在 APEC 内部，也只有美国、日本和墨西哥坚定地承诺在 2015 年年中之前实施 APEC 规则。不过，我们还是有理由抱有希望的。例如，新加坡、韩国等国家已经采取了与欧盟类似的隐私规则。[16]

第五个基本组成部分为跨境数据传输设定了合理的条件。这些条件包括一项平衡措施。它们申明，如果数据跨越国界传输，同样的隐私管理义务也适用。它们还认同只有当另一个国家遵守同等的隐私准则或有数据控制机构引入了强大的风险管理实践体系时，才有权开展数据跨境传输。因此，一个国家或一家公司都有资格为数据跨境传输提供充分保证。这种针对跨境传输数据权利的附加条件为建立俱乐部创造了有利激励，因为每个人都没有获得传输数据的许可。它类似于根据贸易规则批准的"互认协议"，各国可以承认国家技术认证的等效性，从而允许等效国家之间的"一站式认证"。

要建立一种制度，必须具备这 5 个要素，但阻碍依然存在。有两个问题非常突出。首先，在如何平衡预防性防范措施和渐进式补救措施之间存在分歧。其次，在如何对待政府对公民的隐私保护问题上，仍存在重大分歧。

为了理解预防措施和事后补救措施的分歧，可以考虑亚太经济合作组织隐私框架（APEC Privacy Framework）和欧盟对 OECD 原则的做法之间的差异。由于双方都认可透明度、审查和通知是有效风险管理的关键，因此拥有一个强大的共同基础。然而，亚太经济合作组织隐私框架"关注的是披露信息造成的实际或潜在损害，而不是个人与其信息相关的个人权利"。OECD 的隐私原则得到了欧盟和其他政府在法律制度层面的支持。相比之下，亚太经济合作组织隐私框架则没有法律先例。到目前为止，它的主要支持者是部分全球性公司。[17]鉴于 OECD 和 APEC 的成员有重叠，可以预见它们的框架之间会存在相似性。但欧盟不是 APEC 的成员，它是强有力的预防性保护措施的主要倡导者。因此，在如何解释亚太经合组织规则方面的平衡反映了美国和亚洲比欧盟更常见的方法。

如第6章所述，截至2016年欧盟不愿将OECD原则的条款大规模引入贸易协定。例如，欧盟在《跨大西洋贸易与投资伙伴关系协定》（TTIP）谈判中就把数据隐私问题排除在谈判之外。症结在哪里？OECD原则规定了最低标准，可辅以其他措施来保护隐私和个人自由，即使这些措施会影响跨境数据传输。[18]但欧盟担心，如果最低标准转化为贸易协议，美国可能不会加强其联邦隐私执法权。欧盟更担心的是，针对美国情报机构对欧盟公民的监视行为缺乏足够的制约。因此，在这些问题得到解决之前，欧盟不愿考虑加入《跨大西洋贸易与投资伙伴关系协定》。然后，2016年大西洋两岸的民粹主义政治使《跨大西洋贸易与投资伙伴关系协定》在可预见的未来被搁浅。[19]

在政府对公民隐私保障方面存在的更为普遍的问题是，政府不愿在国家安全事务上受到约束，并且许多国家都在使用数字监控。[20]例如，1994年美国《通信协助执法法案》（Communications Assistance For Law Enforcement Act）制定了数字监控规则，欧盟积极配合实施，并率先采用了通过移动通信显示地理位置的做法。[21]美国官员还向欧盟强烈表示，美国拥有遍布政府三大分支的庞大制度机构，该制度机构在美国对隐私权的监控比欧盟更为严格。[22]因此，监控领域的问题很难全面解决。然而，它与商业隐私问题的交叉，对于将 OECD 和 APEC 的蓝图作为国际机制的基础来说，是一个重大障碍。此外，一个热门的政治问题是域外管辖权问题，因为它涉及刑事和国家安全搜查，如当美国政府对一家美国公司在欧洲设施中持有的欧洲公民云数据发出搜查令时。

为了更深入地研究这些障碍，下一节将探讨美国与欧盟在隐私保护方面的冲突。政治和宪法传统都在发挥作用，但我们引用了一些第三方监督的既定方法，为未来指明了方向。

8.3 美国-欧盟关于隐私问题的辩论

美国和欧盟关于隐私的辩论之所以重要，是因为没有这两个参与者的参与，任何俱乐部都难以成长为国际治理机制。作为以市场为基础的国家，美国和欧盟在隐私保护方面的做法有很多共同之处，但数字信息的普及触及了一些敏感问题，使政策立场上的细微差别变成了国际协调的不和谐因素。

欧盟比美国更早开始制定全面的商业交易隐私保护框架。1995年的《通用数据保护指令》（Genneral Data Protection Directive）确立了欧盟的数据隐私制度。[23]1995年的指令和随后在2012年采取的措施有3个明确目的。[24]第一项措施是加强OECD 1980年的指导方针，增加保护措施，如了解个人数据将被披露给谁的权利、向法院上诉的权利、由国家当局告知数据被泄露情况的权利等。1995年的指令还包括一项软法律要求，授权独立的数据保护机构。第二项措施是确保隐私保护不会妨碍欧盟内部的数据传输，但该指令可能会限制欧盟以外的一些数据传输。第三项措施是鼓励欧盟成员国通过增强消费者对用户信息隐私的信心来共同接受电子商务。[25]值得注意的是，安全和刑事事务不在该指令的管辖范围之内。

欧盟与美国的法律和政治体系有三个显著不同之处，这也是欧盟较早参与相关事务的原因。宪法和法律体系的差异导致了不同的隐私框架选择，它们的政治过程导致了进一步的政治和经济差异。

第一，法律上的区别在于宪法。欧盟在宪法层面对隐私予以保障，而美国宪法只包含了针对某些类型的政府干预监视的具体保障。两者都反映了政府权威的历史经验。美国宪法第四修正案保障了不受政府不合理搜查的权利，这源于对独立战争期间英国政府特工的愤恨。这项修正案产生了关于在特定的历史和技术背景下不合理搜查都包括哪些行为的法律学和立法的长期记录。另一项宪法条例涉及保护言论自由。法院对此的解释是，第一修正案保护某些类型的隐私披露，将它们视为受保护的"言论"。其他一些国家的宪法，包括日本、韩国、南非和爱尔兰的宪法，都有类似的规定，但欧盟没有类似于美国第一修正案对言论自由的保护。可以预见的是，欧洲发现"被遗忘的权利"比保护言论自由更有价值。此外，为应对纳粹政府利用政府登记和其他信息进行政治迫害和种族灭绝的做法，欧盟宪法对隐私进行了广泛的保护。[26]德国和奥地利宪法对隐私予以了更强有力的保护，从而进一步加强了这一点。

第二，两种法律体系在重要方面存在差异。欧盟法律源自《拿破仑法典》体系，该体系制定了全面的法律和规则，法官们从中"推断"出正确的答案。这使欧盟倾向于依赖先发制人的法典编纂。欧盟的指令遵循这一精神，它们试图定期更新技术分类，并建立规范这些技术的框架。这也导致欧盟制定了某种"预防原则"来保护隐私。美国在普通法的传统下运作，强调逐案裁决，产生法律判例，这些判例定期形成更广泛的原则，与正式法律法规相互作用。[27]在缺乏对"公民对公民"隐私问题的广泛宪法保护的情况下，美国依靠针对特定领域的保护来解决具体问题。对儿童、病人的医疗记录和个人信用卡信息的保护都有专门的有力立法保护。[28]简而言之，在美国，隐私被视为一个针对欺诈的消费者保护问题。相比之下，欧盟倾向于将隐私权等同于言论自由等基本权利。[29]像联邦贸易委员会这样的机构，实际上已经成为保护隐私的主要联邦机构，拥有强大的影响力。尽管如此，法律要求所有机构都必须分析其干预可能带来的经济成本和收益。这个框架促使联邦贸易委员会重视行业的自愿保护，然后根据需要进行补充，正如我们在谈到联邦贸易委员会在金融安全方面的工作时所解释的那样。

第三，政治体制的结构性差异也加剧了法律差异。美国的分权制和联邦制对国家立法行动和隐私权的制约比议会民主制国家通常要多。[30]总之，它们使美国的公民对公民保护制度向有限的补救措施倾斜，这些补救措施是根据经验的积累作出的。[31]这使得经验得以积累，并对解决方案的演变进行试验。回想一下，用户从**信息与生产颠覆（IPD）**启用的大数据中以各种方式获益。因此，在了解到可能出现的问题的规模以及各种补救办法的成本和可行性之后，还不能确定快速行动是不是最佳行动。这种滞后也给了既得利益者时间来实施和加强那些对公司有利但可能损害隐私的做法。这些利益使得隐私保护计划更加难以通过。

在选择性保护制度中，公众舆论会影响公司的行为。美国的隐私政策大多是契约性的。例如，在使用Facebook或谷歌时勾选了服务条款协议中的复选框就形成了一份合同。在社交媒体的世界里，特定的服务条款会引发像病毒一样传播的争议。这些病毒式的抗议促使企业去制定更有意义且更容易理解的服务隐私条款，即使政府还尚未采取行动。因此，出现了对用户服务条款的修订以加强隐私保护。[32]总而言之，美国的制度在保护某些类别的高度敏感数据方面倾向于采取强有力的先验规则，对其他隐私问题则倾向于采用更具实验性和反应性的决策体系。

欧盟的政治结构也影响其政策倾向。欧洲委员会的首要职责是推动形成一体化的欧洲市场。这一法律"权限"问题影响了问题的框架。1995年的《数据保护指令》的初衷是建立一个更强大的、统一的欧洲电子商务市场。更雄心勃勃的是，欧盟领导人坚持寻求更大程度的权力集中，以促进欧洲的统一，但这一目标在2016年遭到了民族主义者的强烈反对。

欧洲市场一体化问题常常与隐私争论纠缠在一起。在创建一个充满活力的欧洲IT市场方面取得的进展令人沮丧，这推动了2015年欧盟数字化单一市场战略（EU Digital Single Market Strategy）的实施以加强市场的整合。[33]与此同时，欧盟理事会和议会于2016年4月26日通过了2016/679号条例，该条例将在2018年之前以更强有力的条款取代《通用数据保护条例》。欧盟委员会官员承认，这两个条例的融合将实现隐私保护措施的统一，并成为欧盟委员会坚持取消众多欧盟内部对跨境数据传输（如通过云计算）限制的基础。[34]

欧盟议会在欧洲决策中不断变化的角色也影响着隐私政策。除英国外，大多数欧洲国家的政治结构都倾向于多党联合执政。较小的政党往往会推动专门的议程，这些议程吸引了独特但坚定的少数选民。[35]这为强大的隐私倡导者和较小的政党联合起来，在涉及重大隐私问题的政策上行使少数否决权开辟了道路。在投票率较低的情况下，这样的联盟可能尤其强大，就像欧盟议会选举中经常发生的情况那样。这鼓励了左翼或右翼的强硬立场，可以在隐私等备受关注的敏感问题上动员一小部分选民。

此外，鉴于欧盟议会（European Parliament）的权力有限，其领导人并没有被赋予强大的权力可以左右任何执政党的命运。各议会政党为建立各自的声誉，在部分问题上划分了政策领导权。隐私权已经成为欧盟议会在推进欧洲单一市场议程的同时加强其决策作用的一项特殊要求。

例如，绿党（Green Party）的隐私偏好对强大的德国代表团的影响之大令人吃惊。默克尔的两个潜在执政伙伴——绿党和自由民主党，通常比她自己的政党在公民自由问题上采取更强硬的立场。绿党和他们的议会盟友坚定地寻求尽可能强有力的隐私保护。根据我们的访谈，默克尔从未对这些压力作出强硬的回击，因为获得他们在其他问题上的支持是总理优先考虑的。此外，她还将政府内部隐私事务的领导权让给了自由民主党（Free Democratic Party）。[36]无论默克尔的个人观点如何，她发现在欧盟议会支持他们的隐私要求是权宜之计。[37]

欧盟议会并不制定最终的决定。在过去，欧盟理事会和委员会否决了议会对安全问题的担忧。但是，议会可以施加政治压力，推迟理事会和委员会的决定。有两个因素促使理事会和委员会对隐私问题作出回应。首先，如第6章所述，隐私和安全方面的考虑会使理事会和委员会更倾向于以欧洲为中心的云计算。缺乏全球领先的、覆盖全欧盟的IT公司意味着，欧盟领导人很少能够听到"自己人"倡导在**信息与生产颠覆**中平衡运营现实和机遇。其次，欧盟委员会建立欧洲单一数字市场的道路充满了棘手的政治障碍。这在一定程度上是因为欧盟各国数据保护机构在监管欧盟内部跨境数据传输的权力方面存在重叠。

制度创新有赖于产生永久性倡导者的政治力量，这些支持者将政治情绪转化为一系列政策举措。倡导者在不同程度上把想法变成了行政决策。这种情况发生在1995年《数据保护指令》推动的数据保护官方机构身上。这些官方机构开始支持更强有力的欧盟隐私保护行动，但在联合政治的支持下，他们不愿放弃各自的国家权力。[38]总的来说，他们有讨价还价的能力。[39]

这些势力在2012年1月联合了起来，当时欧盟开始通过创建一项欧盟法规来加强1995年的数据保护指令（指令95/46/EC），这是欧盟最强有力的法律行动形式。《通用数据保护条例》（Regulation（EU）2016/670）于2016年4月27日通过，并于2018年5月25日开始实施。欧盟委员会同意，即使在境外情况下，也可以采取强制性措施和隐私保护措施（它适用于所有处理欧盟居民数据的非欧盟企业，即使这些企业不设立在欧盟境内）。它还包含了一个"选择加入"标准，以表示对使用特定数据的明确"同意"（如访问的网站上关于"cookie"使用的可逆用户协议）。该规定涵盖了所有处理个人数据的企业，并要求"设计隐私"保护。它还要求超过一定规模的企业设立数据保护负责人和供应商，以适应那些希望将数据从一个供应商或国家转移到另一个供应商或国家的用户。该条例规定，数据保护负责人有义务及时将违规情况通知监管部门。因此，它规定了在何种情况下数据可以离开欧盟，即一家企业被认证为是安全的，或者数据将被保留的国家被认为是安全的。同时，对不遵守规定的处罚可达其全球营业额的4%。[40]

2013年6月，斯诺登的泄密事件首次曝光，加剧了有关该提议的辩论。2014年3月，欧盟议会批准了该法案，但最终未能通过。[41]然后，在2014年11月，欧洲法院（European Court of Justice）的一项裁决宣布了

"被遗忘权"。这项裁决优先考虑了隐私权，而不是言论自由或商业考量，并为拥有欧盟数字产品的企业提供了域外效力。[42]

在新指令提出之前，美国和欧盟就一直在努力为企业寻找解决跨大西洋隐私规则差异的方法。2000年，它们就隐私问题展开谈判，签订了《美国–欧盟安全港协议》（U.S.-EU Safe Harbor Agreement）。该协议规定，在某些条件下，隶属于联邦贸易委员会和交通部管辖的美国公司，如航空公司[43]，可以在美国商务部注册为"安全港"，并在美国隐私规则下运营，因为从理论上讲它们提供了"同等"的保护。[44]实际上，除金融和电信领域外，大多数公司都可以通过注册和接受框架原则来"自我认证"（其中，一组不太引人注意的规则允许那些使用了欧盟批准的标准合同模板的企业对企业数据传输，欧盟实际上控制着大部分跨大西洋数据。我们将在本章第8.4.3节对此进行讨论）。

从全球制度建设的角度来看，这是一项促进各国监管体系准趋同的双边协议。但《美国–欧盟安全港协议》对欧盟内部也有影响。那些经营覆盖范围大、服务客户广泛、覆盖整个欧盟的信息公司，大多是美国的企业。因此，该协议是美国企业克服欧盟机构能力不足的一种变通办法。可以预见的是，从一开始，《美国–欧盟安全港协议》就遭到了欧洲国家数据管理机构的批评，它们对美国的规定及其执行力持怀疑态度。该协议在2004年进行了修订，将《外国情报监视法案》（Foreign Intelligence Surveillance Act）排除在外。尽管斯诺登曝光了这一事件，但该协议在2013年12月进行了更新，增加了新的条款，使企业的隐私政策更加透明，增加了对这些行为的额外审计，并为用户提供了更具成本效益的争议解决条款。

这些考虑符合经修订后的2013年OECD原则。尽管美国加强了《美国–欧盟安全港协议》的执行力度，尤其是当联邦贸易委员会（FTC）指控谷歌违反了该协议时，因为谷歌"在将消费者信息用于与收集目的不同的目的之前，没有通知消费者，也没有让消费者作出选择"，但人们对谷歌削弱隐私保护的担忧有增无减。[45]此外，由于斯诺登曝光了美国对外国公民的监视，政府对公民的监视问题继续升级。[46]简而言之，美国国家安全官员错误地忽视了经济政策官员和美国企业发出的有关扩大电子监控可能对美国企业产生负面影响的警告。[47]

此外，欧洲和其他地方对1986年颁布的《电子通信政策法案》（Electronic Communications Policy Act）的质疑不断加剧。该法案规定，出于安全目的或打击犯罪，美国"可以允许执法部门在没有搜查令的情况下访问超过180天的电子邮件或其他数据"[48]。大西洋两岸的企业和政府批评人士都抱怨该体系中限制隐私危险的保障措施不足[49]，同时，非美国人对外国公民没有得到美国宪法赋予美国公民的监视保护感到愤怒。此外，欧盟担心，无论数据存储在哪里，美国的企业都可能被迫将数据移交给美国政府。美国曾根据《电子通信政策法案》发布了一项搜查令，要求微软交出其在爱尔兰服务器上一个"自称爱尔兰居民"的人的数据，这一事件引发了美国政府、微软和爱尔兰之间的争议。在爱尔兰政府的支持下，微软在法庭上对美国的搜查令提出了异议，并认为美国本应使用相互法律援助条约（mutual legal assistance treaty）程序来要求获得这些数据。[50]2016年7月14日，美国第二巡回上诉法院推翻了下级法院的裁决，裁定微软无须向美国政府移交存储在爱尔兰的客户电子邮件。[51]

为了平息激烈的批评，奥巴马政府任命的一个资深专家小组支持出台了一些限制做法，包括监视美国公民与外国人的通信。它还敦促在收集外国公民数据方面采取更多的保障措施，对美国的做法进行更透明的报告，并与美国的几个盟友制定共同的监视方法。[52]

但对批评者来说，进展太慢了。2015年10月6日，欧洲法院裁定安全港原则无效，因为该原则没有要求所有有权使用欧盟隐私相关数据的组织都遵守该原则，因而未能提供足够的保障。[53]法院指出："美国的国家安全、公共利益和执法要求是凌驾于《美国–欧盟安全港协议》之上的，这使得美国企业发生与《美国–欧盟安全港协议》所规定的保护规则相冲突的情况时，可以对该协议所规定的保护规则不予考虑。因此，美国的安全港方案使美国公共当局能够对其进行干预。"[54]

欧洲法院的裁决没有提供宽限期，这给欧盟和美国都带来了压力，双方必须迅速重新谈判并达成一个可接受的解决方案。2016年2月2日，《隐私盾》协议（Privacy Shield）达成。[55]双方于2016年7月12日最终批准了该公约。[56]美国向欧盟保证，美国执法部门和国家安全机构只会在"明确的限制、保障和监督机制下"访问欧洲的数据。[57]此外，美国企业需要就如何处理个人数据制定一套标准，同时保障个人权利。美国商务部将确保这些企业公开发布这些承诺，并在美国法律下通过联邦贸易委员会执行。[58]美国公司将欧盟数据转移到第三国还需要签订符合该公约的可执行合同。新协议为欧洲人提供了确保企业以适当方式处理数据的新方法。如果有人投诉，这些企业需要在最后期限内作出回应。欧盟公民也可以通过当地数据保护机构向联邦贸易委员会投诉。该协议还为消费者建立了一个免费的"替代争议解决"程序，包括必要时的仲裁。该公约要求美国商务部每年发布一份报告，监督商务部遵守该协议的情况，并就该报告与委员会进行磋商。与此同时，美国将在国务院设立一个新的监察专员，以回应有关国家情报界可能获取数据的投诉。

欧盟委员会（European Commission）将《隐私盾》协议视为一种微妙的平衡行为，因为它成功地赢得了各国数据保护当局的支持，并预先阻止了众多隐私组织计划向欧洲法院提起的诉讼[59]（随即，在2016年7月，一项诉讼对跨大西洋的企业对企业数据传输合同提出了挑战[60]）。为了满足国家当局的要求，2016年2月之后，公约加入了一项额外的保护措施，要求退出《隐私盾》协议的企业删除或匿名化其持有的数据。尽管一些政策倡导者不满意，但委员会并没有将诸如微软-爱尔兰案之类的司法管辖权外的纠纷与《隐私盾》协议联系起来。美国官员坚决反对这一联系，许多欧盟成员国的司法当局担心，篡改先例将削弱它们在逃税等领域的治外法权。双方亦同意企业披露政府认股权证仍属企业自愿的选择。

在签署了《隐私盾》协议之后，欧盟委员会仍然特别关注它将如何实施。在欧洲，人们认为联邦贸易委员会在处理隐私投诉方面不够积极主动。因此，由商业监督的企业合规行为将是成功的关键。此外，有关监察员的规定很新颖，而且可以预见的是，这可能会受到美国情报机构的阻挠。

《隐私盾》协议赢得了美国主要信息技术公司的称赞。但是，一些美国分析人士认为，这些法律已经过时了。[61] "其中一个例子是关于明确同意的问题，政策制定者未能给出明确定义，并且可能在几年内都难以定义，那时物联网应用将变得更加广泛，并将产生几乎不受控制的个人数据传输……"此外，须征得父母同意才能使用"信息社会"服务（即社交媒体及类似服务）的年龄限制，将由每个成员国规定为13至16岁，这可能对网络公司和年轻用户来说都是破坏性的。[62]

更复杂的是，2016年6月23日，英国根据52%比48%的投票结果退出欧盟。受教育程度最高的伦敦和苏格兰居民以及年轻人倾向留在欧盟；年长选民、中下阶层选民和更多农村选民投票则支持退出欧盟。第二天早上，保守党首相卡梅伦宣布他将辞职，在周五的交易日结束时，英镑对美元的汇率跌至30年来的最低水平。英国原定于2019年3月底脱离欧盟，但这立即引发了关于跨大西洋隐私和贸易谈判的问题。但最终，如果美国和英国已经使《隐私盾》协议切实可行，英国似乎不太可能走上与其主要经济伙伴大相径庭的道路。

关于《隐私盾》协议的最后两点观察很重要。首先，就像金融和网络安全问题一样，建立一个可执行框架的大部分重任都是通过双边监管协议来完成的。归根到底，《隐私盾》协议是欧盟单方面采取的行动，可以随时撤销。美国有权决定如何确切地实施该公约，但欧盟有权决定是否继续或退出。第二点，同样重要的是，若《隐私盾》协议生效，欧盟官员强烈希望看到国际贸易协定可以成为一个更广泛的保护伞，《隐私盾》协议可以在其中存在，并成为一个更广泛的数据传输和隐私国际协议的锚点。

未来有哪些选择？在讨论国际基准的宏伟设计之前，我们将更深入地探讨国际制度的另一面：来自公民社会的治理创新。

8.4 多利益相关方组织与隐私

任何国际治理机制都应包括政府制定的政策和规则，以及来自公民社会的治理创新。机制依赖对典型行为的预期，尤其是对有影响力的行动者的预期，以及对解决问题的前提的共同理解。在隐私等迅速发展的领域，许多这样的预期是由公民社会的策略和实验所塑造的。

8.4.1 管理全球多利益相关方组织中相互交织的隐私和安全问题

监督和检查通常是专门化的。例如，金融机构就不属于美欧安全港计划的一部分；欧盟关于隐私的指令豁免了涉及安全问题的数据，而大型机构往往受制于多个监管机构，但这些监管机构之间仅保持着偶尔的沟通。环球银行金融电信协会（SWIFT）的这种专门化和碎片化导致了一种错综复杂的局面，揭示了"9·11"事件后隐私问题如何与跨境数据传输和安全问题更加紧密地交织在一起。争议的解决为未来提供了一些指导方针。

还记得吗？SWIFT要接受各国央行的协调监管。十国集团（G10）中央银行（大约在2002—2006年）知道SWIFT遵从了美国政府的建议，要求提供SWIFT数据，作为恐怖主义融资跟踪计划的一部分，目的是探测和破坏恐怖主义网络。作为十国集团参与者的欧洲央行也分享了这一信息。为了遵守涉及银行审查的传统监管保密承诺，这些央行没有通知欧洲议会或欧盟委员会，而且显然只与本国政府的安全部门分享了这些信息（如果有的话）。

2006年，《纽约时报》对这一事件进行了报道，引起了欧洲公众的一片哗然。欧洲数据保护监管机构和多数欧盟议会成员要求缩短或放弃

SWIFT 对美国传票的遵守。这场争论一直持续到 2010 年，这为跨大西洋地区安全和隐私问题的政治处理提供了一些经验教训。[63]

第一个教训是，欧盟内部深刻的制度分歧影响着这些问题。其中一种分歧出现在欧洲理事会、欧洲委员会和欧洲议会的政府之间，这在一定程度上是由不同的制度利益和动态导致的。包括法国和英国在内的几个重要的安理会成员政府极力推动迅速解决这一问题，并确保美国继续参与。[64]这些政府与美国保持着深入的情报联系，这是许多较小的欧盟成员国或欧盟委员会无法获得的。[65]2009 年 7 月，该委员会指示欧盟委员会达成协议，并找到一种方式，允许美国继续获取欧洲的数据。就其本身而言，欧盟委员会的工作人员（尤其是欧洲中央银行的工作人员）对他们被排除在这些事务之外感到沮丧和愤怒。[66]这反映出欧盟委员会在获得核心安全问题处理能力方面的进展喜忧参半。这种能力不足的一个副产品是，相比于美国的情报机构不愿在国会中扮演公开可识别的角色，欧盟成员国的情报机构更不愿意在欧盟议会讨论中扮演公开可识别的角色。[67]2010 年，欧盟议会否决了欧盟委员会与美国在 2006 年达成的一份协议草案，根据该协议，美国可以要求 SWIFT 提供机密数据（各国政府忙于争取《里斯本条约》的通过，议会的倡议让他们大吃一惊[68]）。

第二个教训是，安全和隐私的政治是充满激情且复杂的。各国政府内部的分歧在一定程度上反映了各职能部门之间典型的权力争斗。例如，德国内政部长坚决拒绝了其他内阁部长对隐私的严格要求。[69]但出于前面讨论过的原因，默克尔政府是欧洲主要经济大国中最强烈支持加强隐私控制的政府。

解决争端的方法反映了解决争端的经典技巧——达成缩小问题范围的协议，然后使用第三方检查员。第一次突破出现在 2007 年 6 月，当时比利时数据保护监管机构裁定，SWIFT 与美国的合作没有违反欧洲规定。与此同时，美国政府单方面承诺配合环球银行金融电信协会（SWIFT）宣布的各项变革。SWIFT 一直在与美国财政部讨价还价，以将要求限制在防止恐怖袭击的特定搜查范围内。SWIFT聘请审计人员确认范围，并任命内部"审查人员"在必要时独立审查和阻止数据传输。美国财政部重申了这些数据将被使用的有限用途（反恐）、已采取的保障措施，以及更短的保存传唤数据的期限（5年）。为了进一步打消欧盟议会的疑虑，美国允许一名在安全事务方面有经验的法国高级法官审查该制度，包括对公民自由的保护。[70]法官裁定该计划的目的和程序都是有效的。

SWIFT对欧洲担忧的迅速回应还包括第6章中预测的技术基础设施方面的市场调适。SWIFT改变了其技术基础设施，将欧洲和跨大西洋的数据区分开（关于欧盟内部交易的数据现在只在荷兰和瑞士中心保存，而不是在美国和荷兰）。这意味着欧盟内部数据仍主要在欧洲的法律管辖范围内，涉及与美国或世界其他大部分地区的交易数据主要保存在美国。

如前所述，欧盟理事会在2009年介入并指示，即使是储存在欧盟的数据，只要受到适当的保护，美国也可以访问。尽管欧盟的隐私倡导者仍然认为，利用这种形式的审查来预先防范恐怖主义网络的策略不太可能奏效，也不值得冒公民失去自由风险，但各国政府依赖美国的情报共享来加强自己的安全计划。[71]

第4章和第5章表明，要使其可信，就需要对**多利益相关方组织**的透明度和问责制作出安排。这就是妥协。一名欧洲刑警组织（欧盟警察机构协会）的官员被长期派驻在美国财政部办公室，负责监督隐私保护，他有权拒绝无理传唤（与数据保护监管机构相比，欧洲刑警组织更倾向于该项目，但仍对欧洲当局负责）。妥协之所以比较容易达成，是因为美国和欧盟在政治和安全野心方面仍基本一致。涉及不同政治军事利益的第三方监督的先例早已有之。例如，国际原子能机构的核不扩散工作。

尽管与美国达成了和解，但SWIFT仍面临着治理方面的第二个重大挑战——越来越多的人对利用阻断资金流动来制裁伊朗等国家感兴趣。[72]美国再次成为主要的推动者，但其他几个国家也表示了支持。这就提出了一个问题：如果一些国家能够命令SWIFT封锁特定的金融交易，那么

SWIFT能否成为一个中立、受所有国家信任的基础设施？[73] SWIFT的辩护者指出，作为一个私人机构，它不能免受其母国比利时的国家法律管辖，也不能免受美国和其他国家的有效治外法权命令的管辖。[73] 一些国家已经在探索建立一个与SWIFT竞争的网络，尽管目前尚不清楚主要金融中心之外建立一个有限的网络是否有足够的规模和范围来有效运作。

与此同时，随着大多数主要国家通过要求金融机构"了解您的客户（know your customers，KYC）"并维护关系文件来加强对与犯罪和安全相关的金融交易的审查，SWIFT与其十几个主要往来银行一起推出了KYC注册表，作为合规流程关键部分的集中存储库。[74] SWIFT及其项目由各国央行论坛共同审查，该论坛将对美国政府如何处理KYC合规性进行一定程度的国际监督。

8.4.2 市场调节

第6章提出，云的正式制度规则应该为公众社会在云治理方面的创新留出足够的空间。治理变化通常来自市场治理机构，或者来自主要市场参与者的隐性行为模式（有时是显性行为模式）的兴起，这些行为模式在有影响力的参与者中形成了对市场的"规范性"预期。

运营云基础设施的企业正在适应政府要求更大程度本地化的压力。这方面有很多先例。第二次世界大战后，美国政府和汽车工业立即适应了要求本土化的政治压力。[75] 各国有义务向外国供应商开放市场，这已成为国际汽车工业的一种事实上的规范，但它们可以通过允许汽车进口或允许那些希望建立当地生产设施（主要是在当地组装）的企业进入市场来做到这一点。这些设施提供了政治和经济附带利益，以换取政治敏感行业的市场准入。随着时间的推移，产业结构发生了变化，全球政治经济也有了足够的发展，使得乌拉圭回合谈判代表能够就贸易改革达成一致，从而消除一些最严重的市场低效现象。云服务的中心辐射式系统为跨国云服务提供商创造了一定空间，让它们能够在国家或地区本地化方面设定"最佳努力"

的规范期待。有迹象表明，这种情况正在发生。

例如，2014年，亚马逊的AWS宣布计划在法兰克福建立一个云中心，以满足德国的"文化偏好"和当地的数据保护规定。[76]亚马逊还提到了在不断扩大的欧盟云服务市场中通过增加冗余减少服务延迟和降低故障率的好处。此前，AWS依赖一个爱尔兰中心和欧盟以外的9个地方，包括新加坡、加州和俄勒冈州。IBM也宣布了类似的新一轮大规模地区云设施投资，以适应政策敏感性。[77]非美国企业也在走这条路。小米，一家商业模式依赖云服务的中国手机公司，通过在中国境外建设设施来提高性能。[78]

另一种类型的市场调整是在云中心和运营商之间建立一种规范，用来认证那些采用了意在减少秘密监视的技术的公司。两种认证选择分别是"切分"和涉及云中心的数据传输加密技术。切分以一种难以识别与数据片段关联的个人或实体的方式来分配数据。[79]数据传输加密是为了应对政府对流入美国、英国或其他云中心的光纤电缆上的流量进行监控。[80]对设在这些国家以外的情报中心的需求增加了，因为这样做会使此类拦截更加困难。云运营商对云流量进行高层加密将降低被监视的风险。

美国国家安全官员担心，加密可能成为云计算的新规范，这将使云计算供应商无法遵照法院命令提供客户数据，这是苹果的偏好。事实上，2016年3月，美国联邦调查局（FBI）曾寻求苹果公司的帮助，重置加利福尼亚州圣贝纳迪诺县（San Bernardino County）发给一名枪手的iPhone 5C的密码。2015年12月，该枪手杀害了14名同事，打伤了22名同事。FBI想要从手机的iCloud备份中获取数据，苹果拒绝了。联邦调查局曾提起诉讼，但在发现有其他组织方面能够进入该手机后就撤销了诉讼。[81]这个问题将会持续下去，因为即使是苹果也无法破解其手机上更先进的操作系统。

8.4.3 市场治理的创新

市场也可以建立市场行为准则或新的集体设施。**多利益相关方组织**可以发挥强大的作用，帮助填补基准国际规则的空白，并逐渐以促进国家政策逐步准趋同的方式实施国家规则。[82]它们是建立在条件限制的基本逻辑和负责任的代理人的基础上的。个人数据的保密性和安全性取决于数据提供者、数据使用者和中介机构之间的合约关系。至少有4个迹象表明，这样的行为规范正在出现，以缓解有关云计算的问题。

（1）*降低问题的政治和实际难度的方法之一是把它分解成更容易处理的几个部分。*这项工作中"容易得到的数据（low-hanging data）"是企业对企业数据的存储、处理和传输。对于许多行业来说，制定自愿行业特定数据规范应该是可以实现的。这些规范可以分为3种类型：特定行业准则、流程导向准则和公私混合准则。例如，在农业和汽车等行业，针对特定行业的准则正在快速出台。大多数此类准则以经济合作与发展组织原则的基本框架为基础，然后确定此类指导方针对特定企业集团及其客户意味着什么。大多数企业对企业的数据传输都会产生协调问题，需要找到可行的解决方案。即使是针对云数据的严格规则，只要它们与政府数据政策的主旨不存在明显的不相容，通常也能容纳企业间的自愿准则。然而，该任务还需要对问题进行积极的持续管理。

（2）*另一种方法是为企业隐私管理和问责实践创建一个通用的**多利益相关方组织框架，以响应新的政府隐私准则。***为此，国际标准化组织（ISO）为公共云创建了ISO 27018指南。尽管国际标准化组织文件承认这并不能完全替代企业合规程序，但在处理欧盟和类似框架时，它试图简化隐私管理。它提出了4个明确的目标：①帮助公共云提供商遵守法律隐私义务；②提高管理实践的透明度（从而增强可信度），以确保私人数据的安全性；③创建一个框架来帮助简化与客户以及其他公司签订的有关管理云储存数据的合同；④加强提供必要的审计和合规职能的能力。[83]

即使在这样的框架中，也存在灵活的一般准则和具体实践之间的权衡，后者提供了更多的指导，但灵活性较差。可以预见的是**多利益相关方**

组织的出现有助于应对这些挑战，首先就哪些问题最为重要达成共识，然后提出具体的改进措施。一个名为"信息政策领导中心（the Centre for Information Policy Leadership）"（一个由律师事务所主办并得到企业成员支持的智库）的**多利益相关方组织**成立了工作组来确定风险管理框架。他们邀请政府官员参加他们的会议以帮助审查工作，但并没有任何义务要做这些。[84]**多利益相关方组织**的这些努力可以为支持风险管理的OECD原则提供实际的定义。

（3）*第三个发展是隐私管理的公私混合框架的兴起。欧盟隐私准则第19条工作组授权的具有约束力的企业规则就是一个例子。*具有约束力的企业规则为企业提供了一种标准化的合同格式，使它们能够在与处理公司业务流程的欧盟以外的外包公司共享个人数据时，履行隐私义务。[85]同样，亚太经济合作组织原则也为**多利益相关方组织**制定了一个程序，使其可以被成员经济体认可为合格代理人，以证明其遵守了亚太经济合作组织的隐私规则，这也表明了一种共同审查此类认证的方法。

（4）*对隐私治理另一个有希望的贡献是，企业越来越多地披露政府对公民的隐私问题。*针对政府要求查阅其记录的要求，目前美国几家领先的云计算公司均开始发布年度透明度报告。这些报告没有说明搜查的对象或授权搜查的理由。它们把案件集中在一起，使信息匿名化，这些报告开始建立一定的透明度。[86]现在，一些公司也开始发布关于有此类要求的国家的统计数据比较，数据显示尽管美国的要求数量远远超过其他国家，但印度、英国和法国也都提出了大量要求。[87]令人吃惊的是，这些创新做法与2013年美国总统的情报收集资深专家小组提出的透明度建议相一致。

总之，政府间的政策争端依然存在，但公民社会正在创新以缩小政策声明之间的差距。市场治理方面的创新和调整已经在重新定义运营，强调灵活的风险管理和对实践的持续审查。它们开始对隐私行为产生新的规范性预期。此外，欧盟和亚太经济合作组织框架正在开始重新定义**多利益相关方组织**作为国际治理框架实施机构获得官方认可并承担责任的方式。下一个问题是，国际治理机制应该是什么样子的？

8.5 总结分析

如果需要一定的治理才能更好地优化隐私信息市场的社会回报，并且披露私人信息的收益和成本与技术的发展相关联，那么国际隐私治理机制有什么意义呢？我们得出了5个初步结论。

第一，对于这种制度的因果理论和预期规范，已经形成了实质性的共识。经济合作与发展组织和亚太经济合作组织原则以及《美国-欧盟隐私保护协议》的实施框架包含了就制度的基本原则和规范达成强烈共识的大部分要素。隐私保护协议也提出了一个权威的国际基准，但框架太容易被单方面修改。此外，尽管在原则上达成了一致，但仍需要进一步澄清隐私保护的"位置中立"原则。个人数据的存放地点不应影响隐私保护的水平或标准。信息是在个人电脑上还是在云端不重要。云计算设备是在美国还是在欧盟也都不重要（欧盟的保护标准就是德国公民的隐私标准）。

第二，在处理政府与公民之间的隐私问题上存在巨大差异。我们的目标应该是尽量减少这种差距，并尽可能地将其与隐私框架的其他部分隔离开来。尽管在政治上承认这一点并不令人愉快，但所有国家都希望拥有监控公民、解决安全或犯罪问题的权力。例如，尽管印度有健全的民主制度，但它实际上没有保护隐私的法律框架，特别是政府与公民之间的隐私。[88]此外，各国可以分享针对共同安全威胁的情报调查结果。这就是为什么欧盟理事会成员国政府坚持要解决与美国的安全港争端，以保留美国开展情报活动的能力。确保警察和安全需求不会压倒宪法对隐私的保护，仍然是一个严重的宪法问题和政治敏感问题。尽管各国在如何平衡这两个问题上可能存在分歧，但它们可以努力减少分歧，并提供一些监测机制来解决国际社会的不满。然后，它们应该将旨在保护隐私的治理安排与有关国家安全政策范围的讨论分开。远离政治聚光灯，在全球市场的日常行为中还有改善数据隐私和数据安全的机会。允许数据密集型的全球经济大幅增长可能会带来井喷式经济增长，难以解决的安全问题不应削弱这种可能性。

如果在可信数字环境的治理制度的背景下考虑，以下4项行动可能能够缩小安全问题上的分歧，并提高隐私制度的可处理性。

（1）*作为对刑事问题上其他政策让步的回报，各国可能会同意在要求外国公民提供隐私数据时，依靠互助条约或友好国家的工作组。有关部门可能会主动避免对美国和其他云计算公司的存储数据使用单方面传唤权。*

（2）*各国可以支持"数据控制者"的权利，通过发布年度汇总和匿名报告来提高政府索取数据的透明度，以减轻对信息披露的安全担忧。*

（3）*软规则可以鼓励通信监视政策标准的出现，这些标准强调监视风险的相称性，由独立主管机构进行审查，并在另一个成员国提出要求时保障程序的透明度[89]。*

（4）*各国可以支持一项类似于SWIFT的争端解决程序的原则，允许美国和欧盟认可的专家在有关政府传唤友好国家外国公民的个人数据发生争议时，核实隐私保护协议的遵守情况。*

第三，由于宪法传统和公众对可信数字环境的偏好不同，国家和地区的规则和实践存在一些差异是不可避免的。例如，欧盟对"被遗忘权"的坚持源于公众情绪及对隐私的宪法承诺。唯一可行的办法是寻求一个权威的国际基准，为各国规则之间相对兼容的接口创建一个框架。需要3个相互关联的部分：（1）承认各国有权在国际基准之外增加额外的保护措施，以保障隐私和安全；（2）通过云的市场准入规则谈判贸易承诺，以限制合作问题，如变相的产业政策；（3）与友好国家合作，在贸易协定中创建一个商定的软规则框架，定义政府保护隐私的义务。这些软规则应包括明确承认**多利益相关方组织**在实施隐私制度方面作用的条款。在一套有约束力的承诺中就共同能力和方法达成一致，将有助于《隐私盾》协议的蓬勃发展。

第四，所有隐私治理框架都已经允许**多利益相关方组织**在实施过程中发挥突出作用，因为政府的隐私框架对主要市场参与者没有提供足够的确定性和清晰度，它们需要更详细的专业知识来建立更高的精细度。[90]目标应是通过正式承认MSOs在实施国际治理机制方面的作用来扩大其作用，同时强调它们对各国政府负责。这种方法应有助于应对可能导致MSOs崩溃的内部集体行动挑战。[91]如果MSOs需要《美国-欧盟安全港协议》或类似协议来处理监管碎片化和交易成本问题，它们还可以简化执行问题。在欧盟和其他一体化区域市场，安全港促进了监管的简化。如果没有安全港等措施的切实保障，美国不太可能同意新的有约束力的加强隐私保护的国际承诺。

第五，治理结构应该多进行学习和尝试，因为随着信息技术的发展，将需要更好地融合公共治理和非政府治理的新方法。例如，大数据分析可以为不同类别的用户提供使用数据的定制合同条款。[92]各种新方案应该帮助个人更有效地管理隐私选择，且不侵犯他们利用技术辅助"提示"作出选择的权利，从而唤起人们对其选择所涉及的利弊权衡的关注。[93]

最后一章将这5个结论应用于创建数字经济的国际治理机制和可信的数字环境。我们将展示如何将它们与贸易政策选择方案结合起来，以实现我们的政策目标。

注释：

1. 欧盟指令提供了个人数据的标准定义："欧盟数据保护指令1995/46/EC适用于个人数据的自动化处理和其他构成归档系统的个人数据的处理。"该指令将个人数据定义为与"已识别或可识别自然人"有关的任何信息。许多企业间的数据交换并非发生在"自然人"之间，但它们将此类数据归为企业数据。引自 Daniel Dimov，"Differ-

ences between the Privacy Laws in the EU and the US," January 10, 2013, INFOSEC Institute, http://resources.infosecinstitute.com/differences-privacy-laws-in-eu-and-us/.

2. 例如,2005—2014 年,欧洲共报告了 229 起数据泄露事件,涉及超过 6.4 亿条记录。英国报告的数据泄露事件是最多的。其中,商业泄露事件约占近90%,黑客事件占近88%。Philip N. Howard and Orsolya Guylas, "Data Breaches in Europe: Reported Breaches of Compromised Personal Records in Europe, 2005–2014," Center for Media Data and Society, CMDS Working Paper 2014.1, pp. 7–10.

3. Allesandro Acquisti, Leslie John, and George Loewenstein, "What Is Privacy Worth?," Journal of Legal Studies, 42, no. 2 (2013): 249–274. Yang Wang, Pedro Giovanni Leon, Xiaoxuan Chen, Saranga Komanduri, Gregory Norcie, Kevin Scott, Alessandro Acquisti, Lorrie Faith Cranor, and Norman Sadeh, "The Second Wave of Global Privacy Protection: From Facebook Regrets to Facebook Privacy Nudges," Ohio State Law Journal, 74, no. 6 (2013): 1307–1335.

4. Harold Demsetz, "Toward a Theory of Property Rights," American Economic Review, 57, no. 2 (May 1967): 347–359; Jamie Lund, "Property Rights to Information," Northwestern Journal of Technology and Intellectual Property, 10, no. 1 (Fall 2011), http://scholarlycommons.law.north-western.edu/njtip/vol10/iss1/1.

5. 尽管关于该技术的有效性存在争议,但数据的匿名化可以降低风险。Castro 就是其中一位支持者。Daniel Castro , "The False Promise of Data Nationalism," 2013.

6. 用户可能未能认识到零售商从他们那里收集到的信息的全部价值。这些信息可以捆绑出售给其他人,用于做市场分析。此外,经济学理论表明,完全的价格歧视对生产者是最优的,而对消费者并非最优。但是,消费者可以在服务质量等方面以多种方式受益,且这种受益可能会随着歧视而提高。Andrew Odlyzko, "Privacy, Economics, and Price Discrimination on the Internet," in L. Jean Camp and S. Lewis (eds.), Economics of Information Security (Dordrecht, The Netherlands: Kluwer, 2004), pp. 187–211.

7. Lior Jacob Strahilevitz, "Towards a Positive Theory of Privacy Law," 125 Harvard Law Review 2010 (2013). WhiField Diffie and Susan Landau, Privacy on the Line: The Politics of Wiretapping and Encryption (Cambridge, MA: MIT Press, 1999).

8. Strahilevitz, "Towards a Positive Theory of Privacy Law," 2010 (2013).

9. Mathias Bauer, Hosuk Lee - Makiyama, Erik van der Marel, and Bert Ver-

schelde，The Costs of Data Localization：Friendly Fire on Economic Recovery
（Brussels：European Centre for International Political Economy，Occasional Paper No 3/2014），http：//www.ecipe.org/app/ uploads/2014/12/OCC32014 1.pdf.
也参阅 Matthias Bauer，Fredrik Erixon，Michal Krol，Hosuk Lee-Makiyama，and Bert Verschelde，The Economic Importance of Getting Data Protection Right：Protecting Privacy，Transmitting Data，Moving Commerce（Brussels：European Centre for International Political Economy，2013）；Daniel Castro and Joshua New，"10 Policy Principles for Unlocking the Potential of the Internet of Things，" Center for Data Innovation，December 4，2014. Daniel Castro and Alan McQuinn，"The Economic Costs of the European Union's Cookie Notification Policy，" The Information Technology and Innovation Foundation，November 2014.

10. Jules Polonetsky and Omer Tene，"Privacy and Big Data：Making Ends Meet，" 66 Stanford Law Review On-Line，September 3，2013，pp. 25–33,总结了探讨这些挑战的研讨会。

11. 隐私评论家如 Bruce Schneier 在《数据与监控(Data and Goliath)》一书中称赞了这些指导方针。

12. 经济合作与发展组织（OECD）的相关工作可以在下述网站中找到：http：//www.oecd. org/internet/ieconomy/oecdguidelinesontheprotectionofprivacyandtransborde rflowsofpersonaldata.htm。其中，2013 年工作解读的许多问题放在了原则附带的"补充解释性备忘录"的例子中。参阅 Monika Kuschewsky，"OECD Privacy Guidelines—What Has Really Changed？" Privacy Laws & Business International Report，December 2013，pp. 15–17. On APEC rules，see http：//www.apec.org/Groups/Committee-on-Trade-and-Investment.aspx.

13. "OECD Privacy Framework"，2013，引自 15/a/iii and iv.

14. Ibid. 15/b and c.

15. http：//www. cbprs. org/GeneralPages/About. aspx，accessed December 30，2014.

16. 参阅个人数据保护委员会的"公众咨询事项",新加坡《个人数据保护条例草案》,2013.02.06。https：//www. pdpc. gov. sg/legislation-and-guidelines/public-consultations/proposed-regulations.

17. http：//www.apec.org/Groups/Committee-on-Trade-and-Investment.aspx.

18. OECD Privacy Framework，paragraphs 4 and 6.

19. Anne-Sylvaine Chassany，Shawn Donnan，and Guy Chazan，"France Urges Brus-

sels to Halt TTIP Talks," Financial Times, August 30, 2016, http://www.ft.com/cms/s/0/154ecba2-6e82-11e6-a0c9-1365ce54b926.html#axzz4lyX0sTTR.

20. 在监视受到司法监督的情况下,英国强烈支持广泛监视。德国和法国在公开场合更低调一些,但熟悉信号情报的人都知道,这两个国家具备很强的监视能力。Mark Scott, "British Court Rules in Favor of Electronic Surveillance," New York Times, December 6, 2014, p. A6; Ben Hubbard, "Twitter Backer of ISIS Is a Clean-Cut Executive in India, British Channel Says," New York Times, December 13, 2014, p. A7.

21. Diffie and Landau, Privacy on the Line, 1999, pp. 196-201.

22. 2015年和2016年与美国官员的访谈。2015年通过的《美国自由法案》减少了用于数据收集的监控事项,并对外国情报监视法庭进行了改革,加强了隐私倡导者的影响力。法国在恐怖主义事件发生后扩大了其监视机构(以 La loi relative au renseignement 的形式,第2015-92号法令),其他地方也加大了监视力度。Segal, The Hacked World Order, 2016.

23. 欧盟数据保护指令1995/46/EC适用于任何自然人。

24. Brown and Marsden, Regulating Code, 2013, pp. 52-57.

25. 电子隐私指令2002/58/EC规定,"只有在订阅者或用户明确同意后,才允许在订阅者的设备上安装[cookie]。特别需要注意的是,该同意只有在向订阅者提供了电子隐私指令所要求的信息以及拒绝此类访问的权利后才能获得。"引自 Infosec report.

26. 《欧洲人权公约》《欧盟基本权利宪章》规定了这些保护措施。

27. 关于最高法院隐私推理的演变,参阅 Diffie and Landau, Privacy on the Line, 1999.

28. 这三项法案分别是《儿童网络隐私保护法》《健康保险携带与责任法案》《公平及准确信用交易法》。1974年的《隐私法》是立法的基石,它规定了美国政府收集、存储和共享美国公民数据的限制和程序。

29. Mark Scott, "Penny Pritzker on the Privacy Shield Pact with Europe," New York Times, March 8, 2016, http://www.nytimes.com/2016/03/09/technology/penny-pritzker-on-the- privacy-shield-pact-with-europe.html?_r=0.

30. Peter F. Cowhey and Mathew D. McCubbins (eds.), Structure and Policy in Japan and the United.

31. Strahilevitz(《关于隐私法的实证理论》,2010[2013])推测,美国针对隐私的特别做法也可能是由于美国选举规则倾向于比大多数国家更低的选民投票率,从而改变了影响政治选择的公民构成。

32. 皮尤研究中心(Pew Research Center)报告称,超过90%的美国人认为他们已经失去了对自己隐私的控制。Mark Scott, "Where Tech Giants Protect Privacy," New York Times, December 14, 2014, p. SR 5.

33. Stuart N. Brotman, "The European Union's Digital Single Market Strategy: A Conflict between Government's Desire for a Certainty and Rapid Marketplace Innovation," Center for Technology Innovation, Brookings Institution, May 2016, http://www. brookings. edu/~/media/ research/files/papers/2016/05/24-digital-single-market/digital-single-market.pdf.

34. 2016年6月和7月,与欧盟官员的访谈。Salli Anne Swartz, "Privacy v Security," Presentation to 2016 ABA SIL Europe Forum, May 30–31, 2016, Rome, Italy.

35. Strahilevitz, "Towards a Positive Theory of Privacy Law," 2010 (2013).

36. 默克尔与小党派——自由民主党,共同领导了一个联合政府。讨好绿党至少是一个很好的政治保险政策。我们对此的解释是基于对深入了解这一问题的欧洲和美国领导人的采访。

37. 据 Adam Segal 称,美国国家安全局窃听了默克尔总理的手机。德国当局后来否认了这一说法。然而,Amicelle 详细描述了包括 Hillary Clinton 在内的美国政府官员是如何就《美国–欧盟安全港协议》中的隐私决定向德国官员示好的。Anthony Amicelle, "The Great (Data) Bank Robbery: Terrorist Finance Tracking Program and the 'Swift Affair,'" May 2011, Sciences Po—Center for International Studies and Research, http://papers. ssrn. com/sol3/papers. cfm? abstract_id=2282627.

38. Abraham Newman, Protectors of Privacy: Regulating Personal Data in the Global Economy (Ithaca, NY: Cornell University Press, 2008).

39. James Panichi, "Ministers to Discuss Data-Protection Compromise," European Voice, November 27, 2014, p. 3.

40. http://ec. europa. eu/justice/data-protection/reform/files/regu- lation_oj_en. pdf. W. Scott Blackmer, "GDPR: Getting Ready for the New EU General Data Protection Regulation," InfoLawGroup LLP, May 5, 2016, http://www. infolawgroup. com/2016/05/articles/gdpr/gdpr-getting-ready-for-the-new-eu-general-data-protection-regulation/.

41. 欧盟议会在2014年3月的一次投票中批准了这项拟议的指令,http:// europa.eu/ rapid/press-release_MEMO-14-186_en.htm.

42. 个人在社会生活中可能无法拥有这个权利,而遗忘的责任更多地取决于搜索引擎。Nick Graham, "New EU Guidelines on "Google Spain: Right to Be Forgotten,"

December 2, 2014, Dentons, http://www. privacyanddatasecuritylaw. com/ new-eu-guidelines-on-google-spain-right-to-be-forgotten. But also see "On Being Forgotten," The Economist, May 17, 2014, p.15.

43. 航空公司和旅游业收集的个人姓名记录提供了旅行者的详细信息。即使在旅行完成或取消后,这些信息也可能被保留。安全组织认为,这些信息可以帮助阻止恐怖主义活动,但欧盟议会和其他隐私组织就隐私问题提出了顾虑。欧盟国家安全机构和欧洲航空公司最终联手挽救了这个项目。欧盟与加拿大和澳大利亚通过谈判达成了类似协议。Abraham L. Newman, "Transatlantic Flight Fights: Multi-level Governance, Actor Entrepreneurship and International Anti-terrorism Cooperation," Review of International Political Economy, 18, no. 4 (2011): 481-505. The text of the December 14, 2011 U.S.-EU Passenger Name Record agreement is at https://www.dhs.gov/sites/ default/files/publications/privacy/Reports/ dhsprivacy_PNR%20Agreement_12_14_2011.pdf.

44. 美国商务部出口管理局 (Export Administration of U.S. Department of Commerce) 列出了《美国-欧盟安全港协议》已达成的一致原则,以指导自我认证。它们类似于经济合作与发展组织的原则。http://2016.export.gov/safeharbor/eu/, accessed December 18, 2016.

45. 2011年3月30日,美国联邦贸易委员会指控谷歌推出 Buzz 社交网络时存在欺骗性隐私行为:谷歌同意实施全面的隐私保护计划以保护消费者数据。来自美国联邦贸易委员会网站 https://www.FTC.gov。

46. 主要的相关法律为美国1978年的《外国情报监视法案》和2001年的《爱国者法案》。有关美国国家安全局和斯诺登爆料的关键文件,见 http://apps.washingtonpost. com/g/page/world/nsa-revelations-in-documents/734/.

47. 在2015年6月25日致国会的一封信中,主要科技公司和行业组织呼吁,通过立法将数据隐私保护扩大到美国盟友国家的公民。包括谷歌、微软、互联网协会和BSA在内的17家科技集团和公司签署了协议。软件联盟指出,自2015年爱德华·斯诺登 (Edward Snowden) 泄露美国监控项目的信息以来,"全球公众对美国政府和美国科技行业的信任均出现了显著下滑"。全文见 http://bit.ly/1J6Cozz.

48. "执法部门还利用它来证明,迫使美国公司在没有搜查令的情况下交出存储在海外中心的数据是正当的。"Mark Sullivan, "White House Call for Upgrade to Law Protecting Consumer Cloud Data from Law Enforcement," July 29, 2015, http:// venture-beat. com/2015/07/29/white-house-calls-for-upgrade-to-law-protecting-consumer-cloud-datafrom-law-enforcement/.

49. 立法设立了一个特别法庭(由美国法官组成),用于审查出于国家安全目的的监控请求。而关于其任务和做法是否足以确保宪法保护的激烈辩论仍在继续。David D. Cole, "Confronting the Wizard of Oz: National Security, Expertise, and Secrecy," Connecticut Law Review, 44 Rev. (2012): 1627-1635. For a succinct criticism of issues about due process, see Center for Democracy and Technology, "Electronic Communications Privacy Act Primer," May 13, 2015, https://cdt.org/insight/electronic-communications-privacy-act-primer/.

50. Alex Ely, "Second Circuit Oral Argument in the Microsoft-Ireland Case: An Overview," Lawfare, posted September 10, 2015, https://www.lawfareblog.com/second-circuit-oral-argument-microsoft-ireland-case-overview. 同时, 参阅 Frederick T. Davis, "A U.S. Prosecutor's Access to Data Stored Abroad—Are There Limits?," The International Lawyer, 49, no. 1 (Summer 2015): 1-20.

51. 第二巡回法院对微软诉美国(14-2985)案的裁决见 http://law.justia.com/cases/federal/appellate-courts/ca2/14-2985/14-2985-2016-07-14.html. 另外, 参阅 Richard Waters, "Microsoft Wins Battle with US over Data Privacy," Financial Times, July 14, 2016, https://www.ft.com/content/6a3d84ca-49f5-11e6-8d68-72e9211e86ab. 这个问题的复杂性见 Orin Kerr, "The surprising implications of the Microsoft/Ireland warrant case, The Washington Post, November 29, 2016, https://www.washingtonpost.com/news/volokh-conspiracy/wp/2016/11/29/the-surprising-implications-of-the-microsoftireland-warrant-case/? utm_term=.e2f254738ac9.

52. "Liberty and Security in a Changing World," Report and Recommendations of the President's Review Group on Intelligence and Communications Technologies, December 12, 2013. 另外, 参阅 Adam Segal.

53. 2015 年中期的一份详细概述来自 Richard J. Peltz-Steele, "The Pond Betwixt: Differences in the US-EU Data Protection/Safe Harbor Negotiation," Journal of Internet Law, 19, no. 1 (July 2015), http://papers.ssrn.com/sol3/papers.cfm? abstract_id=2637010. 另外, 参阅 Farrell and Newman, "The Transatlantic Data War"

54. Mark Scott, "U.S.-Europe Data Transfer Agreement Is Ruled Invalid," New York Times, October 7, 2015, pp. B1, B10.

55. http://www.nytimes.com/2016/03/09/technology/penny-pritzker-on-the-privacy-shield-pact-with-europe.html? _r=0. Department of Commerce, EU-U.S. Privacy Shield, https://www.commerce.gov/privacyshield.

56. https://www.commerce.gov/news/secretary-speeches/2016/07/ remarks-us-secretary-commerce-penny-pritzker-eu-us-privacy-shield.

57. http://europa.eu/rapid/press-release_IP-16-433_en.htm.

58. 2016 年 6 月 2 日,与《隐私盾》协议并行,欧盟同意加强对跨大西洋个人数据传输的保护,以加强新方法,并打击恐怖主义和犯罪。该框架协议对数据使用进行了限制,并要求各机构在传输数据之前获得同意。但持续性中断肯定会引发争议。"欧盟和美国签署数据保护协议",Yahoo! Tech, June 2, 2016, https://www.yahoo.com/tech/eu-us-sign-data-protection-deal-161934121.html.

59. 基于 2016 年 6 月和 7 月在布鲁塞尔的访谈。 https://www.statista.com/statistics/267161/market-share-of-search-engines-in-the-united-states/.

60. https://epic.org/privacy/intl/schrems/. Eric David, "Facebook's EU Woes Continue as Regulators Clamp Down," Silicon Angle, May 26, 2015.

61. Nick Wood, "EU Strikes Data Protection Deal," Total Telecom, December 16, 2015, http://www.totaltele.com/view.aspx?ID=492175.

62. Luca Schiavoni, "EU Data Protection Regulation Is a Necessary Step, but Practical Implementation Will Still Be Problematic," Ovum press release, December 16, 2015, http://www.ovum.com/press_releases/analyst-view-eu-data-protection-regulation-is-a-necessary-step-butpractical-implementation-will-still-be-problematic/.

63. 我们大量引用了 Amicelle 对 SWIFT 争端的精彩描述,但解释权归我们所有。我们对制度争论的看法与 Abraham Newman 的《跨大西洋航班之争》一致。

64. 访谈显示,德国和西班牙情报部门也在积极参与。

65. "五眼联盟"项目可以追溯到冷战最激烈的时期,它促使美国、英国、澳大利亚、加拿大和新西兰在信号情报领域进行了深入合作。此后,一个二线项目——"九眼联盟"项目也发展了起来,有法国、荷兰、丹麦和挪威等国家加入。然后,"十四眼联盟"作为第三梯队出现,参加国家包括德国、比利时、意大利、西班牙和瑞典。

66. 根据 Amicelle 的采访。

67. 一位了解这些对话的美国高级官员与我们分享了这一见解。

68. Jorg Monar, "The Rejection of the EU-US Swift Interim Agreement by the European Parliament: A Historic Vote and Its Implications," European Foreign Affairs Review, 15, 2010, pp. 143-151.

69. 2015 年 3 月德国之翼 9525 航班副驾驶导致坠机事件发生后,德国可能会修改其严格的隐私保护措施。德国隐私法禁止医生直接告知航空公司该飞行员不适合飞行。

70. 美国的主要项目是恐怖主义融资追踪项目。"9·11"事件之后,美国开始传唤

SWIFT。美国财政部同意了这些保障措施。Leonard H. Schrank and Juan C. Zarate, "Data Mining, without Big Brother," New York Times, July 3, 2013, p. A23.

71. Amicelle ("The Great (Data) Band Robbery," 2011) summarizes the critiques nicely.

72. Barry Carter and Ryan Farha, "Overview and Operation of U.S. Financial Sanctions, Including the Example of Iran," Georgia Journal of International Law, 44 (2013): 903-913. Juan C. Zarate, Treasury's War (New York: Public Affairs Press, 2013).

73. 与SWIFT高管和成员机构的讨论,波士顿,2014年9月。

74. "The Long Arm of the Law," Sibos Issues 8, September 29, 2014.

75. Aronson and Cowhey, Managing the World Economy (New York: Council on Foreign Relations, 1993), Chapter 5.

76. Quentin Hardy, "Amazon Opens a Data Center in Germany," New York Times, October 24, 2014, B2.

77. http://www-03.ibm.com/press/us/en/pressrelease/45707.wss?lnk=ushpcs3.

78. Tom Mitchell, "Xiamomi Starts Shifting Data to Servers outside China," Financial Times, October 24, 2014, p.14.

79. Chander and Le, "Breaking the Web," 2014, p.32.

80. 另一家云服务公司Box宣布,它最终将对所有数据进行加密,以解决隐私问题。Murad Ahmed, "Business Fears over U.S. Spying Prompt Amazon to Offer Web Hosting in Europe," Financial Times, October 14, 2014, p.1.

81. http://www.nytimes.com/interactive/2016/03/03/technology/apple-iphone-fbi-fight-explained.html.

82. 比尔特委员会(Bildt Commission)为信息技术领域的**多利益相关方组织**提出了一个雄心勃勃的总体蓝图。

83. Mark Webber, "A New ISO Standard for Cloud Computing," The Privacy and Information Law Blog, posted November 5, 2014.

84. Bojana Bellamy, "The Rise of Accountability from Policy to Practice and into the Cloud," Privacy Perspectives, posted December 10, 2014, https://privacy-association. org/news/a/the-riseof-accountability-from-policy-to-practice-and-into-the-cloud/.

85. 约束性公司规则(BCRs)……向控制者提供了一种保证,即处理者有适当的制度,在个人数据传输到欧盟以外时充分保护个人数据。这个保证……可以消除对其他传输基础的依赖,如标准合同,从而为从事频繁、大规模和复杂的国际数据传输的公司减轻大量行政负担。"Jan Doht, "Working Part Explains BCRs for Processors, The Privacy Advisor, " posted June 1, 2013, https://privacyassociation. org/news/privacy-advisor. See also Taylor Wessing, "Binding Corporate Rules for Process, " posted January 2013, http://www. taylorwessing. com/globaldata-hub/article_binding_corpo- rate_rules_processors.html.

86. 微软和谷歌根据《外国情报监视法》起诉美国政府,要求提高对国家安全信息授权数量和类型的审计透明度。Rory Carroll, "Microsoft and Google to Sue over U.S. surveillance requests, " The Guardian, August 31, 2013.

87. 美国律师协会诉讼部门的《诉讼》杂志在封底刊登了来自谷歌、Facebook 和 Twitter 的报告结果,这些报告详细记录了 2013 年 1 月 1 日至 6 月 30 日期间政府要求提供的信息。报告显示,美国政府是迄今为止最主要的信息请求方。谷歌收到了近 11 000 个美国政府请求,涉及近 22 000 个用户/账户,其中 83% 的用户提供了一些数据。印度排名第二,约有 2 700 个请求,覆盖约 4 000 个用户/账户,回复率为 64%。法国紧随其后,对大约 2 500 个账户提出了大约 2 000 个请求。在全国排名中,Facebook 和 Twitter 的数据请求频率基本相同,但 Twitter 的数据请求频率要低得多。

88. 一个活跃的关于印度政策的博客是 http://perry4law.com.

89. 这是一大批专家在《适用人权于通信监控的国际原则》宣言中所倡导的标准的一个子集,引自 Schneier, pp.168-169.

90. 例如,各行业协会正在制定已经在其行业广泛使用的隐私合同模板。

91. 例如,尽管国会两党成员都在敦促创建一个**多利益相关方组织**规范,来保护学生不被强制公开其考试和测验成绩,但该努力最终还是失败了。Stephanie Simon, "Big Tech Pledges Student Privacy; Critics Scoff—The Initiative Draws Only Lukewarm Reviews from Privacy Advocates," posted October 7, 2014, http://www. politico. com/story/2014/10/student-privacy-tech-companies-111645. html.

92. 想象一下,有十几种不同的隐私默认术语,它们对用户的呈现顺序是基于用户的大数据配置文件的排序。Ariel Porat and Lior Jacob Strahilevitz, "Personalizing Default Rules and Disclosure with Big Data," University of Michigan Law Review, 112, no. 8 (2014): 1417-1478.

93. Acquisti et al., "What Is Privacy Worth?" 2013.

第8章 附录

可能的制度原则

1980年和2013年经济合作与发展组织（OECD）原则以及

2011年亚太经济合作组织（APEC）原则

1.同意原则：收集和使用个人数据需要用户同意

A.收集限制：（1980经济合作与发展组织）

收集个人数据应有所限制，任何此类数据均应以合法公平的方式并在适当情况下，在数据当事人知悉或同意后取得。

B.数据质量：（1980经济合作与发展组织）

个人数据应与其使用目的相关，并在该目的所需的范围内准确、完整且不断更新。

C.目的说明：（1980经济合作与发展组织）

对收集个人数据目的的说明应不晚于数据收集的时点，其后的使用应仅限于实现这些目的或与这些目的不相抵触的其他目的，并在每次改变目的时加以说明。

D.使用限制：（1980经济合作与发展组织）

除以下情况外，个人数据不应披露、提供或用于"目的说明部分"所指明的目的以外的目的：

（a）经数据当事人同意

（b）经法律授权

2.问责代理原则：在实施保护方面对用户负责的主要代理，包括基于透明政策的补救权。

A.问责制：（1980年经济合作与发展组织）

数据控制者应负责遵守使上述原则生效的措施。

B.个人参与：（1980年 经济合作与发展组织）

个人应有以下权利：

（a）从数据控制者处获得或以其他方式获得该数据控制者是否拥有与其有关的数据的确认；和

（b）向其传达与其有关的数据

（i）在合理时间内；

（ii）收费，（如有的话），且不能过高；

（iii）以合理的方式；及

（iv）以其容易理解的形式；

（c）根据（a）和（b）项提出的请求被拒绝时，个人应有权获知理由，并有权质疑这种拒绝；及

（d）对与其有关的数据提出质疑，并在质疑成功时要求删除、更正、补全或修改这些数据。

C.开放性：（1980年 经济合作与发展组织）

就个人资料方面的发展、做法和政策，应制定公开的一般政策。须有现成的方法，以确定个人资料的存在和性质、使用该等资料的主要目的，以及资料控制人的身份和常住地。

对于个人数据的发展、实践应用和政策，应制定公开的一般政策。应当有现成的手段来确定个人数据的存在和性质、使用这些数据的主要目的，以及数据控制者的身份和常住地。

3.适当的数据安全保障原则：在严格的风险评估和安全漏洞报告的基础上，用户可以期待得到合理的数据保护。

A.安全保护措施：（1980年 经济合作与发展组织）

个人数据须有合理的安全保护措施，以防止数据丢失或未经授权的查阅、销毁、使用、修改或披露等风险。

B.基于风险管理的保护：（2013年 经济合作与发展组织）

基于隐私风险评估的适当保障措施被纳入核心公司治理实践和内部监督机制。

C.审查和通知：（2013年 经济合作与发展组织）

有责任与风险管理当局合作，包括向当局通报数据泄露的情况。

4.政府隐私能力原则

A.政府执行隐私政策的能力：（2013年 经济合作与发展组织）

这种能力包括与负责执行隐私政策的独立机构保持一致的隐私政策，以及与国际执法部门合作保护隐私的义务。

B.认可**多利益相关方组织**（MSOs）的商定标准：（亚太经济合作组织）

如果**多利益相关方组织**符合亚太经济合作组织原则中规定的标准，国家隐私主管当局可承认其为隐私政策合规认证代理。

C.各国在实施隐私规则方面的合作协助：（亚太经济合作组织）

各国应成立监管规则及其实施的联合监督小组，以推动隐私保护方面的互助。

5.跨境数据流的有条件批准原则

A.符合资格国家之间的数据流批准：（2013年 经济合作与发展组织）

"（经合组织）成员国应避免限制其与另一个国家之间的个人数据跨境流动，前提是：（a）另一个国家基本上遵守了这些准则，或（b）存在足够的保障措施，包括有效的执行机制和数据控制者采取的适当措施，以确保保护水平持续符合经合组织原则的要求。"

B.数据流动的比例限制：（2013年 经济合作与发展组织）

"对个人数据跨境流动的任何限制都应与所带来的风险成比例，同时要考虑到数据的敏感性以及处理的目的和背景。"[2]

注：

1.其中包括："成员国应：a.制定国家隐私战略，反映政府机构之间的协调做法……c.建立和维护隐私执法机构，拥有行使这些权力所需的治理、资源和技术专长，"OECD 2013，19 a和c。

2. 1980年经济合作与发展组织各项原则的文本是逐字逐句的，但我们的组织方案是不同的。我们对2013年经济合作与发展组织和亚太经济合作组织原则进行了诠释。A和B文本引用自OECD Privacy 2013，第17和18段。

第四部分

结论

第9章　构建数字经济国际治理机制

我们构建数字经济国际治理机制的战略建立在一个核心国家"俱乐部"的基础上，这个"俱乐部"可以倡导新的数字贸易协定以推动营造可信数字环境。该协议将通过改进数字市场整合规则来适应**信息与生产颠覆**，并在推动达成促进改善隐私和网络安全目标重大协议的同时，防范贸易保护主义风险。这些协议通过使用具有约束力的"软规则"建立了最低限度的共同政策基线，这些软规则允许在国家政策权衡方面有重大差异。来自公民社会的多利益相关者专家组织在这一方案中显得尤为重要。如果事实证明，以贸易协定作为起点行不通，那么可以将此类协定与其他类型的具有约束力的政策协定结合起来，但我们认为贸易是最佳首选。

数字密码基因（digital DNA）**信息与生产颠覆**（IPD）变得强大、无处不在且具有全球性。这些颠覆将打破产业之间的界限，催生新的商业模式，并促进高科技市场和传统市场产生新的创新方式。这些变化将带来巨大的机遇，即使它们会引发政治争议和经济竞争。单靠市场无法解决不可避免的争端，也无法充分利用潜在的机会。

这需要精练的治理。政府间官方机构的传统谈判和决策过于缓慢且缺乏灵活性，如国际电信联盟（International Telecommunications Union）或世界卫生组织（World Health Organization）。**信息与生产颠覆**市场动态的流动性要求治理技术能够有效促进学习、实验和灵活性。通过单方面行动自由行事是不够的。没有简单的"解决方案",各国政府应强调原则和程序,以建立坚实的起点和富有成效的方法,逐步实现改进和调整。各国政府还应依靠互补性治理体系,使公民社会可以通过**多利益相关方组织**(MSOs)和源自市场的创新为解决问题作出重要贡献。公民社会接近实际,拥有无可比拟的专业知识,并具有执行务实政策的独特资源。例如,对数字隐私某一个方面有效的治理创新可能并不适用于所有方面。允许专门化的、自下而上的问题解决方式是可取的。简而言之,**多利益相关方组织**应该参与到国际治理机制中来,确定问题,建立共识,找到解决方案,并支持能够适应各国偏好变化的权威规则基线。但是,**多利益相关方组织**的构成需要根据政策背景进行调整。同样,由于来自公民社会机构(如**多利益相关方组织**)的解决方案容易出错,因此它们也必须对民主治理机制负责。

9.1 指导构建新治理机制的选择

9.1.1 设计与治理理念

我们如何才能达成一个可行的国际治理机制,以提高我们驾驭**信息与生产颠覆**的能力呢?第5章建议从一种能够提高问题解决能力的设计理念开始。我们将这种理念简称为FACE:灵活的机制(flexible mechanisms)、负责任的权力机构(accountable authority)、互补的治理安排(complementary governance arrangements)和实验性问题解决(experimental problem solving)。我们还支持一种国际经济治理方法,该方法将"部分趋同"作为设计理念的最佳匹配思想。

FACE的实现需要具备6个重要特征的设计:

(1)***由重要核心国家组成的俱乐部,以克服国际行动的门槛挑战:扩***

大成员范围是最终目标，而不是起点。

（2）基于共同原则和规范的权威规则保护伞，其范围根据市场整合的性质而异：共同的框架可以促进自下而上的问题解决。

（3）准趋同性，强调在一个共同的治理机制中，硬规则和软规则以及政策的灵活组合：治理组合以一些特定的硬性政策规则为特征；它主要依赖具有约束力的协议，这些协议要求包含基于构成特定国家规则的关键原则的具体政策能力。[1]

（4）虽然制定规则的决策往往是相互关联的，但专家和分散实施是必要的：在更广泛的问题上讨价还价，改善了达成协议的最小公约数。中心化管理的宏大计划是错误的。通过多渠道实施的部分解决策略更有可能取得成功。

（5）透明度：在一个社会活力强大的世界运行需要有高度的透明度，包括在政策执行层面。

（6）政府和社会组织的公共问责：政府和社会组织如果相互交织将更为可信。归根结底，政府承担着民主问责的最终责任。

9.1.2 治理过程改革应从何处着手？

任何新的努力都必须从某个地方开始。政府中到处都充满了各种倡议，因为每个人都想在重要的政策游戏中分一杯羹。但有必要弄清楚前沿将在哪里。

在理论和实践中，对于许多可能增强可信数字环境的组成部分存在共识。因此，有可能在达成有价值的权威基准协议方面取得进展。我们通过贸易和投资规则，将可信数字环境框架与更广泛的国际市场一体化机制联系起来。问题的相互联系提供了一种既定但并非万无一失的方法来处理有关国家偏好的艰难权衡。这种方法还允许工作组在管理制度设定的范围内开展实际的具体工作。这将更好地协调必要的法规以及更务实的实施措施。此外，它为制定切实可行的隐私和安全措施提供了很大的自由度，以适应各国宪法传统的变化。

贸易政策可能有助于建立可信数字环境，原因有3点。

第一，尽管可信数字环境要素（如隐私和安全）的政治动态是独特的，但解决方案所需的许多治理要素与世贸组织在1997年使用《基础电信协议》（BTA）成功解决的问题类似。如第5章所述，权威性软规则可以巩固各国规则的准协调性。此外，现有的贸易协定已经包含了许多新规则。例如，各方可以以符合基本贸易义务的方式执行可信数字环境公约，如非歧视和最低贸易限制规定。[2]这将降低协调解决方案（处理隐私和安全规则的首选方法）被改变并用于市场操纵的风险。降低这些风险将使人们更容易接受关于可信数字环境的更强有力的治理原则。

第二，公民社会实践显示出解决复杂技术动态问题的前景。由于市场创新提供了合理的解决办法，一些政策问题的重要性程度将下降；其他措施则需要不断进行政策试验和调整。**多利益相关方组织**（MSOs）提供了一种利用宝贵的自下而上的专业知识的方式（**多利益相关方组织**通常来自自下而上的集体努力）。虽然**多利益相关方组织**的组织机构因具体问题的性质而异，但一套共同的评估准则可以确定它们在履行贸易义务方面是否有资格成为合法的"参与者"。例如，在标准制定组织中，这种指导方针已经存在。

第三，贸易政策可以促进问题的交叉联系。如果在制定权威的基准规则时，将安全和隐私分开处理，那么基准更有可能在最小公分母上确定下来。然而，权衡带来了讨价还价的可能性，使更雄心勃勃的交易更容易达成。因此，尽管有困难的政治约束，但当它们成为更大的贸易一揽子计划的一部分时，政治会转向权衡。与此同时，贸易框架可以将专家任务委托给**多利益相关方组织**，这就为解决个别挑战提供了多种交叉途径，并推动主要参与者逐步达成更大的共识。此外，经过适当设计，最初的俱乐部可以扩大到更广泛的国家群体。[3]

经济合作与发展组织（OECD）国家目前对贸易协定的政治反弹可

能会削弱贸易框架的使用，使美国难以带头发起数字经济倡议。然而，一项可以显示美国在国际政策方面领导力的积极应对措施是，由总统启动全面审查数字经济政策，包括国内和国际，并将其作为一项高层次的"政府整体"工作。这可能超出本书所探讨的问题，如调整社会的公平性保障网络以适应数字化扰乱劳动力市场的新现实。无论审查的范围有多大，它都将使美国国内和全球的议程变得清晰。

我们还认为，我们的治理方式可能为公民社会和许多政界人士对贸易的再次批判提供了一剂良方。虽然我们认为，除非合理保密，否则贸易谈判不可能成功，这将不可避免地引起对透明度的抱怨，但我们对**多利益相关方组织**的重视可能会把这些批评人士引入实施问题的讨论中。让非政府组织在贸易协定谈判中发挥更大的协商作用，可能会更好地平衡各方的利益，这有可能会使谈判更加混乱。一些公民社会团体对贸易和商业之间的联系深表怀疑，但如果这一进程取得成功，它将在私营部门、公民社会和政府之间建立更大的信任。

如果国家主义引发了撤销现有贸易承诺的重要倡议，那么按照我们所希望的方式获得成功的可能性将微乎其微。特朗普总统上任第一周就宣布美国退出《跨太平洋伙伴关系协定》（TPP），使《跨大西洋贸易与投资伙伴关系协定》（TTIP）在短期内不太可能获得批准。但其他贸易倡议、扩大跨国监管合作协议的尝试，甚至是其他形式的专门条约，都可能为建立新体制打下基础。此类协议可能会"借鉴"贸易体制中的某些重要规则和规范，这些规则和规范为详细监督全球市场提供了先例。出于这个原因，我们将重点放在交易方案上，以增强和简化我们的规范性分析。但我们设想的一揽子方案的形式是灵活的，即使贸易领域不是可信数字环境协议的最初发源地，贸易仍然可以在以后成为一种补充手段，这有利于达成更广泛的贸易协议。届时，现有公约可转化为市场一体化贸易协定中的"附加承诺"。这一先例在《跨太平洋伙伴关系协定》（特别是涉及环境的第20章）中有所发展，其中遵守《濒危野生动植物种国际贸易公约》成为一项附加承诺。[4]

如果第一个问题是从哪里开始，第二个问题是我们应该从谁开始？无论谈判的平台是什么，一个关键的考虑是，体制总是必须克服一个门槛问题。在一个联盟中，哪些因素对世界市场有足够的利害关系和重大影响，并且有足够一致的利益可以建立一个俱乐部作为有效机制的基础？这个俱乐部将需要解决市场准入和竞争问题——这是贸易政策的经典领域。该俱乐部还需要处理建立可信数字环境所涉及的数字隐私和安全问题。

如果FACE原则决定了谈判的方式，那么俱乐部在一个可信数字环境中联合起来的前景是合理的。隐私不仅关乎市场效率，还关乎宪法权利。重大的政策变化是不可避免的。我们希望为市场交易和隐私保护确定一个权威的国际基准，该基准既能保证全球市场的活力，但也容纳不同的国家传统。此外，考虑到影响隐私和安全选择的不稳定的技术环境，协商灵活的市场治理规则是审慎的。最好的办法是将大部分治理"行动"交给**多利益相关方组织**，同时保留软贸易规则的明确作用。一些政策做法将被禁止以降低企业的某些市场风险，例如《跨太平洋伙伴关系协定》禁止政府要求企业将软件源代码作为进入市场的条件。软贸易规则为各国如何实现某些政策成果提供了方向。硬贸易规则和软贸易规则共同提供了制衡框架，降低了可能导致的合作风险。在软贸易规则建立的制衡机制下，国家一级的监管机构和跨国**多利益相关方组织**之间的协调可能产生各种解决方案。

最后，如果有新成员加入其中任何一个条约，就会产生这样的问题：每次有新成员加入时，是否都必须重申等效性，这是一项艰巨的任务，却是一项很好的任务。如果其他可能最终推动《**数字经济协议**》（Digital Economy Agenda，DEA）的主要参与者有足够的兴趣，这是一个积极的迹象。这可能会促使各国考虑如何扩大《**数字经济协议**》，如通过建立WTO诸边协议来支持《**数字经济协议**》。总的来说，关于可信数字环境的软规则需要印度、印度尼西亚和其他国家认真重新考虑国家政策。[5]这将是一个受欢迎的进展。

9.2　《数字经济协议》概述

一旦政治领导层给予指导，技巧娴熟的谈判者就需要谈判空间。这需要灵活地为每一项数字治理议程挑选出最合适的论坛和工具。他们还需要慎重考虑通向终点的行动顺序。外交在很大程度上是一个不断发现和调整的过程，各方都要厘清行动的刚性和灵活性。事实上，在经济谈判中，相当多的时间都花在了解决每个国家政治体系内相同的问题上。这是我们提倡特朗普开展全政府审查的另一个好处。

我们将为谈判工具提出可能的选择以阐明我们的想法，但我们的目标不是制定一个狭隘的外交路线图。相反，我们列出了首要原则、规范、规则和体制机制（第5章中列出的国际治理机制框架）。我们对这些项目进行评估，以显示它们如何应对信息和生产颠覆对治理的挑战，并解释其政治经济可行性的逻辑。我们认为至关重要的是，全球协调战略可以带来巨大收益，但也需要谨慎管理第5章中所述的合作风险。

我们通过提出一种以贸易政策为基础的战略来强调我们的逻辑，这种战略可以逐渐实现我们所说的《**数字经济协议**》。我们预期《**数字经济协议**》将通过各种双边、区域、诸边和全球协议等方式出现。我们的议程并不包括所有重要的经济或政治数字问题。但是，如果我们在云计算、数字市场一体化和推动可信数字环境等方面的选择性挑战上取得进展，我们将为未来的国际治理选择提供一个富有成效的载体。

我们如何提议寻求一种战略，把促进可信数字环境制度的发展与促进《**数字经济协议**》的贸易协定联系起来呢？在下一节中，我们将列出一系列经典的贸易政策问题。为充分利用**信息与生产颠覆**，这些问题应该得到解决。这是一个市场整合议程。接下来的两部分会将此议程与构建可信数字环境的建议联系起来。但首先，我们如何解决阈值问题呢？

我们认为，全球的分散性使得建立一个最初支持者俱乐部至关重要，即使最初的核心成员永远不会扩大，这个俱乐部对其成员也是有价值的。在第4章中，我们提出经济合作与发展组织成员国加上《跨太平洋伙伴关系协定》参与国在世界经济中所占的份额足够大，可以成为全球可信的俱乐部。与经合组织（OECD）国家相比，该组织更广泛地覆盖了太平洋地区。它还为成员国提供了一系列有利的初始激励措施。在**信息与生产颠覆**中，更复杂的经济体面临着更大的风险，并具有探索更好治理措施的强烈动机。其他的《跨太平洋伙伴关系协定》参与国，比如一些小成员国，最初不太关心**信息与生产颠覆**，现在它们很渴望参与全球创新转型。因此，如果《跨太平洋伙伴关系协定》能够与欧美主导的《跨大西洋贸易与投资伙伴关系协定》结合在一起，那么一个事实上的俱乐部就可能出现。即使《跨太平洋伙伴关系协定》终止，加上可能发生的《跨大西洋贸易与投资伙伴关系协定》终止，双边和更小范围的区域协定仍有可能创建一个事实上的俱乐部。随着时间的推移，它也能够吸引后来者。无论采用何种谈判工具，我们都支持以《跨太平洋伙伴关系协定》《跨大西洋贸易与投资伙伴关系协定》文本中出现的条款为基础。

世贸组织（WTO）可以为另外两个数字经济议程（DEA）的组成部分提供支持。首先，最初于1996年签订的《信息技术产品协议》（ITA）在2015年进行了更新，但仍需要进一步扩展以完全涵盖**信息与生产颠覆**，我们很快将讨论这一点。《信息技术产品协议》的82个成员占据了全球IT产品贸易的97%。[6]第三次修订可能包括《数字经济协议》的附加项目。

延续《数字经济协议》逻辑的全球诸边协定的第二个候选项是2013年启动的《服务贸易协定》（TiSA）。全球世界服务贸易70%的23个国家（包括欧盟）参加了谈判。[7]由于其选择特性，《服务贸易协定》被视为诸边协议。但与《基础电信协议》（BTA）不同的是，《服务贸易协定》不会将最惠国待遇扩大到没有参与该协定的世界组织成员。这一点至关重要，因为像巴西、印度、俄罗斯这样的大型经济体（均未加入《服务贸易协定》）不支付入会费，也不进行绩效评估，它们不应从这个俱乐部中获益。

为了说明这些选择，经合组织的外交官可以重点使用双边或区域自由贸易协定（FTA）作为《数字经济协议》的构建基础，原因有二。它们明确指向我们最初的核心俱乐部，且没有要求自由贸易协定成员向非成员提供类似的市场准入和可信数字环境福利。这些条款减少了那些寻求市场准入而不作出承诺的国家出现"搭便车"的可能性（这是世贸组织最惠国规则存在的一种风险），并为自由贸易协定组织与希望加入该组织的国家商定量身定制的加入条件提供了基础（沙特阿拉伯（2005年）、越南（2007年）以及俄罗斯（2012年）就是这样通过谈判加入WTO的）。以《跨太平洋伙伴关系协定》）（TPP）为例，韩国、印度尼西亚和哥伦比亚（甚至脱欧后的英国）都有可能寻求早日加入《跨太平洋伙伴关系协定》。从长远来看，更大的问题是其他国家是否愿意满足所要求的条件。

完全照搬各《数字经济协议》（DEA）是不太可能的，但在条款上尽量保持相似是可取的。[8]这将增强未来其他自由贸易协定采取优先机制措施的动力，最终形成一个建立在自由贸易协定先例之上的更广泛的全球"诸边"机制。[9]诸边协定应包含所谓的"有条件的最惠国条款"，这种做法将使诸边协定的利益限定于其签署国。这一机制面临的许多关键挑战是如何通过**多利益相关方组织**流程解释软规则。哪些公司可以参与其中并从中受益？这个问题的答案是制定前进路线的一个重要因素。[10]《数字经济协议》的服务部分是《服务贸易协定》的一种可能性，因为欧盟谈判代表已经与美国解决了隐私问题，这表明了可行方向。[11]（如果《服务贸易协定》失效，可能需要各国监管机构达成协议以推进《数字经济协议》。

尽管我们设想了多个贸易协定，但我们将像讨论单个《数字经济协议》的模板一样继续下面的讨论。我们主要关注隐私问题，有关安全问题的谈判类似。我们提议的《数字经济协议》的结构包括5个部分。

（1）为DEA成员设计市场准入承诺，以提高贸易和信息与生产颠覆

（包括云生态系统）之间的协调性。

（2）建立可信数字环境协议，强调与经合组织和亚太经合组织现有原则相一致的软规则，以建立成本效益有效的隐私保护最低基准。

（3）保证《**数字经济协议**》成员有权在基准之外建立额外的隐私保护措施，但须遵守《**数字经济协议**》贸易框架中规定的保护措施。

（4）将隐私协定与《**数字经济协议**》联系起来以加强隐私协议，并消除各国对市场自由化的诸多保留意见，除非同时承诺加强隐私和安全

（5）在考虑安全问题的前提下，授权第三方机制以监督和核查数字经济议程（DEA）成员在其他隐私协议中作出的承诺，监督和核实《**数字经济协议**》成员在其他隐私协议中作出的承诺。

9.3 贸易：市场准入承诺

贸易谈判的一个主要特点是在对不同国家具有不同重要性的广泛问题上讨价还价。本节阐述了促进市场一体化的新贸易规则如何更好地调整世界经济，以适应**信息与生产颠覆**可能带来的机遇。与此同时，在推进市场一体化所创造的多维谈判环境中，就建立可信数字环境的权威基准作出有意义的承诺将更加容易。

所有关于市场一体化的《**数字经济协议**》都主要关注表3-1中总结的13个主要问题。其中一些项目已经列入谈判议程。然而，即使未来的贸易协定取得成功，到2020年也不可能实现所有这些目标。这些目标建立在我们在第3章和第6章中对**信息与生产颠覆**重大治理挑战的分析基础上。这份清单并不详尽，但它说明了各种可能性。为了更深入地研究细节，接下来我们将对这些问题以及谈判人员应该如何推进展开更多的分析。[12]

（1）扩大《**跨太平洋伙伴关系协定**》（TPP）规定的国内服务监管框架，将服务和数字经济产品纳入其中。确保行政法规制定的透明性、及时

性和客观性。成员企业之间应杜绝国别歧视，政策应在技术上保持中立，在制定政策时应采用"贸易负担最小"要求。应制定相关政策以承认有能力的非政府组织在某些政策问题上的工作，包括技术认证和标准制定。[13]

（2）**扩大《信息技术产品协议》（ITA）范围，进一步涵盖创新密集型产业。**由于信息与生产颠覆甚至在传统行业也引入了更多的"类技术"行为，因此每个行业都不能被视为高科技。然而，即使在2015年《信息技术产品协议》修订取得进展之后，重大创新的步伐将进一步加快，创新密集型行业（如网络效应）的经济发展将扩展到信息技术之外。无线医疗是《信息技术产品协议》中扩展产品列表的行业之一。[14]

（3）**为跨越商品和服务间传统界限的产品商定最高标准的自由化**展望未来，中小企业应该能够在其国内办公室交付3D打印机生产的专业制造产品，然后通过DHL运送到国外。或者，它可以将产品的数字设计传输到子公司的3D打印机，直接发送给客户，或发送到另一个国家的DHL办公室。[15]贸易规则和市场准入义务（如服务准入或国家关税时间表承诺）是否完全取决于效率选择？还是说，这些选择是由不同市场准入形式之间的不兼容性所驱动的？[16]

（4）**使用"一揽子解决方案"使商品和服务的混合自由化。**谈判代表应该解决一些问题，比如"智能农田"的发展，它结合了硬件、传感器和数据分析的元素以指导种植和保险计划、应对天气风险。谈判代表还应寻求贸易自由化，以更好地解决服务和商品的一体化问题。在当前的贸易提案中，最接近隐私保护的做法是尝试建立技术中立的既定原则，因此，如何确保这一原则得到成功应用将是一个挑战。[17]

（5）**允许视听（AV）内容的非线性分销和提供。**过去，大多数视听内容要么是大众娱乐，要么是乏味的"教育"节目。由于世贸组织例外条款允许各国以文化多样性的名义保护本国供应商，像Netflix这样的大众视听分销商可能会被永久地排除在某些市场之外，即使他们设法获得了内容的授权。[18]但像YouTube这样的非大众视听供应商，则是将业余的AV内容、推广内容（来自表演者或企业）以及带有社交媒体互动元素的商业视听内容节选混合在一起。[19]这些形式正在发生变化，为艺术家创作和教师组织教学内容开辟了新途径。它们是企业广告和客户"使用指南"支持系统的素材。贸易专家称这些内容供应商为"非线性"视听提供商。它们对互联网和视听的未来至关重要，但它们在贸易政策倡议的覆盖范围上仍然是一个灰色地带。[20]欧盟关于建立单一数字市场的倡议包括一些有关这一主题的有趣建议。2016年欧盟关于单一数字市场的提案强调了这一优先事项，因此《数字经济协议》可以补充内部市场目标。[21]然而，该方案对欧洲本土内容的许多要求引发了批评。与此同时，《跨太平洋伙伴关系协定》包括了一项有益的条款，肯定了集体管理协会在处理版权使用支付问题方面的价值。[22]

（6）**明确与互操作性要求有关的贸易义务**。贸易谈判代表应探讨如何处理各类要求对贸易的影响，如要求数据应在不同服务间可移植。这是一个合理的政策目标，但也可能导致政策上的混乱。例如，通过规定互操作性是贸易限制最少的，可以抑制一些可能的滥用。政府可以出于正当理由（包括竞争政策）进行合理监管，但应以对市场准入义务损害最小的方式进行管制。明确谈判中的基本原则，并确保它们是贸易限制性最小和非歧视性的基本原则将减少风险。它们还将为让**多利益相关方组织**协助执行工作奠定基础。

（7）**明确私营公司为公众利益或竞争目的提供数据的义务**。[23]随着各国寻求将大数据用于智能道路和智能城市等治理项目，出现了政府何时以及如何要求企业与公共机构共享其持有的大数据的问题。政府应该在何时以何种方式要求企业与政府当局分享它们的大数据？在卫生等其他领域也有要求共享的先例，但这将是**信息与生产颠覆**未来的一个重要问题，国际协议可以减少潜在的合作风险。同样地，如果一家公司被竞争分析认为具有主导地位，并且它控制着竞争对手无法比拟的大数据，是否应该要求它将数据提供给竞争对手？尽管针对拥有"基本设施"的主导企业的潜在损害的竞争补救措施可以采取多种形式，但要求竞争对手访问企业大数据的概念引发了许多棘手的问题。鉴于大数据分析对于**信息与生产颠覆**的核心地位，提前解决这些棘手的问题是可取的。

（8）**加强对部分工艺知识的知识产权保护**。[24]信息与生产颠覆为具有全球市场雄心的传统产业的创新开辟了新的"集群"。许多集群将**信息与生产颠覆**技术与传统工艺知识结合起来。贸易协定以固件、软件、版权和专利的形式涵盖了广泛的、有时存在争议的知识产权。然而，工艺知识可能更侧重于商业机密，这是一个长期受到国家法律保护、但在很大程度上被贸易协定所忽视的领域。谈判代表应在《跨太平洋伙伴关系协定》基础上，制定其他方法来处理与贸易有关的商业机密，然后再考虑它如何符合与贸易有关的投资实践的逻辑。[25]他们还可以在《跨太平洋伙伴关系协定》工业设计机密的保护以及要求保护数字方式存储的工艺知识不被窃取的软法律的基础上进一步发展。

（9）**确认加密技术国际标准的使用，并承认任何符合《个人信息保护指令》可信数字环境附件规定的 "数据控制者" 资格企业有权将加密技术用于商业目的**。[26]（这一承认属于下一步讨论的《个人信息保护指令》可信数字环境附件的范畴。）

（10）**确认跨境信息流动的自由和选择服务云生态系统基础设施位置的自由（见第6章）**。[27]此外，谈判代表应确认外国公司有权跨国访问自己的商业数据来提供服务。

（11）**确认供应商设置基础设施选址的自由**。不应要求派驻当地。应该允许使用位于其他国家的大型全球云中心。应该禁止对提供包括软件在内的电子服务的歧视，并禁止对提供服务的数量或业务量进行数量限制。因此，在审慎监管的情况下，应允许跨境支付服务。[28]当公共政策阻碍了将支付系统与信息服务结合起来/进行综合试验的能力时，就会阻碍基本服务的市场准入。国际治理应对限制支付系统灵活整合的过度监管障碍进行治理。

（12）**确认客户通过公共电信网络使用域外服务供应商的权利。**政府政策还应尊重服务提供和技术组织的技术中立性，只要尊重中立性，就可以促进互操作性。

（13）**制定中小企业投资便利化措施议程，作为旨在使中小企业受益的贸易便利化措施的补充。**信息与生产颠覆促进了中小企业更快的实现国际扩张。其中部分扩张将通过经典的出口战略实现。但其中大部分将通过对外国子公司或合资企业的投资实现。

这 13 点构成了一个雄心勃勃的议程。正如第 6 章所解释的，其中一个障碍是担心对以贸易框架为基础的**信息与生产颠覆**的大胆拥抱可能会将美国的 IT 领导地位再锁定 20 年。但随着数字平台集群的出现，创新方面的快速变化甚至将影响较贫穷国家和地区的传统产业，并将在重要方面提振小企业在世界商业中的前景。我们与各国专家的讨论显示，人们越来越认识到信息和生产颠覆将是革命性的，各国要么加入其中，要么在竞争中遭受损失。很明显，各国都希望就**信息与生产颠覆**的贸易和投资达成一个更加一体化、彼此都能接受的规则框架。这就是为什么到 2016 年，其中一些问题已经出现了在了国际经济议程上。此外，该俱乐部的成员将在形成一个协调一致的框架方面存在共同利益，以将其作为与巴西、印度和其他国家讨论的模式。最艰难的挑战将是证明这类交易不会危及可信数字环境。我们接下来来讨论这项任务。

9.4 隐私：以软规则为权威基准

理想情况下，我们将把关于可信数字环境的软规则与数字经济贸易协定联系起来。这里，我们主要关注隐私条款。处理安全问题的谈判将面临类似但不完全相同的谈判问题。尽管如此，我们还是举例说明了安全软规则可能包含的内容。

所需的软规则类似于世贸组织的《基础电信协议》（BTA）义务，即为电信市场建立核心监管能力，但仍允许对规则的具体内容拥有较大的自由裁量权。简而言之，《数字经济协议》（DEA）的软规则应与经济合作与发展组织和亚太经济合作组织的现有原则相一致，以便为隐私保护建立一个基准。《数字经济协议》原则还应责成各成员发展与其他签约国就执法措施相关问题进行合作的能力，以促进可信数字环境。作为政策进程的一部分，软规则能力应该包括在《数字经济协议》签署国中承认和认证**多利益相关方组织**的机制（亚太经合组织正试图制定类似的计划）。对跨国认证制度的有效支持将大大推动**信息与生产颠覆**。

这些规则应规定下列事项：

1. *国家层面保护隐私的政策能力。*

2. *《数字经济协议》成员在执行隐私保护方面的合作。*

3. *合作建立一个向所有成员开放的**多利益相关方组织**认证系统，以协助实施隐私准则。*[29]

4. *保证《数字经济协议》成员有权在基准之外建立额外的隐私保障，只要这些保障是：*

　　a. *对来自俱乐部成员的企业在国籍方面实行最小化贸易限制和非歧视*

　　b. *符合技术中立方面的贸易惯例*

　　c. *在国家安全政策的限制范围内尽可能保持透明*

5. *在安全保障的前提下，要求俱乐部成员合作建立第三方机制，以协助核证《数字经济协议》成员之间在各种隐私协议中所作出的承诺。*[30]

9.5　可信数字环境的规则

如何推进可信数字环境的国际治理机制？我们确定了首选的俱乐部形式。目前，我们规定了一套原则和规范，这些原则和规范可以作为关于商业交易隐私和安全的硬规则和软规则的权威国际基准的基础。[31]达成这样的协议已经有了实质性的基础，但仍有艰巨的工作要做。[32]谈判代表将需要试验实际的解决方案，并就替代解决方案的成本和收益进行谈判。但在问题的定义和实际应对措施的范围上，各方达成了实质性共识。因此，接下来我们将总结关于隐私原则和规范的主要共识，并解释**多利益相关方组织**的重要作用。

首先，基于第7章和第8章所述的原因，数字隐私和安全规则应该与横向贸易规则一致。举例来说，《跨太平洋伙伴关系协定》TPP）关于电子商务的第14.8条就是这样规定的，它规定每个成员都需要有一个隐私保护框架，并应 "考虑" 相关国际机构的原则和指导方针，并明确说明用户如何获得补偿以及企业如何证明合规。这一部分与我们强调的软规则是一致的，但是很模糊。接下来，我们说明如何利用现有的国际先例扩大贸易规则以建立信心。

政策制定者还需要认识到，如果贸易协定最初遵循 "有条件互惠"，那么通过贸易促进可信数字环境将大有裨益。从常识上讲，有条件互惠意味着只有在贸易协定中（由成员政府判断）提供同等优惠的国家才能获得这些好处。在这一政策背景下，有条件互惠尤其有用，因为关于可信数字环境的条款与管理公民自由、刑事司法和安全选择的国内条款非常接近，并且需要对重大经济权衡进行细致裁定。对于一个由拥有相似价值观、政治秩序和市场体系的国家主导但不排外的俱乐部，达成此类协议要容易得多。[33]更重要的是，使用**多利益相关方组织**构建软规则需要建立共识机制和**多利益相关方组织**行为认证的相互认可，这将涉及大量的实验和学习。在第5章中，我们提出，国际治理机制的最佳运作方式是为各国提供途径，通过执行成本高昂的可信行为来建立 "声誉"。过早地建立一个过于普遍的 "帐篷" 将使这一进程走向最小公约数，因为信任和更广泛的国际联系网络将会降低。这将不利于形成良好的声誉动态。因此，某种形式的有条件互惠必须将俱乐部限制在那些愿意提高协议标准并同意由**多利益相**

关方组织执行协议的国家。

《跨太平洋伙伴关系协定》于服务的条款为附加条件提供了一些有用的起点（关于国民待遇的第10.3条和关于最惠国待遇的第10.4条）。他们允许《跨太平洋伙伴关系协定》员发展一种相互承认企业隐私和安全实践的**多利益相关方组织**认证体系，而不将该认证体系的最惠国待遇授予非《跨太平洋伙伴关系协定》员。《跨太平洋伙伴关系协定》规定，如果一个《跨太平洋伙伴关系协定》业是非《跨太平洋伙伴关系协定》司的空壳公司，那么它可以被剥夺这些待遇。（例如，一家在日本东京设有子公司的印度公司可能会因为印度不属于《跨太平洋伙伴关系协定》被拒绝认证。）如果《服务贸易协定》（TiSA）有关于可信数字环境的条款，那么它将不得不就如何处理选择性利益问题作出选择。就目前而言，世贸组织专家一致认为，诸边协定没有施加最惠国待遇的一般义务。

我们应该遵循什么样的原则呢？我们建议把经合组织和亚太经合组织的隐私原则融合起来。欧盟支持经合组织的原则，因为这些原则符合欧盟政策解决问题的逻辑（见第8章）。其基本逻辑是将合同法与一系列消费者保护措施结合起来，以解决由于个人信息的使用是非竞争性的，而关于其用途和价值的知识是不对称分布的而造成的市场问题。信息服务供应商（包括嵌入物联网实体产品的服务，如汽车）比个人用户知道的信息更多。

有九大核心原则。它们在流程方面比OECD原则更为详细。

（1）*个人数据收集的"同意"原则要求获得用户同意。由于供应商更了解信息的潜在价值和用途，因此可以保证对用户的某些特定保护。同意将只包括法律允许的且与用户同意的目的相一致的数据收集。*此外，收集的数据必须准确无误。

（2）*可识别的"问责代理"原则应规定谁可以处理用户的问题，并解决（和纠正）有关数据的投诉，包括数据的安全性问题。即使数据转移到另一方，该数据控制者仍然负责。*

（3）*"适当的数据安全保护"原则应注重基于"风险评估"的风险管*

理，将其作为一项可审核的核心企业职能。

（4）"治理实践的透明度"原则应该要求收集数据的参与者使其数据收集和使用政策对用户保持透明。应规定通过适当的隐私执法和监控项目对实践和问题进行"审查"和"通报"，包括对**多利益相关方组织**。在经合组织原则之外，我们支持公开披露政府对个人数据的要求，但须进行汇总（如年度总数），并采用其他技术来保障数据安全。

（5）"不限制跨境数据传输"原则应要求国家数据的接收国遵守经合组织原则，或要求数据控制者保持适当的保护措施。

（6）"建立适当国家治理的义务"原则应该要求国家在与其他国家合作时，采取行动加强和保护隐私。

（7）"无论数据存储在何处，均应平等对待数据隐私"原则应保证，除安全方面的例外情况外，在DE签署方之间，无论数据使用的媒介是什么（如个人计算机或云）或DE签名国的位置在哪里，数据均应得到同样标准的保护。[34]

（8）"隐私跨境执法"原则可促使各国政府建立信息共享机制，协助调查和执法行动，以维护隐私义务。[35]这可以在我们后面介绍的方式中进一步说明。

（9）"**多利益相关方组织**的互认和认证"原则应促进合作以建立一个透明的制度，指定和认证所有成员数据控制者的**多利益相关方组织**。这应该包括承诺在俱乐部理事会中协调数据控制者的工作，并明确接受特定部门的**多利益相关方组织**。如果国家监管机构认为**多利益相关方组织**未能履行其认证义务，则该原则应受到质疑。亚太经合组织已经接受了这一理念，但对其框架的遵守仍很薄弱。《跨太平洋伙伴关系协定》启用了这一框架。

这9项原则可以作为起草软规则的基础，作为关于可信数字环境的附加承诺的附件。[36]这一附件类似于在《基础电信协议》义务中提供额外承诺的关于电信市场竞争管理原则的承诺。

即使这9项承诺被采纳，各国仍然可以对隐私和安全实施额外的保障。然而，这些规则需要根据"横向贸易规则"来制定。为了体现横向贸易规则（市场整合议程上的第一项）的影响，强制采用欧盟要求的"选择加入"系统，即用户必须明确同意与信息服务共享个人数据，是与这些原则相一致的。要求数据"可移植性"也将是合法的，宪法规定的保护隐私（比如被遗忘权）也是合法的。然而，除非某个国家在其最初的市场准入承诺中明确对某一特定类型的数据采取例外措施，否则要求该信息保留在该国境内是不合法的，除非是出于安全或特殊隐私问题。[37]《跨太平洋伙伴关系协定》于"跨境服务贸易"的第10章授权出于合法公共目的（包括要求存储在本地云设施中）的跨境数据监管。但它指出，作为水平贸易规则，这些规则必须是非歧视性的，不包含隐藏的贸易壁垒，并与风险成正比。

软规则还增强了隐私治理的操作性，并在为行业制定应用程序或数据控制者操作流程需求时，授予**多利益相关方组织**公认的角色。（第8章讨论欧盟和亚太经合组织所接受的方案。）我们建议谈判代表制定语言，允许联邦贸易委员会（FTC）和其他国家隐私管理机构接受**多利益相关方组织**作为隐私准则的审计员和审查员。软规则还应概述有关成员资格的条件。这些准则的制定需要深思熟虑。例如，比尔特委员会（Bildt Commission）敦促要求互联网治理中的**多利益相关方组织**对所有人开放，但不能由任何一个派别控制。WTO认为国际标准化组织（ISO）是**多利益相关方组织**的一种重要形式，在制定标准时应遵循以下原则：透明、开放、公正和共识、有效性和相关性、一致性。另外一个推定的认可准则可能是，**多利益相关方组织**成员是专家和自发组织的，就像互联网工程任务组（IETF）的情况一样。这样的准则可以防止政府以自上而下的方式构建**多利益相关方组织**的行为成为一般规则。同时，像环球银行金融电信协会（SWIFT）这样的**多利益相关方组织**的成员界限必然与其他**多利益相关方组织**的成员界限存在显著差异。它还加强了专业知识与授权委托**多利益相关方组织**的意愿之间的联系。隶属于互联网名称与数字地址分配机构

（ICANN）的互联网数字分配机构（IANA）由受美国控制转型为更独立的全球**多利益相关方组织**的过渡成为应用这些标准的一个例证。美国政府参与了谈判，并宣布了其决定最终提案是否可接受的标准，但**多利益相关方组织**社团发挥了主导作用。[38]同时，由于特定原因，还需要采用特殊格式。第 7 章概述了各国中央银行通过国际清算银行（自身也是一个**多利益相关方组织**），在比利时中央银行的主要监督下，审查环球银行间金融电信协会（一个商业**多利益相关方组织**）合作组织的跨境金融交易预期的过程。另一个更复杂的变化发生在欧盟和美国制定《隐私盾》协议（Privacy Shield）的时候。根据一套联合原则，欧盟宣布了一项监管协议，接受美国政府对企业遵守原则声明的执行担保。如果年度审查显示存在重大的合规问题，欧盟可以选择撤回上述接受协议。[39]在这个双边审查机制中，长远的问题是**多利益相关方组织**将在厘清隐私准则的实际意义方面发挥何种系统作用。表9-1总结了上述分析。

隐私政策面临的最大挑战之一是与犯罪、政府监控及安全问题的交叉。作为对经济合作与发展组织和亚太经济合作组织制定的十三项原则的补充，我们还概述了另外 4 项原则来说明如何解决网络安全和监控问题。我们将其作为贸易协议中可信数字环境规范的基本原则。

（1）*扩大法律互助条约，将俱乐部成员对传唤的回应纳入 "快速跟踪"范围*。关于俱乐部成员企业的国际云设施何时可以快速跟踪回应另一俱乐部成员的刑事投诉传唤等问题，将出台商定的原则。[40]

（2）*承诺政府监控的 "相称性" 原则，权衡隐私损失的成本与安全收益*。该原则包括承诺建立一个由独立法院监督的制度，该制度重视正当程序保障并遵守透明度要求。所有管理监督的规则都应该是透明的。[41]

（3）*所有俱乐部成员都应遵守《布达佩斯关于网络犯罪的公约》（Budapest Convention on Cybercrime），并 "奉行旨在保护社会免受网络犯罪侵害的共同刑事政策"*。[42]该公约覆盖非法访问与拦截、数据和系统干扰、与计算机有关的伪造和欺诈、与儿童色情和版权有关的罪行以及滥用设备。后来的一项"附加议定书"将通过计算机网络发布种族主义和仇外宣传认定为犯罪行为。

（4）**每个国家都应该建立网络安全能力，包括与其他俱乐部成员合作应对网络犯罪（包括黑客攻击或恶意软件代码）的能力。**这属于《跨太平洋伙伴关系协定》子商务部分的内容。这一能力本可以扩展到包括承认**多利益相关方组织**安排，以认证企业遵守网络安全最佳实践（很像我们对隐私的设想）。[43]

表9-1   12项重要的隐私原则

原则	目标
同意	收集个人资料时，须征得用户同意
可识别的问责代理	指定负责处理用户问题的人员，以及处理和纠正数据投诉的人员
适当的数据安全保护	以可审计的风险评估为基础进行企业风险管理
治理实践的透明度	数据收集者必须使用对用户透明的政策
不限制跨境数据传输	接收数据的国家应遵守经合组织的原则，或由数据控制者执行相关原则
适当的国家治理	成员应通过、保护和执行国家法律并与其他国家合作
平等对待数据隐私	数据隐私应得到维护，无论数据是何种介质以及存储在何处
隐私跨国执法	各成员应共享信息并协助调查和执法行动，包括在大多数情况下尊重相互执法程序
多利益相关方组织的互认和认证	提高透明度，相互接受其他成员认证的数据控制者的调查结果；包括**多利益相关方组织**的认证指南
针对国家认证争议建立集体审查机制	包括经各方同意的第三方监测程序
隐私的商业加密	接受成员认证公司的商业加密
承认横向贸易规则	规则制定是透明的、不分国籍的、对贸易的负担最小的

我们希望**多利益相关方组织**能够与各成员的企业和非政府组织开展合作。如果出现这种情况，它们应该建立跨国联盟，参与解决实际问题。我们预期，学习和信任会不断发展。**多利益相关方组织**还将为加强国际治理机制的国家提高透明度和声誉激励。但是，请记住，**多利益相关方组织**不能凌驾于国家政策之上。政府机构仍然可以拒绝他们的认证或建议，但有义务公开说明他们这样做的理由。[44]

国际治理在一定程度上是一种能力建设。为支持这一目标，我们敦促在贸易谈判的同时，就**多利益相关方组织**治理和政府当局问责制的最佳实践设立研讨会和指导方针。在建设行政能力方面，发展援助对一些国家是有用的。关于网络安全和隐私的案例研究也表明，**多利益相关方组织**可以帮助加强可信数字环境。它们还表明，有必要对**多利益相关方组织**的成员结构、治理以及向有关政府机构的个别和多个团体报告进行谨慎和持续的调整。成员资格和治理有助于建立信心，即大多数重要参与者在关键的**多利益相关方组织**中运作，政府和利益相关方希望得到反映市场现实的治理安排。为了合法，**多利益相关方组织**必须由"正确"的成员组成。这可能意味着公民社会要对非政府组织的作用具有明确的期望。

同时进行讨论，建立安全港和其他安排以补充贸易义务中规定的治理机制，也是很有价值的。这些讨论可以让成员计算出未来的贸易规则将如何影响其他治理安排的动态。它们还可以让企业和非政府组织对新兴国家的预期行为建立信心。国际治理的政治性和有效执行的实践性要求建立这种信任。通常情况下，在重要的全球经济问题上大力支持纯粹的**多利益相关方组织**治理安排只是空谈。各国政府对其公民负责（或者应该如此！）。它们可以而且应该将重要的权力委托给专业的**多利益相关方组织**，以协助治理中的关键要素。但是，如果有明确的问责方式，**多利益相关方组织**和政府在行使权力时就会更加可信和合法。《跨太平洋伙伴关系协定》的监管审查机制是贸易协定提高透明度和鼓励政府机构学习的一种方式。

总而言之，俱乐部成员将在多个方面从这项协议中受益。最重要的是，这将使它们能够在不危及隐私的情况下对市场准入和竞争规则进行所需的改变，从而激发**信息与生产颠覆**的创新潜力。这些软规则将使成员间更容易建立和实施相互关联的双边/多边安全港或《隐私盾》协议（Privacy Shield）。《**数字经济协议**》将承认成员有权制定与其宪法相一致的隐私和安全规则（国防和公共秩序），但这些也要遵守我们指定的部分传统贸易政策义务。此外，俱乐部成员仍然可以自由限制他们的数据流向非俱乐部成员。另一项重要的创新是承诺允许对安全港和其他补充协议中的承诺遵守情况进行双方都能接受的核查。[45]专业的**多利益相关方组织**可以在平衡隐私和市场实用性方面解决很多实际问题，包括通过实验认识创新的价值。正如国际原子能机构检查员的工作所证明的那样，即使在军事安全的最敏感领域，此类核查机制也是存在的，并赢得了极大的尊重。

在13项核心隐私原则中，美国需要作出一些重大让步。在特朗普担任总统期间，让美国承认有必要制定新法规将是困难的。最重要的让步莫过于承诺扩大法律互助框架的使用范围。在为执法目的而要求传唤外国公民的私人数据时，美国将与其他俱乐部成员开展合作。一个补充性的让步是，美国将尊重经俱乐部有关当局认证的数据管控者所使用的加密方案。此类提议最大的政治价值在于，美国商界希望建立一个在隐私和安全方面矛盾较少的全球框架。

欧盟最大的让步是同意在贸易义务中对云生态系统的市场准入进行约束，以换取其他国家在主要贸易伙伴中采用加强隐私保护的软规则。欧盟还将获得一项保证，即贸易承诺不会限制欧盟采取额外措施保护隐私的保证。这种做法对欧盟的另一个吸引力在于，将隐私和安全问题纳入贸易协议，可以加强欧盟委员会的权限要求，从而为欧洲议员们在其强硬要求上作出妥协提供回报。

9.6 总结及下一步行动

回到我们的出发点，为什么推动**信息与生产颠覆**的**数字密码基因**（digital DNA）很重要？它将在哪里推动创新？如何通过全球治理来促进其稳健性？

第一部分解释了第二次世界大战后的创新体系是如何随着美国引领前沿创新的步伐而分为三次浪潮发展的。在第一波浪潮中，垂直整合的私营企业巩固了美国的创新体系。第二波浪潮是围绕着风投驱动的"硅谷模式"展开的。如今，第二波创新体系正显示出老化的迹象。

信息与生产颠覆正在改变创新体系。因此，我们预期会发生重大变化。

（1）*新的创新形式将使市场进入更加容易，并带来前所未有的混合创新和商业模式。*

（2）*更大的数字多样性将使生产和信息融合在一起，并导致更复杂的劳动分工和价值划分。*

（3）*信息与生产颠覆甚至会颠覆农业和重工业等传统市场。*

（4）*建立在区域数字平台上新的、多样化的、通常规模较小的区域初创企业集群将会出现，尤其是在非传统技术市场。*

（5）*信息与生产颠覆的生产范围将是全球性的，并将激励各国的小型企业在其发展初期走向全球。*

（6）*对新的公共、私人和混合治理解决方案的需求将会增加。*

为了更详细地说明这些变化并展示它们是如何重新引导哪怕是老牌市场领导者的企业改变战略的，我们提供了关于传统农业巨头孟山都（Monsanto）和**信息和通信技术**领导者高通（Qualcomm）进军先进医疗市场的案例研究。

第二部分讨论了两项相互关联的任务。首先分析国际谈判形势，以确定新的**信息与生产颠覆**治理方法的可能组成部分。底线很简单，尽管创新和经济力量在扩散，但仍然有一个可信的核心俱乐部可以为**信息与生产颠覆**创造治理创新。它的成员资格将基本上与《跨太平洋伙伴关系协定》跨大西洋贸易与投资伙伴关系协定》的谈判国重合。但出于一些反映全球政治和经济大趋势的原因，如果公民社会组织不发挥更大作用，就更难维持可信的全球治理安排。**数字密码基因**最具理论性的部分正是基于这一点。基于如何在技术不稳定的环境中实现全球治理的分析文献，我们将战略谈判问题描述为需要管理协调问题与合作问题。我们得出的结论是，要成功制定一个新的、灵活的、强有力的治理机制，最有可能的方法是要求**多利益相关方组织**积极参与一项计划，该计划结合了硬规则和软规则的最低权威基准，以及对各国监管制度准趋同的实质性依赖。这种方法考虑到多样性，同时提供足够的共同基础以减少风险并引入全球机遇。

第三部分重点讨论了治理方面的三个难题——由于云、网络安全和数字隐私导致的全球趋同而出现的挑战。所有这三个问题都提出了一个挑战，即在软规则和硬规则方面进行重大创新，同时保持治理的灵活性，以适应不断变化的技术和经济环境。

云在全球范围内的普及造成了政治经济方面的紧张局势，主要涉及如何控制这一新的信息基础设施及其对许多行业商业模式的全面颠覆。这种动荡表现在以下方面的政策辩论：跨境数据传输、商业供应商选择提供云服务的全球供应架构的权利以及信息颠覆所造成的竞争政策相关问题。

接下来，我们考虑高度敏感的金融领域中涉及网络安全的案例。我们解释了连锁**多利益相关方组织**的功能如何降低外汇交易被劫持的风险。环球银行金融电信协会是为提供跨境支付信息服务而创建的**多利益相关方组织**，是一个由主要金融机构进行严格管理的合作机构，它接受主要金融中心央行的集体审查。这是因为各国政府想要保持对金融支付系统的严格控制以促进经济稳定。值得注意的是，环球银行金融电信协会是在金融机构自下而上的行动中创建的，随着时间的推移，它的控制也随着全球金融力量的日益分散化而发生变化。另一个**多利益相关方组织**——国际清算银行，基本上是对世界主要央行负责。国际清算银行还与比利时央行合作，共同监督环球银行金融电信协会以确保其负责任。

第二个案例关注与消费者保护和信用卡欺诈有关的问题，涉及维萨、万事达、美国运通以及其他国内和国际发卡机构系统。美国政府和欧盟分别与代表信用卡和商家协会的**多利益相关方组织**合作，共同确定提升安全性的途径。因为地理市场的相互依赖程度较低，平行行动足以完成上述目的，而不需要单一的全球方案。但这两个市场的共同商业参与者以及美国和欧洲监管当局之间的非正式磋商，使得这两个市场以一种足够并行的方式发展，从而可以在安全升级方面保持一致的方向。贸易协定的横向规则减少了由可能出现的合作问题带来的紧张关系，从而使非正式合作更加容易。这些对敏感金融领域网络安全的调查表明，国际治理一体化的形式将因具体市场需求而异。**多利益相关方组织**在治理方面发挥作用的方式也会有所不同。

最后的讨论集中在努力确定一个国际基准，以弥合美国和欧盟的数据隐私争论，并具体说明**多利益相关方组织**在解决这一问题上可能发挥的作用。我们的分析表明，为什么政府政策难以应对隐私制度竞争后果引发的政治经济紧张所带来的挑战。经过艰苦的谈判，各方就大西洋市场的个人数据应适用哪些准则达成了共识。这个先例开启了为隐私规则建立权威国际基准的可能性。引人注目的是，大西洋隐私争论依赖将商业数据传输委托给特定行业的**多利益相关方组织**，但主要集中于美国和欧盟各国政府将如何在个人数据保护方面进行协调并保持相互问责（通过年度审查，如果表现不佳，有权退出《隐私盾》协议）。**多利益相关方组织**在个人数据保护标准实施中的作用是由各国政府决定的。相比之下，亚太经合组织的隐私讨论已开始勾勒出一个更全面的体系，以将**多利益相关方组织**与跨境隐私规则联系起来。

本章提出了一项为全球经济创建《数字经济协议》的计划。它包括现有国际治理机制的组成部分，然后将它们整合到一项新的总体战略中。我们并未试图解决所有问题，但我们认为，如果有权威的国际治理基准，包括硬规则和软规则，可以缓解危及国家治理战略有效协调的合作风险，那么每个人都会受益。

建立稳定的基准需要考虑到国家和区域的差异，以顺应反映合理偏好差异的各种市场和政治传统。[46]我们强调，各国政府需要制定共同的治理基准（包括实现某些政策职能的约束性义务），而不是寻求政策的完全统一。正如FACE原则所阐述的，在一个动荡的技术和商业模式环境中，利用公民社会的自下而上的专业知识来制定能根据不断变化的情境而演化的实施战略极为有益。随着时间的推移，引入**多利益相关方组织**还可以通过促进参与者之间的相互学习提高治理政策的合法性。此外，利用**多利益相关方组织**来促进监督和透明度，在解决问题的早期阶段，政府可以更多地关注可观察到的进展情况，而不是确定最终的详细政策解决方案。正如案例研究所表明的，这些**多利益相关方组织**的结构将因问题领域的不同而不同。尽管如此，国际治理在接受**多利益相关方组织**程序方面的进展还是令我们感到鼓舞。

国际谈判代表在制定政策策略时十分注重灵活性。尽管如此，谈判代表们还是把赌注押在了他们认为的最佳选择上。我们认为，基于贸易协定的战略，尤其是那些强调软规则的战略，可能会成为权威国际基准的基础。我们展示了如何将贸易协议与法规联系起来以推进可信数字环境建设，解决数字隐私和网络安全问题。我们还建议，这种贸易战略应包括"有条件互惠"，即贸易协定的好处，包括遵守安全和隐私保护要求的认证，应仅扩展到该贸易协定的成员。我们之所以这样做是由于软规则的目的是创建一种共同的方法（而不是统一的政策）来应对**信息与生产颠覆**的重要挑战。如果各成员政府有共同的方法，那么更加分散、自下而上的实施方式就更容易取得成功。从我们的角度来看，经济合作与发展组织成员和一些理念相似的新兴经济体是推动治理改革的首要候选者。它们对治理和集体市场力量有一些共同的信念，从而使它们的协调选择对其他所有国家的战略产生影响。《跨太平洋伙伴关系协定》（TPP）、《跨大西洋贸易与投资伙伴关系协定》（TTIP）和《服务贸易协定》（TiSA）等贸易工具本可以成为俱乐部推动治理改革的起点。然而，更复杂的路径也是可行的。无论具体组成部分是什么，目标都应该是创建一个开放的俱乐部，如果新成员愿意满足治理标准，该俱乐部就会随着时间的推移而壮大。创建俱乐部是一项艰巨的任务，但一开始就普及会员资格将不利于作出艰难的选择和困难的承诺，而这些选择和承诺可以推动俱乐部逐步走向成功。

我们的计划在细节上出现错误是在所难免的，但我们的目标是让治理朝着正确的改革方向发展。我们的治理战略作为一种为重大全球问题提供解决方案的方法不断推进，以确保**信息与生产颠覆**继续促进各地的创新、增长和就业。正如我们在《国际数字经济协议》（IDEA）项目的同事、联邦通信委员会前主席里德·亨特（Reed Hundt）所说："有计划胜过没有计划。"

注释：

1. 第5章解释道,在贸易背景下,软规则是各国建立特定能力的约束性义务,无论是为了制定和执行某些规则,还是为了实现某些商定目的。在符合既定义务要求的前提下,具体的机制和政策是由各国自主制定的。相比之下,亚太经合组织原则不具有约束力。

2. 贸易限制最少并不等同于监管不力。这是一个条件,即政府可以采取必要措施,但应准备好证明这些规则不会因为与规则目的无关的原因而严重损害市场准入。药品安全规则应既有力又符合贸易政策责任。

3. 同上。

4. 《跨太平洋伙伴关系协定》建立在《美国-秘鲁自由贸易协定》森林部门治理附件等先例的基础上的。美国贸易代表办公室认为,《秘鲁自由贸易协定》包括缔约方将采取的用于加强森林部门治理、打击非法采伐和非法木材及野生动物贸易的具体步骤。

5. 2016年8月,印度尼西亚的几位专家告诉我们,一场关于如何使其国家法律符合《跨太平洋伙伴关系协定》(TPP)的积极对话已经展开。

6. 世界贸易组织,《简报:扩大信息技术产品贸易(ITA扩展版)》,2015年12月16日。

7. 参加《服务贸易协定》谈判的世界组织成员有23个。

8. 时间和政治因素都将使单独的贸易和监管协定的同步和批准变得棘手。但这项任务可能是可行的,因为通常情况下各国更倾向于协议的一致化。

9. 这是有先例可循的。《北美自由贸易协定》中的《与贸易有关的投资惯例》协议借用了乌拉圭回合协议的语言。讽刺的是,《北美自由贸易协定》是率先完成的。

10. 我们感谢 Don Abelson 对最惠国待遇的观点。

11. 访谈,布鲁塞尔,2016年7月。

12. 见美国贸易代表办公室副代表 Robert Holleyman 在新民主党网络上的演讲,"数字经济与贸易:21世纪领导的当务之急"。视频网站:http://ndn.org/videos/2015/ 05/ video-amb-holleyman-speech-ndn-digital-economy-and-trade-21st-century-leadership-impe.

13. http://www.esf.be/new/wp-content/uploads/2012/11/ESF-CSI-Joint-Statement-on-Regulatory-CooperationComponent-of-EU-US-Agreement-Final-12-Nov-2012.pdf.

14. 这一观点来自 Michelle A. Wein 和 Stephen J. Ezel。

15. 最初,当传真机个体大且价格昂贵的时候,联邦快递(FedEx)等公司在它们的办公室里安装了传真机,这样小企业就可以通过联邦快递办公室的传真机实现文件的"即时送达"。现在,联合包裹(UPS)等公司都在它们的交通枢纽附近运营着生产支持设施。

16. 贸易规则中的其他差异说明了这些选择。例如,世贸组织的技术性贸易壁垒规则只适用于商品,这是**信息与生产颠覆**(IPD)的一大缺陷。

17. 世贸组织的一项争端裁决认可了商品和服务义务重叠的可能性,但采用了有条件的、逐案处理的方法。我们寻求一个更广泛的原则。世贸组织上诉机构报告,欧共体关于香蕉进口、销售和分销体制案,WT/DS27/AB/R(adopted September 25, 1997),https://www.wto.org/english/tra- top_e/dispu_e/27abr.pdf.

18. 存在一个强有力的先例。1947年《关税与贸易总协定》中唯一提到的服务业是"电影"。根据第四条,缔约方被允许建立"或维持关于曝光电影的内部数量规定,这种规定应采取放映配额的形式"。

19. 然而,与存在内容版权问题的 NeFlix 不同的是,除了在一些明确被屏蔽的市场,You-Tube 是可以访问的。

20. 它还提出了各种关于知识产权保护的问题,这些问题在这里没有涉及。

21. 来自欧盟委员会的沟通,欧洲 数字化单一市场战略｛SWD（2015）100 final｝,2015 年 6 月 2 日, http://eur-lex. europa. eu/legal-content/EN/TXT/? uri=celex% 3A52015DC0192.

22. 参见《跨太平洋伙伴关系协定》18章关于知识产权,特别是第18.74条关于民事和行政程序及救济的条款。见 https://ustr. gov/sites/default/files/TPP-FinalText-Intellectual-Property.pdf.关于互联网服务提供商的知识产权保护义务的相关问题,比尔特委员会（Bildt Commission）（第67页）赞同"马尼拉原则（Manila Principles）"。这可能是**多利益相关方组织**行动实现这一软规则的基础。

23. 我们已经在数个国家听到过关于这个想法的反思;2016年6月,我们在布鲁塞尔与欧盟官员会面时了听闻了这种讨论。

24. 信息服务（包括商品和服务的混合组合）的竞争力依靠灵活的商业模式来实现服务及其应用程序的货币化,就像游戏一开始是"免费的",然后寻求通过"附加服务"（例如,金钱短信服务或购买游戏资源）来赚取收入。相比之下,广告依靠从用户互动中回收数据,然后出售分析数据,以帮助广告商投放广告。政策意义在于,当公共政策阻碍了支付系统与信息服务整合的集成/试验能力时,将极大地阻碍基本服务的市场准入。任何《**数字经济协议**》(DEA)都应瞄准灵活整合支付系统的监管障碍。

25. Wein和Ezell提出了关于商业机密的建议。将此与**信息与生产颠覆**联系起来是我们的责任。正如第2章中提到的,随着云的出现,盗版案件可能会减少,因为内容会更多地直接从云下载。

26. 参见《跨太平洋伙伴关系协定》8章关于技术性贸易壁垒的内容,特别是附录8B A节关于使用密码学的信息技术产品,https://ustr.gov/sites/default/files/TPP-Final-Text-TechnicalBarriers-to-Trade.pdf.

27. 第6章阐述了这一原则的具体内容。它来源于美国和欧盟的联合立场文件。

28.《跨太平洋伙伴关系协定》可以"安排"这一承诺,但协定获得批准后,某些特定服务将无法扩大。信息服务的竞争力取决于灵活的商业模式,比如游戏一开始是免费的,然后通过出售附加组件（如购买游戏资源）来赚取收入。

29. 这类似于标准组织在贸易协定中对贸易准则的技术壁垒方面所起的作用。

30. 美国与欧盟围绕环球银行金融电信协会（SWIFT）的争议就是这样解决的。

31. 原则是建议如何解决问题的因果理论,规范是可接受行为的预期模式的出现。

32. 相关安全规定涉及有关个人隐私的数据。

33. 一个关于世贸组织复杂性及该主题的技术性分析来自Chander,《电子丝绸之路》,第6至8章。

34. 我们认为是信息技术与创新基金会的Rob Atkinson首先提出了这一原则。

35. 其逻辑与《网络犯罪公约》中的义务相似。这可能类似于亚太经合组织跨境隐私执法合作安排。

36. 比尔特委员会(Bildt Commission)也支持经合组织原则。

37. 例如,出于隐私保护理由,澳大利亚将健康信息限定在位于澳大利亚的服务器范围内。我们质疑这一政策在保护隐私方面的有效性及逻辑,但澳大利亚可以对市场准入采取保留态度以维护该政策。但它不能因政治浪潮高涨而增加例外,除非它能证明自己符合这些例外。

38. 关于美国的标准,请参见 Lawrence E. Strickling,"利益相关者在 ICANN 阿根廷会议上提出的建议",2015 年 6 月 16 日,http://www.ntia.doc.gov/blog/2015/stakeholder-proposals-come-together-icann-meeting-argentina.

39. 《隐私盾》协议的特点是在前端有更多的政府微观管理,而不是满足我们对灵活性和实验的渴望。但是,随着时间的推移,其实施在很大程度上将更接近于**多利益相关方组织**模式,特别是由于特定行业的隐私管理协议的存在。

40. 例如,假设日本向亚马逊在德国的工厂请求提供数据。(在这个例子中,美国、德国和日本都是俱乐部的成员。)如果日本表明,亚马逊在一项受到司法审查的犯罪(或安全)活动中有合法利益,而相关人员不是美国公民,亚马逊可以迅速作出回应。Jennifer Daskal and Andrew Woods,"Cross-Border Data Requests: A Proposed Framework," *Lawfare*, November 24, 2015. Also see Bildt Commission, p. 50.

41. 这是 Bruce Schneier 认可的一个国际专家小组所采用的修改和简化版的原则,第167-169页。在美国拟议的立法和其他涉及工业界和民间社会的国际专家小组中,这些原则都得到了相当大的支持。见比尔特委员会(Bildt Commission),第50页。

42. 摘自《布达佩斯公约》序言,http://www.coe.int/en/web/conven-tions/full-list/-/conventions/treaty/185.

43. 网络安全的**多利益相关方组织**可能会检查公司在设计上是否符合经济合作与发展组织(OECD)和国际标准化组织(ISO)关于网络安全的规定。它还可能包括独立实验室(如美国的保险商实验室)的认证,以测试新产品的网络安全,并有能力成为软件网络安全更新的中间人。

44. 其他组织可以提出起草规则的方法,以推动可信数字环境。例如,审计和认证是类似于信用评级机构的特殊职责,这是**多利益相关方组织**在国际金融市场中普遍承担的一项业务。

45. 第8章解释了美国和欧盟在环球银行金融电信协会传票纠纷中达成了双方都能接受的核查安排。

46. Dani Rodrik, "The False Economic Promise of Global Governance," August 11, 2016, https://www. project-syndicate. org/commentary/global-governance-false-economic-promise- by-dani-rodrik-2016-08.

部分参考文献

Abbott, Kenneth, and Duncan Snidal, "Hard and Soft Law in International Governance," *International Organization*, 54, no. 3 (Summer 2000): 421–456.

Acemoglu, Daron, David Autor, David Dorn, Gordon H. Hanson, and Brendan Price, "Return of the Solow Paradox? IT, Productivity and Employment in U. S. Manufacturing, " *American Economic Review* Papers and Proceedings, 104, no. 5 (2014): 394–399.

Acquisti, Allesandro, Leslie John, and George Loewenstein, "What Is Privacy Worth?," *Journal of Legal Studies*, 42, no. 2 (2103): 249–274.

Adlung, Rudolf, and Aaditya Mattoo, "The GATS, " in Aaditya Mattoo, Robert M. Stern, and Gianni Zanini, *A Handbook of International Trade in Services* (New York: Oxford University Press, 2007), pp. 48–83.

Aggarwal, Vinod, *Institutional Designs for a Complex World: Bargaining, Linkages, and Nesting* (Ithaca, NY: Cornell University Press, 1998).

Aghion, Philippe, and Jean Tirole, "Formal and Real Authority in Organizations, " *Journal of Political Economy*, 105, no. 1 (February 1997): 1–29.

Akerloff, George A. "The Market for 'Lemons': Quality Uncertainty and the Market Mechanism, " *The Quarterly Journal of Economics*, 84, no. 3 (1970): 488–500.

Alter, Karen, *The New Terrain of International Law: Courts, Politics, Rights* (Princeton, NJ: Princeton University Press, 2014).

Amicelle, Anthony, "The Great (Data) Bank Robbery: Terrorist Finance Tracking Program and the 'SWIFT Affair,'" May 2011, Sciences Po, Center for International Studies and Research.

Andrews, Matt, *The Limits of Institutional Reform in Development: Changing Rules for RealisticSolutions* (Cambridge: Cambridge University Press, 2013).

Armbrust, Michael, et al., "A View of Cloud Computing," *Communications of the ACM*, 53, no. 4 (April 2010): 50–58.

Aronson, Jonathan D., and Peter F. Cowhey, *Managing the World Economy: The Consequences of Corporate Alliances* (New York: Council on Foreign Relations, 1993).

Aronson, Jonathan David, *Money and Power: Banks and the World Monetary System* (Thousand Oaks, CA: Sage, 1978).

Arora, Ashish, Wesley M. Cohen, and John P. Walsh, "The Acquisition and Commercialization of Invention in American Manufacturing: Incidence and Impact," National Bureau of Economic Research Working Paper 20264, June 2014.

Arthur, W. Brian, *The Nature of Technology: What It Is and How It Evolves* (New York: Free Press, 2011).

Aspen Institute, "Project on International Digital Economy Accords, Toward a Single Global Digital Economy," April 24, 2012, http://csreports.aspeninstitute.org/documents/IDEA_ Project_Toward_a_Single_Global_Digital_Economy.pdf.

Atkinson, Robert D., and Stephen J. Ezell, *Innovation Economics: The Race for Global Advantage* (New Haven, CT: Yale University Press, 2012).

Auldt, Graeme, *Constructing Private Governance: The Rise and Evolution of Forest, Coffee, and Fisheries Certification* (New Haven, CT: Yale University Press, 2013).

Avant, Deborah D., Margaret Finnermore, and Susan K. Sell (eds.), *Who Governs the Globe?* (Cambridge: Cambridge University Press, 2010).

Azoulay, P., J. Graff-Zivin, and B. Sampat, "The Diffusion of Scientific Knowledge across Time and Space: Evidence from Professional Transitions for the Superstars of Medicine," in Josh Lerner and S. Stern (eds.), *The Rate and Direction of Inventive Activity: A New Agenda* (National Bureau of Economic Research, April 2012): 107–160.

Bauer, Matthias, Fredrik Erixon, Michal Krol, Hosuk Lee-Makiyama, and Bert Verschelde, *The Economic Importance of Getting Data Protection Right: Protect-*

ing Privacy, Transmitting Data, Moving Commerce (Brussels: European Cen-
tre for International Political Economy, 2013).

Bauer, Mathias, Hosuk Lee-Makiyama, Erik van der Marel, and Bert Verschelde,
The Costs of Data Localization: Friendly Fire on Economic Recovery (Brus-
sels: European Centre for International Political Economy, Occasional Paper
No. 3/2014).

Bergsten, C. Fred, *United States in the World Economy: Foreign Economic Policy
in the Next Decade* (Washington, D.C.: Peterson Institute for International
Economics, 2005).

Bildt, Carl and William Kennard, "Building a Transatlantic Digital Marketplace:
Twenty Steps toward 2020," The Lisbon Council, April 4, 2016, http://www.
lisboncouncil. net/news-a-events/688-building-a-transatlantic-digital-marketplace-
twenty-steps-to-2020.html.

Bildt, Carl and William Kennard, "Obama and Merkel: A Chance to Make History
in Hanover," Atlantic Council, April 23, 2016, http://www.politico.eu/article/
barak-obama-and-angela- merkel-a-chance-to-make-history-in-hannover/.

Blank, Steve, and Bob Dorf, *The Startup Owner's Manual*, The Step-by-Step
Guide for Building (Palo Alto, CA: K&S Ranch Press, 2012).

Botsman, Rachel, and Roo Rogers, *What's Mine Is Yours: The Rise of Collabora-
tive Consumption* (New York: Harper Collins, 2010).

Bradford, Scott C., Paul L. E. Grieco, and Gary Clyde Hufbauer, "The Payoff to
America from Global Integration," in C. Fred Bergsten, *United States in the
World Economy: Foreign Economic Policy in the Next Decade* (Washington,
D.C.: Peterson Institute for International Economics, 2005), pp. 65-109.

Branstetter, Lee G., Matej Drev, and Namho Kwon, "Get with the Program: Soft-
ware Driven Innovation in Traditional Manufacturing," National Bureau of Eco-
nomic Research Working Paper 21752, November 2015, http://www.nber.
org/papers/w21752.

Bresnahan, TimothyF., and Pai-Ling Yin, "Standard Setting in Markets: The
Browser War," in Shane Greenstein and Victor Stango (eds.), *Standards and
Public Policy* (Cambridge: Cambridge University Press, 2012), pp. 18-59.

Breznitz, Dan, "Why Germany Dominates the U.S. in Innovation," *Harvard Busi-
ness Review*, May 27, 2014, https://hbr. org/2014/05/why-germany-
dominates-the-u-s-in-innovation/.

Breznitz, Dan, and Peter Cowhey, "America's Two Systems of Innovation: Innovation for Production in Fostering U.S. Growth," *Innovations*, 7, no. 3 (Summer 2012): 127–154.

Breznitz, Dan, and John Zysman (eds.), *The Third Globalization: Can Wealthy Nations Stay Rich in the Twenty-First Century?* (New York: Oxford University, 2013).

Brotman, Stuart N. "The European Union's Digital Single Market Strategy: A Conflict between Government's Desire for Certainty and Rapid Marketplace Innovation," Center for Technology Innovation, Brookings Institution, May 2016.

Brown, Ian, and Christopher T. Marsden, *Regulating Code: Good Governance and Better Regulation in the Information Age* (Cambridge, MA: MIT Press, 2013).

Broz, J. Lawrence, and Michael Brewster Hawes, "U.S. Domestic Politics and International Monetary Fund Policy," in Darren Hawkins, David A. Lake, Daniel Nielson, and Michael J. Tierney (eds.), *Delegation and Agency in International Organizations* (New York: Academic Press, 2006).

Brummer, Chris, *Minilateralism: How Trade Alliances, Soft Law and Financial Engineering are Redefining Economic Statecraft* (Cambridge: Cambridge University Press, 2014).

Brynjolfsson, Erik, and Andrew McAfee, *The Second Machine Age: Work, Progress, and Prosperity in a Time of Brilliant Technologies* (New York: Norton, 2014).

Brynjolfsson, Erik, and Adam Saunders, *Wired for Information: How Information Technology Is Reshaping the Economy* (Cambridge, MA: MIT Press, 2009).

Büthe, Tim, and Walter Mattli, *The New Global Rules: The Privatization of Regulation in the World Economy* (Princeton, NJ: Princeton University Press, 2011).

Calvert, Randall, "Leadership and Its Basis in Problems of Social Coordination," *International Political Science Review*, 13, no. 1 (January 1992): 7–24.

Camp, L. Jean, and S. Lewis (eds.), *Economics of Information Security* (New York: Kluwer, 2004). Carlino, Gerald, and William R. Kerr, "Agglomeration and Innovation," Research Department,

Federal Reserve Bank of Philadelphia, Working Paper 14–26, August 2014.

Carr, Nicholas, *The Big Switch: Rewiring the World, from Edison to Google* (New York: Norton, 2008).

Carter, Barry, and Ryan Farha, "Overview and Operation of U.S. Financial Sanctions, Including the Example of Iran," *Georgia Journal of International Law*, 44 (2013): 903–913.

Casper, Steven, "The University of California and the Evolution of the Biotechnology Industry in San Diego and the San Francisco Bay Area," in Martin Kenney and David C. Mowery (eds.), *Public Universities and Regional Growth: Insights from the University of California* (Palo Alto, CA: Stanford University Press, 2014), pp. 66–96.

Castells, Manuel, *Networks of Outrage and Hope: Social Movements in the Internet Age* (New York: Polity Press, 2012).

Castro, Daniel, "The False Promise of Data Nationalism, The Information Technology & Innovation Foundation," December 2013.

Castro, Daniel, and Alan McQuinn, "The Economic Costs of the European Union's Cookie Notification Policy," The Information Technology & Innovation Foundation, November 2014.

Castro, Daniel, and Joshua New, "10 Policy Principles for Unlocking the Potential of the Internet of Things," Center for Data Innovation, December 4, 2014.

Chandler, Alfred D., Jr. *The Visible Hand: The Managerial Revolution in American Business* (Cambridge, MA: Belknap Press of Harvard University Press, 1977).

Chander, Anupam, *The Electronic Silk Road* (New Haven, CT: Yale University Press, 2013). Chander, Anupam, and Ulyen P. Le, "Breaking the Web: Data Localization vs. the Global Internet," April 2014, http://papers.ssrn.com/sol3/papers.cfm? abstract_id=2407858.

Clark, David D., and Susan Landau, "Untangling Attribution," *Harvard National Security Journal*, 2, no. 2 (2011): 25–40.

Clarke, Richard A., with Robert K. Knake, *Cyber War: The Next Threat to National Security and What to Do about It* (New York: Ecco Press, 2010).

Cohen, Wesley M., Richard R. Nelson, and John P. Walsh, "Protecting Their Intellectual Assets: Appropriability Conditions and Why US Manufacturing Firms Patent (or Not)," National Bureau of Economic Research Working Paper No. 7552, February 2000, http://www.nber.org/papers/w7552.

Cole, David D., "Confronting the Wizard of Oz: National Security, Expertise, and Secrecy," *Connecticut Law Review*, 44 Rev. (2012): 1627–1635.

Cooper, Richard, *The Economics of Interdependence* (New York: Columbia University Press, 1968). Cowen, Tyler, *The Great Stagnation: How America Ate*

All the Low-Hanging Fruit of Modern History, Got Sick, and Will (Eventually) Feel Better (Boston: Dutton, 2011), pamphlet.

Cowhey, Peter F., "Crafting Trade Strategy in the Great Recession: The Obama Administration and the Changing Political Economy of the United States," in Miles Kahler and David Lake (eds.), *Politics in New Hard Times: The Great Recession in Comparative Perspectives* (Ithaca, NY: Cornell University Press, 2013).

Cowhey, Peter, "Domestic Institutions and the Credibility of International Commitments: The Cases of Japan and the United States," *International Organization*, 47, no. 2 (Spring 1993): 299-326.

Cowhey, Peter F., and Jonathan D. Aronson with D. Abelson, *Transforming Global Information and Communications Markets* (Cambridge, MA: MIT Press, 2009).

Cowhey, Peter, and Stephan Haggard, "The Information and Production Disruption: Implications for Innovation Policy." U.S.-Korea Business Council, 2014, http://www. uskoreacouncil. org/ wp-content/uploads/2014/12/Innovation_White Paper_English_FINAL.pdf.

Cowhey, Peter, and Michael Kleeman, "Unlocking the Benefits of Cloud Computing for Emerging Economies—A Policy Overview," October 2012, https:// www. researchgate. net/ publication/256041798_Unlocking_the_Benefits_of_ Cloud_Computing_for_Emerging_ Economies--A_Policy_Overview.

Cowhey, Peter F., and Mathew D. McCubbins (eds.), *Structure and Policy in Japan and the United States: The Political Economy of Institutions and Decisions* (Cambridge: Cambridge University Press, 1995).

Cowhey, Peter, and Milton Mueller, "Delegation, Networks and Internet Governance," in Miles Kahler (ed.), *Networked Politics: Agency, Power and Governance* (Ithaca, NY: Cornell University Press, 2009).

Cowhey, Peter, and John Richards, "Dialing for Dollars: Institutional Designs for the Globalization of the Market for Basic Telecommunication Services," in Aseem Prakash and Jeffrey Hart (eds.), *Coping with Globalization* (New York: Routledge, 1999), pp. 148-169.

Cox, Gary, *The Efficient Secret: The Cabinet and the Development of Political Parties in Victorian England* (Cambridge: Cambridge University Press, 1987).

Cringley, Robert X. *The Decline and Fall of IBM—End of an American Icon?* (London: Mobi, Kindle edition, 2014).

Cukier, Kenneth, Viktor Mayer-Schönberger, and Lewis Branscomb, "Ensuring (and Insuring) Critical Information Infrastructure Protection," Kennedy School of Government, RWP05- 055, October 2005, http://papers.ssrn.com/sol3/papers.cfm? abstract_id=832628.

Cutler, A. Claire, Virginia Haufler, and Tony Porter (eds.), *Private Authority and International Affairs* (New York: State University of New York Press, 1999).

Davis, Frederick T., "A U.S. Prosecutor's Access to Data Stored Abroad—Are There Limits," *The International Lawyer,* 49, no. 1 (Summer 2015): 1-20.

Deibert, Ronald J., *Black Code: Inside the Battle for Cyberspace* (New York: Random House, Canada, 2014).

Delgado, Mercedes, Michael E. Porter, and Scott Stern, "Defining Clusters of Related Industries, " National Bureau of Economic Research Working Paper 20375, August 2014, http://www.nber.org/papers/w20375.

Demsetz, Harold, "Toward a Theory of Property Rights," *American Economic Review,* 57, no. 2 (May 1967): 347-359.

DeNardis, Laura, *The Global War for Internet Governance* (New Haven, CT: Yale University Press, 2014).

de Weck, Olivier L., and Darci Reed, "Trends in Advanced Manufacturing Technology Innovation," in Richard M. Locke and Rachel L. Wilhausen (eds.), *Production in the Innovation Economy* (Cambridge, MA: MIT Press, 2014), pp. 235-262.

Diffie, WhiField, and Susan Landau, *Privacy on the Line: The Politics of Wiretapping and Encryption* (Cambridge, MA: MIT Press, 1999).

Dobson, Wendy, "Financial Services and International Trade Agreements, " pp. 289-337, in A. Mattoo, R. M. Stern, and Gianni Zanini, *A Handbook of International Trade in Services* (New York: Oxford University Press, 2008).

Downes, Larry, and Paul Nunnes, *Big Bang Disruption* (New York: PorFolio/Penguin, 2014). Downs, George W., David M. Rocke, and Peter N. Barsoom, "Is the Good News about Compliance Good News about Cooperation?," *International Organization,* 50, no. 3 (Summer 1996): 379-406.

Drake, William J., Vinton G. Cerf, and Wolfgang Kleinwächter, "Internet Fragmentation: An Overview," Future of the Internet Initiative White Paper (World Economic Forum, January 2016), http://www.academia.edu/20523166/Drake_Wil-

liam_J. _Vinton_G. _Cerf_and_Wolfgang_Kleinw% C3%A4chter. _2016. _Inter-
net_Fragmentation_An_Overview._Geneva_The_World_Economic_Forum_January.

Drake, William J., and Monroe Price (eds.), "Beyond Netmundial: The Roadmap
for Institutional Improvements to the Global Internet Governance Ecosystem,"
August 2014, http://www. global.asc.upenn.edu/app/uploads/2014/08/Beyond-
NETmundial_FINAL.pdf.

Drezner, Daniel, "The Global Governance of the Internet: Bringing the State Back
In," *Political Science Quarterly*, 119, no. 3 (Fall 2004): 477–498.

Drezner, Daniel W. "Globalization, Harmonization, and Competition: The Different
Pathways to Policy Convergence," *Journal of European Public Policy*, 12, no.
5 (October 2004): 841–859.

Etro, Federico, "The Economic Impact of Cloud Computing on Business Creation,
Employment and Output in Europe," *Review of Business and Economic Litera-
ture*, 54, no. 2 (2009): 179–209.

European Union, "The Directive on Security of Network and Information Systems
(NIS Directive), July 6, 2016, https://ec.europa.eu/digital–single–market/en/
network–and–information–security–nis–directive.

Evans, David, Andrei Hagiu, and Richard Schmalensee, *Invisible Engines: How
Software PlaForms Drive Innovation and Transform Industries* (Cambridge,
MA: MIT Press, 2006).

Ezell, Stephen J., "Ensuring the Trans–Pacific Partnership Becomes a Gold-
Standard Trade Agreement," The Information Technology & Innovation Foun-
dation, August 2012, http:// www2. itif. org/2012–ensuring–tpp–gold-
standard–trade–agreement.pdf.

Felsenfeld, Carl, and Genci Bilali, "The Role of the Bank for International Settle-
ments in aping the World Financial System," *University of Pennsylvania Jour-
nal of International Economic Law*, 25 (2004): 945.

Florida, Richard, "The World's Leading Startup Cities," 2015, http://www.citylab.
com/tech/ 2015/07/the–worlds–leading–startup–cities/399623/.

Ford, Martin, *Rise of the Robots: Technology and the Threat of a Jobless Future*
(New York: Basic Books, 2015).

Fransman, Martin (ed.), *Global Broadband Wars: Why the U.S. and Europe Lag
While Asia Leads* (Palo Alto, CA: Stanford Business Books, 2006).

Fratianni, Michele, and John Pattison, "An Assessment of the Bank of International Settlements," Paper for the International Financial Advisory Commission, December 26, 1999.

Gandal, Neil, David Salant, and Leonard Waverman, "Standards in Wireless Telephone Networks," *Telecommunications Policy*, 27, nos. 5-6 (June–July 2003): 325-332.

Gans, Joshua, *The Disruption Dilemma* (Cambridge, MA: MIT Press, 2016).

Gates, Bill, *The Road Ahead* (New York: Viking, 1997).

Gilbert, Richard, and Willard K. Tom, *Is Innovation King at the Antitrust Agencies? The Intellectual Property Guidelines Five Years Later, Antitrust Law Journal*, 69, no. 1 (2001): 43-86.

Global Commission on Internet Governance (The Bildt Commission), "One Internet," Final Report by the Centre for International Governance and the Royal Institute for International Affairs, 2016, http://ourinternet.org/report#chapter--preface.

Goodman, Ellen P. (Rapporteur), "The Atomic Age of Data: Policies for the Internet of Things," Report of the 29th Annual Aspen Institute Conference on Communications Policy, 2015.

Goodman, Marc, *Future Crimes* (New York: Knopf Doubleday, 2015).

Gordon, Robert J., *The Rise and Fall of American Growth: The U.S. Standard of Living since the Civil War*, The Princeton Economic History of the Western World (Princeton, NJ: Princeton University Press, 2016).

Gourevitch, Peter, David Lake, and Janice Gross Stein (eds.), *The Credibility of Transnational NGOs: When Virtue Is Not Enough* (Cambridge: Cambridge University Press, 2012).

Graef, Inge, Sih Yuliana Wahyuningtyas, and Peggy Valcke, "Assessing Data Access Issues in Online PlaForms," *Telecommunication Policy*, 39, no. 5 (February 2015): 375-387.

Green, Jessica F., *Rethinking Private Authority, Agents and Entrepreneurs in Global Environmental Governance* (Princeton, NJ: Princeton University Press, 2014).

Grossman, Sanford J., and Oliver D. Hart, "The Costs and Benefits of Ownership: A Theory of Vertical and Lateral Integration," *The Journal of Political Economy*, 94, no. 4 (1986): 691-719.

Hafner-Burton, Emilie M. *Forced to Be Good: Why Trade Agreements Boost Hu-*

man Rights (Ithaca, NY: Cornell University Press, 2009).

Hafner-Burton, Emilie M., Brad L. LeVeck, David G. Victor, and James H. Fowler, "Decision Maker Preferences for International Legal Cooperation," *International Organization*, 68, no. 4 (Fall 2014): 845–876.

Hafner-Burton, Emilie M., Edwin Mansfield, and Jon Pevehouse, "Human Rights Institutions, Sovereignty Costs, and Democratization," *British Journal of Political Science*, 45, no. 1 (January 2015): 1–27.

Hagel, John, J. S. Brown, T. Samaloya, and M. Lui, "From Exponential Technologies to Exponential Innovation," Deloitte Edge Center, 2013.

Stephan Haggard, "Politics in Hard Times Revisited: The 2008–9 Financial Crisis in Emerging Markets," in Miles Kahler and David Lake (eds.), *Politics in New Hard Times: The Great Recession in Comparative Perspectives* (Ithaca, NY: Cornell University Press, 2013).

Harris, Seth D., and Alan B. Krueger, "A Proposal for Modernizing Labor Laws for the Twenty First Century: The'Independent Worker,'" The Hamilton Project, Discussion Paper 2015-10, December 2015, http://www.hamiltonproject.org/assets/files/modernizing_labor_laws_for_twenty_first_century_work_krueger_harris.pdf.

Hart, David, *Forged Consensus: Science, Technology and Economic Policy the United States, 1921–1953* (Princeton, NJ: Princeton University Press, 1998).

Hawkins, Darren, David A. Lake, Daniel Nielson, and Michael J. Tierney (eds.), *Delegation and Agency in International Organizations* (New York: Academic Press, 2006).

Held, David, Anthony McGrew, David Goldblatt, and Jonathan Perraton, *Global Transformations: Politics, Economics and Culture* (Palo Alto, CA: Stanford University Press, 1999).

Helper, Susan, Timothy Krueger, and Howard Wial, *Locating American Manufacturing: Trends in the Geography of Production* (Washington, D.C.: Brookings Institution, 2012).

Henderson, Rebecca M., and Kim Clark, *Architectural Innovation: The Reconfiguration of Existing Technologies and the Failure of Established Firms*," *Administrative Science Quarterly*, 35, no .1(March 1990): 9–30, http://links.jstor.org/sici? sici=0001-8392%28199003%2935%3A1%3C9%3AAITROE% 3E2.0. CO% 3B2-U.

Hill, Jonah Force, "Problematic Alternatives: MLAT Reform for the Digital Age," *Harvard National Security Journal,* January 28, 2015, http://harvardnsj.org/2015/01/problematic-alternatives-mlat-reform-for-the-digital-age/.

Hirt, Martin, and Paul Willmott, "Strategic Principles for Competing in the Digital Age," *McKinsey Quarterly*, May 2014.

Hofheinz, Paul, and Michael Mandel, "Bridging the Data Gap," Progressive Policy Institute, No. 15, 2014, http://www.progressivepolicy.org/wp-content/uploads/2014/04/LISBON_COUNCIL_PPI_Bridging_the_Data_Gap.pdf.

Hossain, Tanjim, and John Morgan, "Quality Beats First-Mover Advantage: The Quest for Qwerty," *American Economic Review: Papers and Proceedings*, 99, no. 2 (March 2009): 435-440.

Hossain, Tanjim, and John Morgan, "When Do Markets Tip? A Cognitive Hierarchy Approach," *Marketing Science*, 32, no. 3 (May-June 2013): 431-453.

Hunker, Jeffrey, "Global Leadership in Cybersecurity: Can the U.S. Provide It?" in Peter Shane and Jeffrey Hunker, *Cybersecurity: Shared Risks, Shared Responsibility* (Durham, NC: Carolina Academic Press, 2012).

Janeway, William H., *Doing Capitalism in the Innovation Economy* (Cambridge: Cambridge University Press, 2012).

Kahler, Miles (ed.), *Networked Politics: Agency, Power and Governance* (Ithaca, NY: Cornell University Press, 2009).

Kahler, Miles, "Economic Crisis and Global Governance: The Stability of a Globalized World," in Miles Kahler and David A. Lake (eds.), *Politics in the New Hard Times: The Great Recession in Comparative Perspective* (Ithaca, NY: Cornell University Press, 2013), pp. 27-51.

Kahler, Miles, and David Lake (eds.), *Politics in New Hard Times: The Great Recession in Comparative Perspectives* (Ithaca, NY: Cornell University Press, 2013).

Kenney, Martin, and Richard Florida (eds.), *Locating Global Advantage: Industry Dynamics in the International Economy* (Palo Alto, CA: Stanford University Press, 2004).

Kenney, Martin, and David C. Mowery (eds.), *Public Universities and Regional Growth: Insights from the University of California* (Palo Alto, CA: Stanford University Press, 2014).

Kenney, Martin, and John Zysman, "The Rise of the PlaForm Economy," *Issues in Science and Technology*, 32, no. 3 (Spring 2016), http://issues.org/32-3/the-rise-of-the-plaForm- economy/.

Keohane. Robert O., and Joseph S. Nye, *Power and Interdependence* (Boston: Little, Brown, 1973).

Kindleberger, Charles P., *The World in Depression, 1929-1939* (Berkeley: University of California, 1973, 2013).

Kirshner, Jonathan, *American Power after the Financial Crisis* (Ithaca, NY: Cornell University Press, 2014).

Klepper, Steven, *Experimental Capitalism: The Nanoeconomics of American High-Tech Industries* (Princeton, NJ: Princeton University Press, 2015).

Kose, M. Ayhan, and Eswar Prasad, *Emerging Markets: Resilience and Growth amid Global Turmoil* (Washington, D.C.: Brookings Institution, 2010).

Krasner, Stephen, "Regimes and the Limits of Realism: Regimes as Autonomous Variables," *International Organization*, 36, no. 2 (Spring 1982): 497-510.

Krasner, Stephen D. "Global Communication and National Power: Life on the Pareto Frontier," *World Politics*, 43, no. 3 (April 1991): 336-366.

Krugman, Paul (ed.), *Strategic Trade Policy and the New International Economics* (Cambridge, MA: MIT Press, 1986).

Lake, David, "RighFul Rules: Authority, Order, and the Foundations of Global Governance," *International Studies Quarterly*, 54, no. 3 (September 2010): 587-613.

Lake, David A., and Mathew McCubbins, "The logic of delegation to international organiza- tions," in Darren Hawkins, David A. Lake, Daniel Nielson, and Michael J. Tierney (eds.), *Delegation and Agency in International Organizations* (New York: Academic Press, 2006).

Landau, Susan, *Surveillance or Security? The Risks Posed by New Wiretapping Technologies* (Cambridge, MA: MIT Press, 2013).

Lanz, Rainer, Sébastien Miroudot, and Hildegunn K. Nordås, "Trade in Tasks," OECD Trade Policy Working Papers, No. 117, 2011, http://dx.doi.org/10.1787/5kg6v2hkvmmw-en.

Lenoir, Noëlle, "Data Protection in Europe vs. the United States," *Politique Internationale,* No. 151 (Spring 2016): 77-83.

Lerner, Josh, and Scott Stern (eds.), *The Rate and Direction of Inventive Activity: A New Agenda* (National Bureau of Economic Research, April 2012).

Lerner, Joshua, *The Architecture of Innovation: The Economics of Creative Organizations* (Cambridge, MA: Harvard Business Press, 2012).

Lindblom, Charles, *Politics and Markets* (New York: Basic Books, 1977).

Litan, Robert E., and Carl J. Schramm, *Better Capitalism: Renewing the Entrepreneurial Strength of the American Economy* (New Haven, CT: Yale University Press, 2012).

Locke, Richard M., and Rachel L. Wilhausen (eds.), *Production in the Innovation Economy* (Cambridge, MA: MIT Press, 2014).

Lowenberg-DeBoer, Jess, "The Precision Agriculture Revolution—Making the Modern Farmer," *Foreign Affairs*, 95, no. 3 (May-June 2015): 105-112.

Lund, Jamie, "Property Rights to Information," *Northwestern Journal of Technology and Intellectual Property*, 10, no. 1 (Fall 2011), http://scholarlycommons. law.northwestern.edu/ njtip/vol10/iss1/1.

Lynn, William J., III, "Defending a New Domain: The Pentagon's Cyberstrategy," *Foreign Affairs*, 89, no. 5 (September/October 2010): 97-108.

MacCarthy, Mark, "Government and Private Sector Roles in Providing Information Security in the U.S. Financial Services Industry," in Peter Shane and Jeffrey Hunker, *Cybersecurity: Shared Risks, Shared Responsibility* (Durham, NC: Carolina Academic Press, 2012).

Mahbubani, Kishore, *The Great Convergence: Asia, the West, and the Logic of One World* (New Y ork: PublicAffairs, 2013).

Manyika, James, et al., "Big Data: The Next Frontier for Innovation, Competition and Productivity," McKinsey Global Institute, May 2011.

Mattli, Walter, and Ngaire Woods (eds.), *The Politics of Global Regulation* (Princeton, NJ: Princeton University Press, 2009).

Mattoo, Aaditya, Robert M. Stern, and Gianni Zanini, *A Handbook of International Trade in Services* (New York: Oxford University Press, 2007).

Mayer-Schönberger, Viktor, and Kenneth Cukier, *Big Data: A Revolution That Will Transform How We Live, Work, and Think* (Boston: Houghton, Mifflin Harcourt, 2013).

McAfee, Andrew, and Erik Brynjolfsson, "Big Data: The Management Revolution," *Harvard Business Review*, 90, no. 10 (October 2012): 60-66, 68.

McAllister, Lesley K. "Regulation by Third Party Verification," *Boston College Law Review*, 53, no. 1 (1-1-2012): 1-64.

McQuivey, James, *Digital Disruption: Unleashing the Next Wave of Innovation* (Amazon Publishing, 2013).

Meeker, Mary, *Internet Trends 2016—Code Conference,* Kleiner, Perkins, Caufield, Byers, June 1, 2016, http://www.recode.net/2016/6/1/11826256/mary-meeker-2016-internet-trends-report.

Meeker, Mary, *Internet Trends in 2014*, Kleiner, Perkins, Caufield, Byers, http://www.kpcb.com/ internet-trends.

Meeker, Mary, "2015 Internet Report." Kleiner, Perkins, Caufield, Byers, http://kpcbweb2. s3. amazonaws. com/files/90/Internet_Trends_2015. pdf ? 1432854058.

Mell, Peter, and Tim Grance, "The Cloud Dividend—Part One: The Economic Benefits of Cloud Computing to Business and the Wider EMEA Economy," Center for Economics and Business Research, December 2010.

Mell, Peter, and Tim Grance, "The NIST Definition of Cloud Computing," U.S. National Institute of Science and Technology (NIST) Special Publication 800-145, September 2011.

Meltzer, Joshua, *Supporting the Internet as a PlaForm for International Trade Opportunities for Small and Medium Sized Enterprises and Developing Countries* (Washington, D.C.: Brookings Institution, February 2014).

Metter, Ann, and Anthony D. Williams, *Wired for Growth Innovation: How Digital Technologies Are Reshaping Small and Medium-Sized Businesses* (Brussels: Lisbon Council, 2012).

Miller, Charlie, "The Legitimate Vulnerability Market: Inside the Secretive World of 0-Day Exploit Sales," Workshop on the Economics of Information Security, 2007, http://weis2007. econinfosec.org/papers/29.pdf.

Milner, Helen V., and Andrew Moravcsik (eds.), *Power, Interdependence, and Nonstate Actors in World Politics* (Princeton, NJ: Princeton University Press, 2009).

Mollick. Ethan, "The Dynamics of Crowdfunding: Determinants of Success and Failure.," *Journal of Business Venturing*, 29, no. 1 (2014): 1-16.

Monar, Jorg, "The Rejection of the EU-US Swift Interim Agreement by the European Parliament: A Historic Vote and Its Implications," *European Foreign Affairs Review*, 15 (2010): 143-151.

Moore, Tyler, "The Economics of Cybersecurity: Principles and Policy Options." *In-*

ternational *Journal of Critical Infrastructure Protection*, 3: 3–4 (December 2010): 103–117.

Moore, Tyler, and Ross Anderson, "Economics and Internet Security: A Survey of Recent Analytical, " in Martin Peitz and Joel Waldfogel (eds.) , *The Oxford Handbook of the Digital Economy* (New York: Oxford University Press, 2012).

Mosley, Layna, "Regulating Globally, Implementing Locally: The Financial Codes and Standards Effort, " *Review of International Political Economy*, 17, no. 4 (October 2010): 724–761.

Mueller, Milton L., *Network and States: The Global Politics of Global Internet Governance* (Cambridge, MA: MIT Press, 2010).

Mueller, Milton L., and Brenden Kuerbis, "Roadmap for Globalizing IANA: Four Principles and a Proposal for Reform, " Internet Governance Project Working Paper, 3/2014.

Murphy, Craig, and Joanne Yates, *The International Organization for Standardization (ISO): Global Governance through Voluntary Consensus* (New York: Routledge, 2008).

Newman, Abraham L., *Protectors of Privacy: Regulating Personal Data in the Global Economy* (Ithaca, NY: Cornell University Press, 2008).

Newman, Abraham L., "Transatlantic Flight Fights: Multi-level Governance, Actor Entrepreneurship and International Anti-terrorism Cooperation, " *Review of International Political Economy*, 18, no. 4 (2011): 481–505.

Nye, Joseph S., Jr., "Nuclear Lessons for Cyber Security, " *Strategic Studies Quarterly*, (Winter 2011) , https://citizenlab. org/cybernorms2012/nuclearlessons. pdf.

Obst, Lynda, *Sleepless in Hollywood: Tales from the New Abnormal in the Movie Business* (New York: Simon & Schuster, 2014).

Odlyzko, Andrew, "Privacy, Economics, and Price Discrimination on the Internet, " in L. Jean Camp and S. Lewis (eds.) , *Economics of Information Security* (New York: Kluwer, 2004), pp. 187–211.

OECD, "Exploring Data-Driven Innovation as a New Source of Growth: Mapping the Policy Issues Raised by "Big Data, " January 30, 2012, http://www.oecd-ilibrary.org/science-and- technology/exploring-data-driven-innovation-as-a-new-source-of-growth_5k47zw3fcp43-en. OECD, "The Impact of Internet in OECD Countries, " OECD Digital Economy Papers, No.200, OECD Publishing (2012), http://dx.doi.org/10.1787/5k962hhgpb5d-en.

OECD, "Cloud Computing: The Concept, Impacts and the Role of Government Policy," OECD (2014) Digital Economy Papers, No. 240, OECD Publishing, http://www. keepeek. com/ Digital-Asset-Management/oecd/science-and-technology/cloud-computing-the-concept-　　impacts-and-the-role-of-government-policy_5jxzf4lcc7f5-en#.WFiBFqlrJBw.

Ostrom, Elinor, "Beyond Markets and States: Polycentric Governance of Complex Economic Systems," Nobel Prize lecture, December 8, 2009, video at http://www.youtube.com/ watch? v=T6OgRki5SgM.

Packalen, Mikko, and Jay Bhattacharya, "New Ideas in Invention," National Bureau of Economic Research, Working Paper 20922, January 2012, http://www.nber.org/papers/w20922.

Parker, Geoffry G., Marshall W. Van Alstyne, and Sangeet Paul Choudary, *Platform Revolution: How Networked Markets Are Transforming the Economy— And How to Make Them Work* (New York: Norton, 2016).

Peitz, Martin, and Joel Waldfogel (eds.), *The Oxford Handbook of the Digital Economy* (New York: Oxford University Press, 2012).

Peltz-Steele, Richard J. "The Pond Betwixt: Differences in the US-EU Data Protection/Safe Harbor Negotiation," *Journal of Internet Law*, 19, no. 1 (July 2015), http://papers.ssrn.com/ sol3/papers.cfm? abstract_id=2637010.

Perla, Jesse, Christopher Tonetti, and Michael E. Waugh, "Equilibrium Technology Diffusion, Trade, and Growth," National Bureau of Economic Research, Working Paper 20881, January 2015, http://www.nber.org/papers/w20881.

Polonetsky, Jules, and Omer Tene, "Privacy and Big Data: Making Ends Meet," 66 *Stanford Law Review On-Line*, September 3, 2013, pp. 25-33.

Polsby, Nelson W. "The Institutionalization of the U.S. House of Representatives," *American Political Science Review*, 62, no. 1 (March 1968): 144-168.

Porat, Ariel, and Lior Jacob Strahilevitz, "Personalizing Default Rules and Disclosure with Big Data," *University of Michigan Law Review*, 112, no. 8 (2014): 1417.

Prakash, Aseem, and Jeffrey Hart (eds.), *Coping with Globalization* (New York: Routledge, 1999).

Prakash, Aseem, and Matthew Potoski, "Global Private Regimes, Domestic Public Law: ISO14001 and Pollution Reduction," *Comparative Political Studies*,

47, no. 3 (March 2014): 369–394.

Prestowitz, Clyde, *The Betrayal of American Prosperity: Free Market Delusions, America's Decline, and How We Must Compete in the Post-Dollar Era* (New York: Simon & Schuster, 2010).

Rao, Arun, with Piero Scoratti, *A History of Silicon Valley*, 2nd ed. (Omniware Group, Kindle eBooks, 2013).

Raustiala, Kal, and Christopher Sprigman, *The Knockoff Economy: How Imitation Sparks Innovation* (New York: Oxford University Press, 2012).

Raustiala, Kal, and David G. Victor, "The Regime Complex for Plant Genetic Resources," *International Organization*, 58, no. 2 (Spring 2004): 277–309.

Rifkin, Jeremy, *The Zero Marginal Cost Society* (Basingstoke, UK: Palgrave Macmillan Trade, 2014).

Rodrik, Dani, *The Globalization Paradox: Democracy and the Future of the World Economy* (New York: Norton, 2012).

Rodrik, Dani, "The False Economic Promise of Global Governance," August 11, 2016, https://www. project-syndicate. org/commentary/global-governance-false- economic- promise-by-dani-rodrik-2016-08.

Ross, Alec, *The Industries of the Future* (New York: Simon & Schuster, 2016).

Russell, Andrew L., *Open Standards and the Digital Age—History, Ideology and Networks* (Cambridge: Cambridge University Press, 2014).

Sabel, Charles F., "Beyond Principal-Agent Governance: Experimentalist Organizations, Learning and Accountability," in Ewald Engelen and Monika Sie Dhian Ho (eds.), *De Staat van de Democratie. Democratie voorbij de Staat*, WRR Verkenning 3 (Amsterdam: Amsterdam University Press), pp. 173–195.

Sallet, Jonathan, Ed Paisley, and Justin Masterman, *The Geography of Innovation: The Federal Government and the Growth of Regional Innovation Clusters* (Science Progress, 2009).

Saxenian, AnnaLee, *Regional Advantage: Culture and Competition in Silicon Valley and Route 128* (Cambridge, MA: Harvard University Press, 1994).

Schaede, Ulrike, *Choose and Focus: Japanese Business Strategies for the 21st Century* (Ithaca, NY: Cornell University Press, 2008).

Scharfstein, David S., and Jeremy C. Stein, "The Dark Side of Internal Capital Markets: Division Rent-Seeking and Inefficient Investment," *Journal of Finance*, 55, no. 6 (December 2000): 2537–2564.

Schelling, Thomas C., *The Strategy of Conflict* (Cambridge, MA: Harvard University Press, 1960). Schelling, Thomas C., *Micromotives and Macrobehavior* (New York: Norton, 1978).

Scheulke-Leech, Beth-Anne, "Volatility of Federal Funding of Energy R&D," *Energy Policy*, 67 (April 2014): 943–950.

Schneier, Bruce, *Data and Goliath: The Hidden Battles to Capture Your Data and Control Your World* (New York: Norton, 2015).

Scott, Susan V., and Markos Zachariadis, *The Society for Worldwide Interbank Financial Telecommunication (SWIFT)—Cooperative Governance for Network Innovation, Standards, and Community* (New York: Routledge, 2014).

Segal, Adam, *The Hacked World Order: How Nations Fight, Trade, Maneuver, and Manipulate in the Digital Age* (New York: PublicAffairs, 2016).

Shane, Peter, and Jeffrey Hunker, *Cybersecurity: Shared Risks, Shared Responsibility* (Durham, NC: Carolina Academic Press, 2012).

Sharma, Monica, Ashwani Mehra, Haresh Jola, Anand Kumar, Madhvendra Misra, and Tiwari Vijayshri, "Scope of Cloud Computing for SMEs in India," *Journal of Computing*, 2, no. 5 (May 2010): 144–149.

Shelanski, Howard A., "Information, Innovation, and Competition Policy for the Internet," *University of Pennsylvania Law Review*, 161 (2012): 1664–1706.

Shelp, Ron, "Trade in Services." *Foreign Policy*. Number 65 (1986–1987): 64–84.

Shroff, Gautam, *The Intelligent Web: Search, Smart Algorithms, and Big Data* (New York: Oxford University Press, 2014).

Sinclair, Timothy, *The New Masters of Capital: American Bond Rating Agencies and the Politics of Creditworthiness* (Ithaca, NY: Cornell University Press, 2008).

Singer, P. W., and Allan Friedman, *Cybersecurity and Cyberwar—What Everyone Needs to Know* (New York: Oxford University Press, 2014).

Smarr, Larry, "Quantifying Your Body," *Biotechnology Journal, 7, no. 8* (August 2012): 980–991. Snidal, Duncan, "Coordination versus Prisoners' Dilemma: Implications for International Cooperation and Regimes," *American Political Science Review*, 79, no. 4 (December, 1985): 923–942.

Stephenson, Neal, *Snow Crash* (New York: Bantam Spectra Book, 1992).

Stone, Brad, *The Everything Store: Jeff Bezos and the Age of Amazon* (Boston: Little, Brown, 2013).

Stone, Randall W., "Institutions, Power, and Interdependence," in Helen V. Milner and Andrew Moravcsik (eds.), *Power, Interdependence, and Nonstate Actors in World Politics* (Princeton, NJ: Princeton University Press, 2009), pp. 31-49.

Strahilevitz, Lior Jacob, "Towards a Positive Theory of Privacy Law," *Harvard Law Review* 126, no. 7 (2010 (2013)).

Subramanian, Arvind, and Martin Kessler, "The Hyperglobalization of Trade and Its Future," Peterson Institute for International Economics, Working Paper 13-6, July 2013, http://www.iie.com/publications/wp/wp13-6.pdf.

Tavares, Ricardo, "Rise of the Machines," *InterMEDIA*, 42, no. 3 (Autumn 2014): 26-30.

Taylor, Astra, *The People's PlaForm: Taking Back Power and Culture in the Digital Age* (New York: Metropolitan Books, 2014).

Tomz, Michael, *Reputation and International Cooperation: Sovereign Debt across Three Centuries* (Princeton, NJ: Princeton University Press, 2007).

Toobin, Jeffrey, "The Solace of Oblivion," *The New Yorker*, September 29, 2014, http://www.newyorker.com/magazine/2014/09/29/solace-oblivion.

UNCTAD, "Information Economy Report 2013: The Cloud Economy and Developing Countries," p. 20, http://unctad.org/en/PublicationsLibrary/ier2013_en.pdf.

UNCTAD, "Information Economy Report 2015: Unlocking the Potential of E-commerce for Developing Countries," http://unctad.org/en/PublicationsLibrary/ier2015_en.pdf.

U.S. International Trade Commission, *Digital Trade in the U.S. and Global Economies, Part 2*, Publication Number: 4485, Investigation Number 3332-540 (Washington, DC: USITC, August 2014), https://www.usitc.gov/publications/332/pub4485.pdf.

Vance, Ashlee, *Elon Musk, Tesla, SpaceX, and the Quest for a Fantastic Future* (New York: HarperCollins, 2015).

van der Meulin, Nicole, Eun Jo, and Stefan Soesanto, "Cybersecurity in the European Union and Beyond: Exploring the Threats and Policy Response" (RAND Corporation, 2015), http:// www.rand.org/pubs/research_reports/RR1354.html.

Vatis, Michael, "The Council of Europe Convention on Cybercrime," Proceedings of a Workshop on Deterring Cyberattacks: Informing Strategies and Developing Options for US policy (Washington, D. C.: National Academies Press, 2010).

Victor, David, "Fragmented Carbon Markets and Reluctant Nations: Implications for the Design of Effective Architectures." in Joseph E. Aldy and Robert N. Stavins (eds.) , *Architectures for Agreement: Addressing Global Climate Change in the Post-Kyoto World* (Cambridge: Cambridge University Press, 2007).

Vogel, David, "The Private Regulation of Global Corporate Conduct, " in Walter Mattli and Ngaire Woods (eds.), *The Politics of Global Regulation* (Princeton, NJ: Princeton University Press, 2009), pp. 151-188.

Vogel, Steve, "Japan's Information Technology Challenge, " in Dan Breznitz and John Zysman (eds.), *The Third Globalization: Can Wealthy Nations Stay Rich in the Twenty-First Century?* (New York: Oxford University Press, 2013).

von Hippel, Eric, *Democratizing Innovation* (Cambridge, MA: MIT Press, 2005).

Walshok, Mary Lindenstein, and Abraham J. Shragge, *Invention and Reinvention: The Evolution of San Diego's Innovation Economy* (Palo Alto, CA: Stanford University Press, 2013).

Wang, Yang, Pedro Giovanni Leon, Xiaoxuan Chen, Saranga Komanduri, Gregory Norcie, Kevin Scott, Alessandro Acquisti, Lorrie Faith Cranor, and Norman Sadeh, "From Facebook Regrets to Facebook Privacy Nudges, " *Ohio State Law Journal,* 74, no. 6 (2013): 1307-1335.

Warsh, David, *Knowledge and the Wealth of Nations: A Story of Economy Discovery* (New York: Norton, 2006).

Waz, Joe, and Phil Weiser, "Internet Governance: The Role of Multistakeholder Organizations, " *Journal of Telecommunications and High Technology Law,* 10, no. 2 (2013): 333-350.

Wein, Michelle A., and Stephen J. Ezell, "How to Craft an Innovation Maximizing T-TIP Agreement, " Information Technology & Innovation Foundation, October 2013, http://www2. itif.org/2013-innovation-maximizing-ttip-agreement. pdf.

Weitzman, Martin, "Prices vs. Quantities, " *Review of Economic Studies*, 41, no. 4 (October 1974): 477-491.

White, Lawrence, "The Credit Rating Industry—An Industrial Organization Analysis, " NYU Center on Law and Business Working Paper 01-001, April 2001.

Wildavsky, Aaron, *Speaking Truth to Power: The Art and Craft of Policy Analysis* (Boston: Little, Brown, 1979).

Williamson, Oliver, *The Economic Institutions of Capitalism* (New York: Simon & Schuster: 1985).

Woll, Cornelia. *The Power of Inaction: Bank Bailouts in Comparison* (Ithaca, NY: Cornell University Press, 2014).

Wong, Wendy H., *Internal Affairs: How the Structure of NGOs Transforms Human Rights* (Ithaca, NY: Cornell University Press, 2012).

Wren, Anne (ed.), *The Political Economy of the Service Transition* (New York: Oxford University Press, 2013).

Wu, Irene S., *Forging Trust Communities: How Technology Changes Politics* (Baltimore: Johns Hopkins University Press, 2015).

Wu, Tim, *The Master Switch: The Rise and Fall of Information Empires* (New York: Knopf, 2010).

Zarate, Juan C., *Treasury's War* (New York: PublicAffairs, 2013).

Zysman, John, and Dan Breznitz (eds.), *The Third Globalization* (New York: Oxford University Press, 2013).